o Sol voltou a brilhar

Somos associados da **Fundação Abrinq** pelos direitos da criança.
Nossos fornecedores uniram-se a nós e não utilizam mão de obra infantil ou trabalho irregular de adolescentes.

O Sol voltou a brilhar
Copyright by © Petit Editora e Distribuidora Ltda., 2013
2-5-14-3.000-13.000

Direção editorial: **Flávio Machado**
Assistente editorial: **Larissa Wostog Ono**
Capa: **Danielle Joanes**
Imagens da capa: **Mikhail Pogosov | Shutterstock**
Antonio Abrignani | Shutterstock
Projeto gráfico e editoração: **Ricardo Brito | Estúdio Design do Livro**
Produtor gráfico: **Vitor Alcalde L. Machado**
Preparação: **Maria Aiko Nishijima**
Revisão: **Isabel Ferrazoli**
Revisão doutrinária: **Paulo César de Camargo Lara**
Impressão: **Mark Press Brasil Indústria Gráfica Ltda.**

Dados Internacionais de Catalogação na Publicação (CIP)
(Câmara Brasileira do Livro, SP, Brasil)

Erick (Espírito).
    O sol voltou a brilhar / pelo Espírito Erick ; psicografia de Célia Xavier de Camargo. – 1. ed. – São Paulo : Petit, 2013.

    ISBN 978-85-7253-243-3

    1. Espiritismo 2. Psicografia 3. Romance espírita I. Camargo, Célia Xavier de. II. Título.

13-11948   CDD: 133.9

Índices para catálogo sistemático:
1. Romance espírita : Espiritismo   133.9

Direitos autorais reservados.
É proibida a reprodução total ou parcial, de qualquer forma ou por qualquer meio, salvo com autorização da Editora.
(Lei nº 9.610, de 19 de fevereiro de 1998)
Traduções somente com autorização por escrito da Editora.
Impresso no Brasil, no outono de 2014.

Prezado(a) leitor(a),

Caso encontre neste livro alguma parte que acredita que vai interessar ou mesmo ajudar outras pessoas e decida distribuí-la por meio da internet ou outro meio, nunca deixe de mencionar a fonte, pois assim estará preservando os direitos do autor e, consequentemente, contribuindo para uma ótima divulgação do livro.

o Sol voltou a brilhar

romance ditado pelo Espírito **Erick**
psicografia de **Célia Xavier de Camargo**

Rua Atuaí, 389 – Vila Esperança/Penha
CEP 03646-000 – São Paulo – SP
Fone: (0xx11) 2684-6000
www.petit.com.br | petit@petit.com.br

Sumário

PALAVRAS DO AUTOR 9

1 VIDA EM FAMÍLIA 15

2 VOLTA AO LAR 25

3 EM BUSCA DE INFORMAÇÕES 37

4 JORNAIS VELHOS 47

5 PETER CUSHING 59

6 NOVOS CONHECIMENTOS 71

7 OS ESPÍRITOS SE MANIFESTAM 83

8 O DIA SEGUINTE 95

9	A recepção	105
10	Dúvidas	117
11	Dominado pelas emoções	127
12	Tempestade familiar	139
13	Horizontes que se expandem	151
14	Refazendo caminhos	163
15	Convite	175
16	A reunião	187
17	Desdobramentos da reunião	197
18	Decisões	209
19	Mudanças íntimas	221
20	O grande dia	233
21	A festa	245
22	A verdade vem à tona	259
23	Herbert Willemont	269
24	Diante da própria consciência	279

25	No escritório	293
26	Mudanças	305
27	Oliver	315
28	A florista	327
29	A dama de companhia	337
30	A proposta	347
31	Reencontro	357
32	Estranhos acontecimentos	367
33	Ataque das trevas	379
34	Esclarecimentos	391
35	A agressão	403
36	Encontro com a verdade	417
37	O Sol volta a brilhar	431
38	Conclusão	443

Palavras do autor

Entrego ao público esta obra, que representa um esforço de longo tempo e o relato de episódios ocorridos no extraordinário século 19, de notável progresso para a humanidade. Além das conquistas tecnológicas propiciadas pela Revolução Industrial, também as áreas da ciência, da filosofia, da psicologia, da economia e das artes gráficas geraram grandes mudanças para o ser humano.

A religião não ficou imune a esse surto de progresso. As pessoas, desacreditando da religião tradicionalista em virtude dos males causados pela "Santa Inquisição", partiram para o materialismo ou para a Reforma. Nesse momento, surgem as Vozes do Além, de seres que haviam habitado o mundo terreno e que se encontravam no mundo espiritual. As relações entre encarnados e desencarnados, que se processavam desde priscas eras[1], no século 19, ganharam notável impulso, uma vez que chegara a hora de o Espírito da Verdade, conforme promessa de Jesus, se fazer presente entre os homens para trazer a Nova Revelação. Essa Doutrina — o Espiritismo — viria a assinalar novo ciclo de progresso, inaugurando uma era de intensa ligação entre os dois planos da vida, o material e o espiritual.

As manifestações iniciaram-se em 1848, na localidade de Hydesville, Estado de Nova York, nos Estados Unidos da América, na residência dos Fox, onde duas meninas, Kate (11) e Margareth (14), ouviam ruídos de pancadas, arrastar de móveis, golpes na madeira e muitos outros. O que levou as pessoas a julgarem a casa mal-assombrada, soube-se depois ser causado por espíritos. Assim, como que obedecendo a uma ordem superior, os espíritos começaram a se manifestar em toda parte, dali se espalhando para o mundo e causando espanto e *frisson* na sociedade, especialmente em Paris, onde as pessoas se dedicaram às mesas girantes. O eminente professor francês Hippolyte Léon Denizard Rivail, chamado a inteirar-se dos fenômenos, de mentalidade racional, a princípio não os aceitou. Posteriormente decidiu-se a participar de uma reunião e começou a fazer perguntas inteligentes, lógicas, às quais a mesa respondia com a mesma seriedade e elevação. A partir daí, o professor Rivail passou a estudar o assunto de maneira séria e metódica, acabando por tornar-se o Codificador do Espiritismo, com a publicação da monumental obra *O Livro dos Espíritos*, em 18 de abril de 1857. Como ele era bastante conhecido em Paris e não queria influenciar os leitores — e também porque considerava que a obra fora

---

1. Tempos remotos. (Nota do Revisor)

realmente escrita pelos espíritos —, Rivail adotou o pseudônimo de Allan Kardec, como ficou conhecido mundialmente.

Vários pesquisadores surgiram à mesma época, dando notáveis contribuições ao Espiritismo, como Robert Dale Owen (embaixador e membro do Congresso Americano) e Willian Crookes (inglês), físico e químico, que alcançou grande repercussão por ser um dos maiores cientistas do mundo. Crookes fez experiências com a médium Florence Cook, de apenas quinze anos, possibilitando-lhe estudar fenômenos de materialização, comprovando a sua veracidade por meio de dezenas de fotografias e outras experiências que atestavam a imortalidade da alma. Além desses, outros estudiosos deram sua contribuição ao Espiritismo, como o biólogo Alfred Russel Wallace, o físico inglês Oliver Lodge, o filósofo Ernesto Bozzano, o astrônomo Camille Flammarion, Charles Richet, Gustave Geley e outros que se tornaram companheiros de Allan Kardec, trabalhando na implantação da nova doutrina, tais como Gabriel Delanne e Léon Denis.

Na época em que se desenrola a presente história, em Londres, vários grupos se reuniam para estudar o Espiritismo ou para fazer pesquisas, trabalhando anonimamente e passando despercebidos para a posteridade. O caso relatado, que focaliza o drama da família Baker, todavia, é diferente, uma vez que mostra avanço maior. Não focalizando a ciência experimental, que buscava a comprovação por meio de fenômenos, deu início ao que hoje, mais apropriadamente, chamaríamos de trabalho de desobsessão. Dessa forma, abriu o entendimento entre o plano material e o espiritual, aclarando a concepção do princípio da reencarnação. As comunicações mostraram na prática que somos todos espíritos em evolução, que tivemos outras existências nas quais cometemos erros gerando inimizades, e que cabe a nós reparar os danos causados a outrem, por força da Lei de Ação e Reação.

Digna de nota, também, a transformação moral de alguns personagens, especialmente de George Baker, o que vem testemunhar um dos objetivos da Doutrina Espírita, que é fazer com que nos tornemos progressivamente melhores, a caminho de uma perfeição relativa.

Àquela época, conquanto eu houvesse participado do romance, mantinha-me ainda em situação espiritual bastante difícil, tormentosa e refratária à ajuda dos benfeitores espirituais, até que comecei a apresentar alguma melhora. Assim, como fizesse parte do grupo de desencarnados, pude usar meus humildes préstimos como espírito batedor, obedecendo a ordens dos meus superiores e auxiliando no despertamento espiritual dos encarnados.

Agradeço a oportunidade que o Senhor me concedeu de poder colocar no papel a experiência desse grupo de espíritos, que julgo interessante por focalizar uma época em que o Espiritismo iniciava sua trajetória de luz a benefício da humanidade, descortinando a realidade do mundo espiritual e sua interação com o mundo material. Além disso, tive a oportunidade de desmistificar o pavor que a *"morte"* sempre causou nos encarnados, ao mostrá-la apenas como um retorno à verdadeira vida do espírito que, após cumprir sua tarefa na Terra, volta para casa, e mostrar o *"nascimento"* como oportunidade de aprendizado e reparação que nos chama à responsabilidade diante de nossos erros do passado e nos possibilita crescimento moral e intelectual.

A nossa gratidão perene:

A Deus, Pai Maior, que nos tem acompanhado a trajetória rumo à evolução, sem jamais desanimar, estendendo-nos braços compassivos e ajudando-nos sempre, apesar dos erros escabrosos.

A Jesus, protótipo do amor incondicional, na esperança de que tenhamos sido fiéis aos nossos propósitos de ajudar os necessitados e iluminar-lhes a mente.

A todos que nos ajudaram a concretizar este trabalho.

E aos que vierem a folhear estas páginas, votos de uma boa leitura.

ERICK
Rolândia, 12 de setembro de 2013.

1
Vida em família

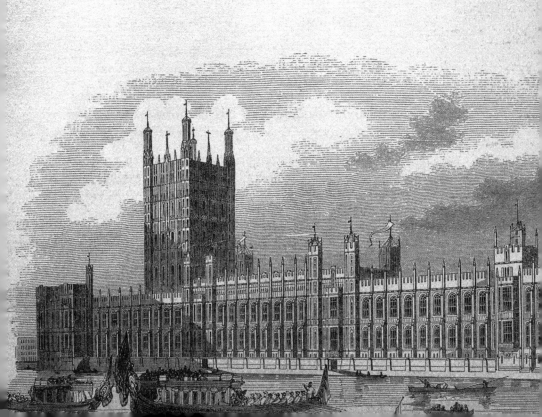

Londres dormia ainda. A madrugada fria e nevoenta não era um estímulo a deixar o conforto do lar. Não obstante, o cavalheiro saiu de seu palacete e, aconchegando-se mais ao sobretudo de fina lã, ajeitou o chapéu na cabeça e pôs-se a caminhar pela calçada molhada. Suas botas ressoavam no piso de forma lúgubre. Nesse horário, difícil seria encontrar uma carruagem de aluguel, salvo alguma que retornasse após conduzir alguém que voltasse de uma festa ou algum cavalheiro que deixasse os amigos, já vencido pela bebida. Assim, teria de prosseguir a pé.

Enquanto o vento gelado zunia em seus ouvidos, mãos nos bolsos, ele pensava em tudo o que acontecera e na situação que enfrentava agora com tanta dificuldade.

Repassando na memória os fatos, reconheceu que jamais imaginara, em toda a sua existência bem vivida de homem próspero e atuante na sociedade, deparar com esse tipo de problema. A filha, jovem bem-nascida, de esmerada educação, que poderia fazer um casamento à altura da sua classe social, passara a demonstrar um comportamento absolutamente inusitado, desagradável e inadmissível, considerando-se a maneira como sempre procedera.

A imagem da filha surgiu-lhe na mente, e ele se entristeceu. Antes, dócil e meiga, sorriso cativante, gestos suaves e voz delicada, elegante e distinta, era muito requisitada nos saraus, onde os cavalheiros a rodeavam, disputando a honra de obter-lhe a concessão de uma contradança. Agora...

O cavalheiro suspirou inconformado, inclinando o corpo ainda mais para proteger-se do frio, enquanto as mãos enluvadas achegavam o sobretudo ao corpo.

"Afinal" — ele se questionava —, "o que aconteceu para que minha filha adorada mudasse de repente? O que a levou a assumir maneiras tão diferentes, quase que... de outra personalidade? Sim, porque aquela não é a filha que eu conheço e com a qual convivi desde o nascimento."

Levado pelas reminiscências, ele lembrou-se do seu primeiro choro. Estava na sala fumando um charuto, a andar de um lado para outro, impaciente e preocupado, quando ouviu um fraco vagido. Surpreso e aliviado, apagou rapidamente o charuto e correu até o quarto. Abriu a porta num átimo e viu a esposa, entre os lençóis de linho branco bordado, a cabeça repousada em travesseiros, os belos cabelos escuros e ondulados espalhados em torno. Pálida e desfeita, cansada, mas feliz, ela sorria ao contemplar a pequena trouxinha de carne agasalhada na manta de renda.

A *midwife*[2], madura senhora empertigada, de semblante calmo e sério, sorriu ao vê-lo chegar e informou:

— É uma linda menina, milorde!

Ele aproximou-se do grande leito de dossel e envolveu nos braços mãe e filha com gratidão e afeto. Iniciava-se ali um relacionamento entre pai e filha, que só cresceria ao longo dos anos. A recém-nascida recebeu o nome de Helen, como a avó paterna.

A parteira retirou a criança dos braços da mãe para que esta pudesse descansar, levando-a para o quarto ao lado, preparado para recebê-la. Depois dos primeiros cuidados, colocou-a em um lindo berço perfumado e cheio de rendas, deixando-a aos cuidados da *nurse*[3], Dorothy.

Sentado ao lado da esposa, na quietude do ambiente, ele murmurou:

— Nossa filha é linda, meu amor!

— Muito linda, querido! Miss Parker assegurou-me que é perfeita!

— E como poderia deixar de ser, sendo sua filha? Mas, e você, como está se sentindo, querida Jane? Precisa de algo?

Ela fitou-o cheia de ternura e respondeu com voz fraca:

— Não, meu querido. Estou exausta; preciso apenas descansar. Logo estarei bem de novo.

— Então, vou deixá-la para que possa repousar.

Ele apagou as luzes, deixando apenas a da mesa de cabeceira e, dando-lhe um último beijo, saiu do quarto.

Desse dia em diante, o tempo passou célere, sem que George e a esposa, felizes e descuidados, o sentissem. Logo o bebê trans-

---

2. Parteira. (N.R.)
3. Ama-seca ou mulher que cuida de crianças sem amamentá-las; babá. (N.R.)

formara-se numa encantadora garotinha, que passou a exigir a presença do pai para tudo. Foi contratada uma preceptora, que lhe dava as primeiras aulas. Com frequência, pedia ao pai que, após os estudos, a levasse a passeios no parque, comprasse roupas, guloseimas e tudo o mais que desejasse. Ela amava muito a mãe, mas nutria especial devotamento ao pai, que lhe fazia todas as vontades.

A mãe sempre os observava atentamente, um tanto preocupada, alertando-o:

— George, querido, é preciso conter os impulsos de nossa Helen! Não deve atender a todas as suas vontades, pois acabará por estragá-la!

Ele sorria das preocupações da esposa, abraçando-a com carinho:

— Está com ciúme, querida! Por que não posso dar tudo o que nossa filha quer, se temos condições para isso? Dinheiro existe para se gastar!

Jane balançava a cabeça e suspirava:

— Espero que algum dia você não tenha do que se arrepender.

Ele a acalmava, ponderando que jamais o amor de um pai poderia ser prejudicial à filha, e tudo prosseguia como antes.

Assim, a pequena crescera voluntariosa, cheia de caprichos e de vontades.

Ao completar quinze anos era uma bela moça. Gentil, delicada, encantadora para com todos. Com o intuito de apresentá-la à sociedade, George preparou uma grande festa de aniversário, em que Helen obteve sucesso retumbante.

Estava assim perdido em suas lembranças quando levantou a cabeça e viu uma carruagem que se aproximava. Fez um sinal e ela parou. Aliviado, ele deu o endereço para o cocheiro e acomodou-se, relaxando um pouco. Agora, mais abrigado do vento e do frio, ajeitou-se melhor, olhando os lugares por onde passavam. Ao ver a placa de um restaurante que ele e a esposa costumavam frequentar vez por outra, tornou a recordar-se da filha.

A vida de Helen mudara completamente após o aniversário. Recebia inúmeros convites e, não podendo aceitá-los todos, separava os mais interessantes, atirando os outros no lixo. Assim, não parava mais em casa, sempre em festas, saraus, teatros e passeios com os amigos. No começo, ele e a mãe acompanhavam a filha, mas logo Jane não aguentou mais aquela vida de compromissos diários, e apenas o pai passou a acompanhá-la. Todavia, também chegou o momento em que ele estava cansado de tanto movimento. Então, Helen passou a sair em companhia de casais de amigos confiáveis que vinham buscá-la em casa e trazê-la de volta; depois, essa responsabilidade acabou por ficar para os filhos desses amigos.

Desse ponto em diante, a jovem começou a chegar altas horas da madrugada. Em uma das ocasiões, a mãe, que sempre a aguardava, inquieta, questionou:

— Helen, minha filha, onde esteve até agora? Está quase amanhecendo!...

E ela respondia com a maior naturalidade:

— Ora, mamãe, já não sou criança. Preciso me divertir!

Na manhã seguinte, ao desjejum, Jane falou com o esposo, alertando-o para o que estava acontecendo. George riu da esposa, enquanto passava geleia no pãozinho:

— Querida, nossa Helen é jovem e tem todo o direito de aproveitar a vida. Você também não saía quando solteira?

Jane voltou a servir-se de chá, colocando-o na fina xícara de porcelana, à qual adicionou um pouco de creme e, em seguida, dois torrões de açúcar; mexeu a bebida e levou-a aos lábios;

depois, respirando fundo retrucou, fitando o esposo que aguardava sua resposta:

— É diferente, George! Eu saía acompanhada de meus pais ou de meus tios!

— É verdade, mas os tempos são outros, minha querida.

Ela calou-se para não gerar desentendimento entre o casal. Helen despertou não antes das duas horas da tarde e apresentou-se com péssima aparência. Observando-a, a mãe procurou dar-lhe conselhos, a que o pai contrapôs:

— Deixe nossa filha, Jane! Ela está na melhor época da vida! E então, filhinha, como foi a sua noite?

A jovem, tomando um pouco de chá com torradas, respondeu:

— Foi ótima, papai! Aproveitei bastante. Meus amigos são muito agradáveis.

— Será que foi tão boa assim, minha filha? — retrucou a mãe. — Pelo seu estado, eu diria que houve muitos excessos. Você não chegou nada bem em casa.

George contestou, afirmando que Jane estava sendo muito drástica com a filha, e eles acabaram tendo uma séria discussão. A mãe levantou-se e deixou a sala, com o coração apertado, e foi chorar no quarto para que ninguém a visse. E ele prosseguiu conversando com a filha muito naturalmente, como se nada tivesse acontecido, inteirando-se dos detalhes da festa.

Pensando no assunto, George se questionou. Talvez sua esposa tivesse razão quando o alertava para os excessos de Helen. A verdade é que, por esse ou outro motivo, a jovem mudara por completo. Passou a demonstrar comportamento estranho e agressivo, os gestos e vocabulário se tornaram de baixo nível; falava como gente sem instrução e sem cultura. E até mesmo seus sentimentos se alteraram. Passou a tratar o pai com agressividade, não se dignando a responder quando ele lhe falava, e, quando o fazia, era em tom mordaz, irônico. Muito estranho...

Helen foi se distanciando cada vez mais da família e exigindo sempre mais dinheiro para seus gastos pessoais, até que um dia não voltou mais para casa. Jane e George ficaram desesperados sem saber onde a filha estava e com quem. No entanto, ela não deu mais notícias.

Muitos meses se passaram... Os pais pareciam ter perdido o rumo. Jane nada dizia, mas seu olhar acusava o esposo pelas inúmeras vezes em que o tinha alertado sobre as liberdades que ele permitia à filha, contra a vontade dela, a mãe.

Procuraram em todos os lugares conhecidos, falaram com os amigos de Helen, mas eles também não tinham nenhuma notícia dela. Foram aos hospitais e nada encontraram. Alguém sugeriu:

— Já foram ao necrotério?

George e Jane disseram que não, trocando um olhar desesperado, e lá se foi ele para o local horroroso onde se guardavam os despojos de pessoas que ninguém reclamara. Ali também não estava. Quando ele voltou, balançando a cabeça negativamente, eles se abraçaram, e a mãe pôde, afinal, respirar fundo, aliviada.

Para não gerar maiores constrangimentos, eles evitaram levar o caso à polícia, até que não houve alternativa. Cientificada, ela também nada pôde informar sobre o desaparecimento de Helen, mas George deixou a descrição da filha, caso descobrissem alguma coisa. Dessa forma, agora com um caso nas mãos, a polícia começou a procurá-la.

E o tempo foi passando sem qualquer resultado.

Até que, naquela madrugada, alguém tocou a campainha da porta insistentemente. George tinha esperado que Arthur, o mordomo, atendesse. No entanto, Arthur deveria estar em sono profundo, pois não acordou. Então, George se levantou, vestiu o robe de chambre sobre o pijama e foi atender.

Era um rapazinho trajado muito pobremente que, ao vê-lo, estendeu a mão e lhe entregou um bilhete, dizendo:

— Milorde, sua filha está nesse endereço. Busque-a enquanto há tempo.

George, boquiaberto diante daquelas palavras, abriu o papelzinho e leu o endereço. Quando levantou a cabeça para agradecer ao rapaz e pedir-lhe mais informações sobre a filha, não havia ninguém. Ele desaparecera.

George fechou a porta e voltou para seus aposentos. Jane continuava dormindo e ele não quis acordá-la. Precisava informar-se primeiro. E se fosse uma brincadeira, uma mentira? Melhor ir sozinho.

Vestiu-se em silêncio, colocou um casaco, depois o sobretudo; pegou o chapéu, as luvas e saiu porta afora. O frio era intenso e o vento soprava forte, enquanto um leve nevoeiro cobria tudo. Logo percebeu que, pelo horário, seria difícil conseguir transporte. Então, após descer os degraus, começou a caminhar apressadamente pela rua, deserta àquela hora, até que apareceu uma carruagem...

2

Volta ao lar

Cansado, George cochilou um pouco, aproveitando o rodar da carruagem pelas ruas da cidade. O movimento rítmico das rodas em atrito com as pedras da rua, a voz monótona do cocheiro instigando os animais, o balanço do veículo e o calorzinho agradável fizeram com que ele entrasse numa modorra.

De repente, despertou assustado. A carruagem havia parado. O cocheiro avisou-o:

— Milorde, chegamos!

Passando a mão no rosto para espantar o sono e dar-se conta da situação, ele abriu a janelinha e olhou para fora. Não conhecia aquela região da cidade; era um bairro afastado e muito pobre. Na rua, algumas pessoas vestidas pobremente passavam, conversando, talvez se dirigindo ao trabalho. O cocheiro abriu a portinhola para que ele descesse e indicou:

— O endereço é este aqui, milorde.

Ainda atordoado, ele tirou a carteira da algibeira e entregou-lhe as moedas que julgou conveniente. O condutor olhou admirado para a própria mão, onde estava uma quantia bem maior do que ele cobraria pelo serviço.

— Aguarde-me. Não vou demorar.

— Sim, senhor.

Olhou para o velho prédio de vários andares, de aparência sórdida, e enchendo-se de coragem, entrou. A escadaria suja e desconjuntada não pressagiava nada de bom, mas ele subiu os lances, decidido, enquanto a madeira rangia sob suas botas, até chegar, ofegante, ao quarto andar, próximo à mansarda. Apesar da luz mortiça, andou pelo corredor de muitas portas, estacando diante do número quarenta e dois, anotado à mão.

Respirando fundo, com mãos e pernas trêmulas, coração acelerado, deu duas batidas. Não sabia o que iria encontrar lá dentro, e isso o deixava tenso e apavorado. Aguardou, mas ninguém atendeu. Bateu novamente, e nada. "Talvez não haja ninguém lá dentro", pensou.

De repente, ouviu alguém tossir. Era uma mulher! Como homem distinto e educado, jamais pensaria em entrar em algum lugar para o qual não tivesse sido convidado, mas, num impulso, puxou o ferrolho e a porta abriu, rangendo lugubremente.

Olhou em torno. O interior era ainda pior do que o exterior. Poucos e velhos móveis compunham o ambiente sujo e descuidado: pequena mesa de madeira de pernas tortas, duas cadeiras, um maleiro grande. Não havia luminosidade, a não ser a que provinha de uma pequena janela de vidros quebrados, por onde entrava a claridade da madrugada, além do frio e do vento, naturalmente. No canto, escondido pelas sombras, um leito. Aproximou-se e alguém tossiu de novo. Entre as cobertas velhas e rasgadas, insuficientes para proteger alguém do frio, estava uma mulher. Chegando mais perto ele se abaixou e, perplexo, teve dificuldade em reconhecer naquela criatura macilenta e envelhecida, quase só pele e ossos, sua filha querida. Caiu de joelhos no piso, em lágrimas doridas:

— Filha querida! Minha pequena Helen! Afinal a encontrei! Mas em que condição a vejo, pobre criança!

E, debruçado sobre o corpo frágil, caiu em choro incontrolável.

A enferma abriu os olhos lentamente ao perceber a presença de alguém. Vendo um cavalheiro elegante inclinado sobre ela, abraçando-a, reconheceu-o, pondo-se a chorar e também a dizer com voz fraca, quase inaudível:

— Meu pai! Como... me encontrou? Não... queria que... o senhor... me visse ... assim... neste estado...

Enxugando as lágrimas, ele reagiu. Precisava tomar uma atitude.

— Não importa, minha filha! Vou levá-la comigo agora mesmo.

— Não... meu pai! Já... não... sou digna ... de entrar... naquela casa. Deixe-me... cumprir... meu destino...

As palavras saíam-lhe entrecortadas pela tosse e pela dispneia. Ele precisava agir rápido. Algo lhe dizia que o estado de saúde da filha era muito grave. Tomando uma decisão, tomou-a nos braços e saiu correndo pela porta afora, desceu os lances de escada. Ao ver o cavalheiro carregando uma mulher, o cocheiro abriu a porta da carruagem para que ele pudesse acomodá-la. Depois, retirando o próprio sobretudo, o pai a envolveu nele com infinito amor. Em seguida, cobriu-a com a velha manta que a filha usava para se aquecer do frio e na qual ela se agarrara, aflita, não querendo dela separar-se; talvez por ter sido sua única coberta durante aquele período, ela temia passar frio de novo.

Dando o endereço, ele ordenou:

— Vamos, rápido! Não há tempo a perder!...

A carruagem seguiu caminho. Aconchegando-a em seus braços, o pai desejava saber orar para poder rogar a alguém ou a um poder superior — talvez à Natureza, quem sabe? — pela filha querida, cujo estado pressentia muito grave. Todavia, até aquela data, ele não agasalhara nenhum sentimento de religiosidade íntima. Aliás, não acreditava nesse Deus que a religião tanto pregava. Acreditava, sim, no poder do próprio ser humano, na decisão da pessoa que queria realizar alguma coisa, na força da inteligência, mas não acreditava num Ente Supremo que governava o mundo, como tanto apregoavam.

Certa ocasião, instado pelo sacerdote confessor de sua esposa, começou a ler a Bíblia. Se já não acreditava num ser superior, divino, passou a desacreditar ainda mais ao inteirar-se das atrocidades cometidas em nome daquele Deus que agia de maneira diversa para com aqueles que seriam "seus filhos". Era um Deus injusto, violento, irascível, sujeito a negociatas com os mais espertos, que protegia os mais bem aquinhoados e que, inflexível, curvava a fronte dos infelizes e sofredores. Não que ele, George, se incomodasse com isso, de modo algum. Pertencia à melhor sociedade londrina e não tinha tempo nem disposição para pensar nos pobres, que julgava estarem na situação que mereciam estar, pois eram broncos, estúpidos, servis e ignorantes, não sendo aptos, portanto, para vencer na sociedade e galgar posições mais elevadas. Mas, sendo esse Deus tão poderoso, como confiar em alguém tão instável em suas decisões, tão temperamental?

Então, por tudo isso, infelizmente, não sabia como e a quem implorar ajuda para a filha querida às portas da morte.

Abraçado à jovem, ele chorava em silêncio para que ela não percebesse seu descontrole. A filha sempre o julgara forte, invencível, capaz de resolver todos os problemas; então ele não queria mostrar sua fragilidade de homem naquela hora dolorosa. Helen sempre confiara nele e precisava continuar confiando.

A carruagem parou no endereço, e o cocheiro desceu, abrindo a portinhola e tomando nos braços aquela frágil criatura, quase uma criança, para que o cavalheiro pudesse descer.

Logo a enferma estava acomodada em seus aposentos de luxo. George agradeceu ao cocheiro, entregando-lhe outra soma, e perguntou-lhe o nome.

— Chamo-me Martin, senhor. Se precisar de mim, estarei à sua disposição — e deu-lhe o endereço onde poderia ser encontrado.

— Agradeço-lhe, Martin. Foi-me de grande utilidade, e continuarei precisando dos seus serviços ainda hoje. Aguarde-me aqui.

Deixando a sala, George entrou em seu gabinete de trabalho, pegou um papel, uma caneta e, molhando a pena no tinteiro, escreveu um bilhete ao médico da família. Depois, voltando à sala, ordenou:

— Martin, vá até este endereço, entregue o bilhete o mais rápido que puder e não volte sem o médico. É questão de vida ou morte.

— Sim, meu senhor. Volto rápido.

O rapaz pegou o bilhete e saiu apressado para cumprir a tarefa. Tendo tomado essa providência, George respirou fundo e subiu as escadarias, dirigindo-se aos aposentos do casal para ver se a esposa havia acordado.

Na penumbra do ambiente, percebeu Jane ainda no leito. Chegou-se a ela e ajeitou uma mecha de cabelos encaracolados que lhe caía sobre a testa. Apesar do tempo transcorrido desde que se conheceram, ela continuava muito bela. Abrindo os olhos, Jane sentou-se e o fitou com expressão inquieta:

— George, sonhei com nossa filha!

— Com Helen?!... — indagou surpreso. — E o que sonhou, minha querida?

Tentando lembrar-se, ela começou a contar:

— Está tudo um pouco confuso em minha cabeça. Eu via nossa Helen e não entendia. Estava muito diferente! Era ela e ao mesmo tempo não era; tinha o aspecto de uma mulher mais velha, acabada. Acordei bastante preocupada. Onde andará nossa filha, George? — perguntou com o peito opresso e os olhos cobertos de lágrimas.

Ele abaixou a cabeça sem entender como a esposa podia reconhecê-la, se não a via há longos meses. Pigarreou, ganhando forças para dar-lhe a notícia e, depois, procurando falar de maneira calma e pausada para não assustá-la, contou-lhe tudo o que tinha acontecido durante a madrugada, terminando por dizer:

— Querida, levante-se! Venha comigo!

Angustiada diante das notícias, Jane ergueu-se, colocou o penhoar, calçou as chinelas de veludo acolchoadas com pelos de lebre e correu até o quarto de Helen com o coração batendo forte, enquanto o marido tentava acompanhá-la. Abriu a porta e viu o leito ocupado. Aproximou-se tensa, coração batendo forte e, cheia de amor, inclinou-se sobre a filha, cujos cabelos espalhavam-se sobre as cobertas, olhando-a com infinita ternura.

Em lágrimas, passou a mão de leve retirando as mechas de cabelo que lhe escondiam o rosto e levou um susto ao ver sua aparência acabada e emagrecida. Voltou-se para George e fitou-o perplexa:

— Helen está como a vi no sonho!...

Abraçou-a e novamente dirigiu-se ao marido:

— George! Ela está doente, precisa de cuidados médicos! Arde em febre!...

— Eu sei, querida. Já tomei providências. Dr. Stanford deve chegar a qualquer momento.

Cerca de meia hora depois, o médico deu entrada no palacete. Cumprimentou os donos da casa e, imediatamente, foi conduzido aos aposentos da jovem.

James Stanford conhecia todo o drama que o casal estava atravessando; acompanhara-lhes o sofrimento, as lágrimas, a incerteza quanto ao paradeiro de Helen. Sem demonstrar surpresa ante sua aparência, impassível, abriu a maleta de couro e retirou um cone oco de madeira que usava para auscultar os doentes, aparelho que antecedeu o estetoscópio. Sentou-se à beira do leito e começou a examinar a paciente. Primeiro os olhos, depois colocou o aparelho em seu peito para contar os batimentos cardíacos, verificou a pulsação; em seguida, pedindo que a virassem de lado, examinou-lhe os pulmões.

Ao terminar o exame, o médico tirou da maleta um pequeno frasco e derramou algumas gotas em seus lábios. Após essa providência, deixando Helen aos cuidados da criada, fez um sinal aos pais, e foram conversar em uma saleta contígua de modo a não serem ouvidos pela enferma.

— E então, James, como está nossa filha? — indagou George impaciente.

— Sim, dr. Stanford! É muito grave seu estado? — quis saber a mãe em súplica comovente.

O médico fitou o casal, que conhecia de longa data, com pena por ter de lhes dar notícias nada agradáveis.

— Caros amigos, o estado de nossa querida Helen é grave. Não posso nem devo esconder-lhes a verdade. Ela está muito fraca, não tem se alimentado direito nem se agasalhado devidamente. Em virtude desses fatores, houve comprometimento dos pulmões. Ela está com pneumonia e a situação é muito grave.

Em lágrimas e apertando as mãos, aflita, Jane quis saber:

— Diga-nos a verdade, dr. Stanford. Nossa filha vai morrer? Preciso saber!...

Cheio de compaixão, o médico olhou-a, como um pai diante de uma filha querida, e respondeu, acalmando-a:

— Senhora, como médico, acredito que sempre onde há vida há esperança. Vamos fazer todo o possível para que Helen fique bem. Ministrei-lhe algumas gotas para abaixar a febre. É importante, também, que sejam colocadas compressas frias em sua fronte, trocando-as sempre que necessário. Mandarei aviar uma receita e voltarei no fim da tarde. Quanto ao mais, deem-lhe alimentação leve, caldos, chás e água. É imperioso que se alimente. Parece-me que há dias não coloca nada na boca. Então, aos poucos, de colherada em colherada, vamos fazer com que ela melhore. E não se esqueçam de dar-lhe um banho.

— Ah! Mas, doutor, não vai fazer-lhe mal? Realmente, ela está precisando...

— Não, milady Jane. Só pode fazer-lhe bem.

O médico despediu-se dos donos da casa e partiu levado pelo cocheiro. No retorno, Martin deu contas ao dono da casa:

— Senhor, deixei o doutor na casa dele.

— Muito bem. Então, está dispensado.

Depois, pensando melhor, George considerou:

— Se quiser trabalhar para mim, rapaz, o serviço é seu. O meu cocheiro ausentou-se da cidade para atender a problemas de família no campo e pediu dispensa do serviço por não saber quanto tempo ficaria fora de Londres.

Com um leve sorriso, Martin aceitou o cargo satisfeito:

— Se for conveniente para o senhor, ficarei muito honrado de estar a seu serviço, milorde.

— Muito bem, Martin. Então, pode começar a partir de agora. Dou-lhe algumas horas para fazer sua mudança. Volte a tempo de buscar o médico no final da tarde.

— Sim, senhor! Tenho poucos pertences. Logo estarei de volta.

Martin saiu eufórico. Com serviço fixo, teria mais condição de dar o que sua mãe precisava. O veículo que dirigia era de um homem que lhe pagava uma pequena parte das corridas que fazia, o que era uma miséria diante do que ele e a mãe necessitavam para viver. Os dois passaram por extrema dificuldade. O pai faleceu quando ele ainda era menino, e a mãe trabalhara muito e exaustivamente em casas ricas para que o filho não sofresse tantas privações. Agora, com esse serviço fixo, Martin teria como retribuir a dedicação da mãe, devolvendo-lhe um pouco do muito que dela recebera.

No palacete, em vista das recomendações do médico, Jane mandou a cozinheira fazer um caldo leve para a doente. Enquanto isso, Dorothy, que fora *nurse* de Helen e permanecera na casa por todos esses anos como criada de quarto, cuidando da jovem com carinho, acendeu a lareira para aquecer o ambiente; depois, trouxe uma bacia com água quente e um pano macio para lavá-la no leito, pois Helen não conseguia se levantar. A mãe, porém, não abriu mão da tarefa e, com extrema ternura, limpou o corpo e os cabelos da filha, enxugando tudo muito bem; trocou-

-lhe as roupas por outras limpas e mais aquecidas, terminando por agasalhar-lhe a cabeça com uma touca de lã. Após essas providências e o ambiente aquecido, a enferma mostrava-se menos prostrada. Colocaram-na apoiada em grandes travesseiros, e a mãe deu-lhe algumas colheradas de sopa quente, cujo calor coloriu sua face, acrescentando-lhe mais vida ao semblante jovem.

Exausta pelo esforço, a jovem voltou a dormir tranquila.

Ao cair da tarde o médico retornou com os medicamentos, explicando à mãe e à criada como deveriam ser ministrados. Examinou novamente sua paciente e considerou:

— O organismo de Helen mostra alguma reação. A febre baixou um pouco, o que é muito bom. Vamos aguardar. Voltarei todas as tardes para visitá-la, mas caso precisem de minha presença fora desse horário, basta me chamar.

George e Jane agradeceram ao médico que, após tomar um chá em companhia dos amigos, partiu.

Marido e mulher se abraçaram mais confiantes, e Jane exclamou:

— Com a graça de Deus, querido, nossa filha conseguirá vencer essa enfermidade! Deus há de nos ajudar!...

Ele respirou mais animado e, sem querer contrariar a esposa, que colocava em Deus suas expectativas, completou:

— Tenho muita confiança no dr. Stanford, querida.

3

Em busca de informações

Os primeiros dias foram muito difíceis. A enferma quase não reagia ao tratamento médico e aos cuidados que recebia. Dormia a maior parte do tempo, não raro sendo tomada por medos e alucinações. Nesses momentos, não reconhecia ninguém, nem mesmo os pais, pondo-se a gritar enlouquecida.

Muitas vezes, seus gritos e lamentos, à noite, deixavam horrorizados os pais e os criados da casa, que não sabiam o que fazer para acalmá-la. Nessas ocasiões, o médico era chamado às pressas, altas horas da madrugada, e prescrevia medicamentos e poções, chás e tisanas, sem qualquer resultado.

Certa noite, cansado, o profissional da medicina viu-se obrigado a confessar que haviam se esgotado todos os meios para socorrer a jovem. Naquela oportunidade, a doente estava particularmente incontrolável: dizia coisas horríveis e gargalhava como louca. Horas depois, quando finalmente se aquietou e caiu em sono providencial, sendo deixada aos cuidados de Dorothy, sua criada de quarto, os pais e o médico, exaustos, dirigiram-se a uma pequena sala íntima, onde se acomodaram para conversar.

Questionado por George, que exigia uma posição quanto ao mal que atacara a filha querida, o médico declarou com expressão grave:

— Lamento informá-los de que, em virtude das dificuldades e dos sofrimentos por que passou, julgo que o estado mental de nossa Helen esteja irremediavelmente comprometido. Existem estudos e pesquisas que mostram a correlação entre o sofrimento e o desequilíbrio emocional.

Franzindo o sobrolho, George indagou perplexo:

— James, pelo que entendi, acha que nossa filha está louca?...

Dirigindo o olhar ao casal à sua frente, apiedado da angústia dos pais ante o estado da filha, o médico considerou com delicadeza:

— Digamos que Helen esteja desequilibrada mentalmente.

— E isso tem cura, dr. Stanford? — sussurrou Jane, quase desfalecendo de susto.

— Milady, acredito que o amor opera milagres. Durante todos esses anos de exercício da medicina, tenho visto de tudo. Pessoas aparentemente sãs vieram a falecer em consequência de um susto, de um intenso sofrimento. Outras, que pareciam fadadas à morte ou à loucura, se recuperaram após algum tempo com os cuidados amorosos de entes queridos. Então, nada é definitivo. Deus sempre encontra caminhos para auxiliar aquele que ora com fé.

O dono da casa pigarreou, analisando com ceticismo as palavras do velho amigo, e depois aduziu:

— Então, James, pelo que entendi nada há a fazer, se não cremos nesse Deus e se não temos fé.

— Não foi exatamente isso o que eu disse, meu amigo George. Considerei, em vista da experiência que adquiri como médico, que tudo é possível. Inclusive que a fé pode ser muito importante na hora da necessidade para reverter um quadro grave.

— Pois muito bem. Como você sabe, sou ateu. Dessa forma, não posso apelar para um ser superior no qual não acredito. Então, o que "eu" posso fazer? Ou não existe outro caminho?

O honrável médico trocou um profundo olhar com o amigo, sentindo quase de forma palpável a dor que lhe invadia o íntimo pela expressão de desespero e pelas lágrimas que ele continha a custo, depois com seriedade propôs:

— Amigo George, tenho conhecimento de que, na atualidade, existem outros caminhos, que não os da medicina acadêmica, para tratamento desses casos, conforme notícias que chegaram ao meu conhecimento. Sugiro que faça pesquisas, leia as últimas publicações e, sobretudo, abra sua mente a uma "outra realidade" que, embora não tangível, nem por isso deva ser menos real.

Intrigado, o outro questionou:

— Seja mais preciso, James. A que se refere especificamente?

— À existência de outro mundo, além do nosso, que vem sendo desvendado paulatinamente pelos estudiosos do assunto.

— Ah! Já sei... Isso diz respeito aos charlatães que apregoam a sobrevivência da alma e um mundo para onde todas elas irão após o túmulo. É nisso que espera que eu acredite? — concluiu com sorriso irônico.

— Não, George. Acreditar ou não depende de cada um. Recomendo apenas que pesquise. Pode ser-lhe muito útil. Quanto a mim, por não ser minha área, que é a medicina, nada mais posso dizer.

Em seguida, olhando o grande relógio de parede que acabara de dar cinco badaladas e considerando o horário avançado, o médico ergueu-se, despediu-se dos amigos e, após despertar o cocheiro, que dormia em um banco no vestíbulo, retornou para casa. Estava amanhecendo. As primeiras claridades da aurora se anunciavam brandamente no céu coberto de nuvens.

Cansado, o velho médico agradeceu a Martin, o cocheiro que lhe abrira a portinhola, ajudando-o a descer.

Como o rapaz continuasse parado à sua frente, parecendo querer dizer-lhe algo, ele aguardou.

— Doutor, como está a menina Helen, de fato? Por favor, diga-me, nada comentarei com ninguém.

Dr. Stanford fixou o olhar no moço, que parecia tão preocupado e comoveu-se:

— Gosta dela, não é?

— Sim, doutor. Gosto muito. Desde que ajudei a trazê-la para a mansão, em triste estado, não faço outra coisa senão preocupar-me com ela.

Observando que não era simples curiosidade, mas que o rapaz desejava mesmo ajudá-la, o médico informou:

— Meu jovem, a situação é realmente muito grave. Só Deus pode socorrê-la. Agora vamos dormir. Ambos merecemos.

Martin esperou o médico subir os degraus e abrir a porta da casa, depois retornou para a mansão.

Jane e George, calados, se prepararam para dormir; pouco depois, estavam deitados lado a lado. Remoendo cada qual os próprios pensamentos, eles não conseguiam conciliar o sono, apesar de bastante cansados. De súbito, Jane murmurou sem olhar para o marido:

— George, acha que o dr. Stanford pode ter razão?

— Sobre o quê?

— Sobre Deus, a fé e... outras coisas mais.

— Como o quê?

— Um mundo após a morte. Será possível?

Irritado, o marido respondeu, colocando ponto final na conversa:

— Jane, você sabe que não acredito em nada disso. São ideias absurdas! Agora, vamos dormir. Estou bastante cansado e está amanhecendo.

Ele puxou as cobertas e, virando-se de lado, fechou os olhos tentando dormir. No fundo, ele ficara desesperado ao ouvir o médico reconhecer que a medicina nada podia fazer pela filha querida. Naquele momento, as lágrimas rolaram de seus olhos em silêncio. Não queria que a esposa percebesse que chorava.

No íntimo, bem que gostaria de acreditar nesse Deus de que tanto falavam. Pelo menos, teria a quem recorrer.

Horas depois, após ter cochilado ligeiramente, George levantou-se. A esposa ainda estava dormindo; sem fazer barulho, tomou banho para manter-se desperto e, em seguida, foi até os aposentos da filha.

— Como ela está, Lucy? — perguntou à criada que substituíra Dorothy, que ficara à noite.

— Milorde, desde que estou aqui Helen dorme tranquila.

— Ótimo. A qualquer mudança não deixe de me avisar.

— Sim, milorde. Fique descansado.

Deixando os aposentos da filha, George foi fazer seu desjejum. Mais calmo, ele serviu-se de um pouco de chá, torradas e geleia. Estava terminando quando Jane apareceu na sala de jantar, ainda de robe, colocado sobre a camisola de cetim. Ela sentou-se no lugar costumeiro e passou a mão pelos cabelos encaracolados.

— Quando não o vi no leito, George, pensei que nossa filha tivesse piorado e corri ao quarto dela. Fiquei aliviada ao saber que Helen dormiu tranquila o resto da noite. Graças a Deus!... Então, vim fazer-lhe companhia, querido. Conseguiu descansar?

Enquanto ela se servia, saboreando uma fruta, ele comentou:

— Apenas cochilei. Gostaria de dormir um pouco, no entanto, como tenho assuntos urgentes a resolver hoje, não poderia ficar por mais tempo no leito. E você, querida?

— Dormi relativamente bem. Por incrível que pareça, estou refeita.

George olhou-a curioso, estranhando a tranquilidade da esposa. O que ela não contou ao marido é que fizera uma oração a Deus pedindo que socorresse a filha ainda tão jovem e tão doente dos nervos. Após essa oração, dormira rapidamente, envolvida por grande bem-estar. Ele não entenderia.

Estavam terminando a refeição quando o cocheiro surgiu à porta.

— Mandou chamar-me, milorde?

— Sim, Martin. Sairei daqui a pouco. A carruagem está pronta?

— Sim, senhor.

— Então, espere-me à entrada.

— Perfeitamente, senhor. Com licença.

O rapaz afastou-se e Jane considerou:

— Querido, aprecio esse rapaz. Parece de boa índole.

— Concordo com você, querida. Tem sido bom neste momento, prestando-nos excelente serviço. Ah! Jane, não me espere para o almoço; devo demorar. Como disse, tenho coisas importantes a resolver hoje. Se algo acontecer com nossa filha, mande Martin avisar-me. Até mais tarde, querida — concluiu, dando-lhe um beijo.

— Sim, querido. Tenha um bom-dia!

Deixando a mesa, Jane dirigiu-se aos seus aposentos. Arrumou-se cuidadosamente, como convinha a uma dama do seu nível, e, enquanto a criada de quarto ajeitava-lhe os cabelos, ela pensava na filha. De súbito, sentiu grande vontade de ir à igreja que costumava frequentar, e que não distava muito da casa.

Retornou aos aposentos de Helen, que continuava a dormir. Curiosamente, Jane percebera que, após essas crises, a filha atravessava período de sono tranquilo, como se o organismo tivesse necessidade de recuperar as forças exauridas pelos excessos. Após beijá-la ternamente, avisou ao mordomo que ia sair e não pretendia demorar. Estaria na igreja ali perto e, diante de qualquer problema, que a informasse.

Deixando o lar, Jane sentiu a satisfação de caminhar pelas ruas, coisa que raramente fazia. Nessa época do ano, a temperatura estava em elevação, e o fato de ver outras pessoas, crianças a brincar nos jardins e o movimento de carruagens era profundamente agradável para ela. Representava vida, movimento, animação.

Chegando à igreja, subiu os degraus e entrou no ambiente preservado e silencioso. Estava quase vazia: apenas duas senhoras e um cavalheiro rezavam. Jane andou pela nave e chegou até a frente do altar, ajoelhando-se na primeira fileira.

Olhando para o altar, fixou a atenção, mais ao fundo, na imagem do Cristo crucificado, que parecia fitá-la com profunda compaixão. Os vitrais, recebendo a luz solar, o iluminavam em feixes de cores variadas. De mãos postas, orou sentida e comovedoramente, abrindo seu coração àquele Jesus amorável que acalmava todas as dores, resolvia todos os problemas, consolava os sofredores e incutia esperança aos desesperados. Ela não entendia o Cristo de outra forma. Seu coração generoso nutria verdadeiro amor por Ele, que não trepidara em deixar-se imolar para que Seu exemplo permanecesse como um facho de luz para a humanidade, como coroamento da Sua passagem pelo planeta. Então, do fundo da alma, ela suplicava:

— Senhor Jesus! Ajuda-me! Sei que Tu podes socorrer a nós e à nossa filha tão desventurada. Não entendo o que está acontecendo com ela, Senhor, que mal a atinge tão duramente, mas sei que Tu podes resolver nosso problema. Também gostaria de rogar-Te por meu esposo, George, cuja falta de fé faz com que se sinta ainda mais desesperado, não enxergando solução para o problema da nossa querida Helen. Confio em Ti, Senhor, e sei que não nos deixarás ao desamparo. Amém.

Em seguida rezou um Pai-Nosso e fez o sinal da cruz, enxugando as lágrimas que lhe desciam pelo rosto.

Agora mais serena, após ter aberto o coração, Jane continuou ali, olhando a imagem de Jesus, como a pedir-lhe solução para os problemas que se abateram sobre seu lar e que tanto os afligiam. De repente, lembrou-se do que o médico dissera sobre novas pesquisas e estudos que poderiam ajudar sua filha.

Como se uma luz lhe acendesse no íntimo, mais animada, ela deixou a igreja e caminhou para casa, conjeturando um modo de conseguir essas informações. Não entendia como a existência de "outro mundo" poderia ajudá-la, mas sentia necessidade de conhecer o assunto. Assim pensando, retornou para casa com ânimo renovado.

Certamente seu marido não poderia saber. Mergulhado em sua descrença, George jamais aceitaria que ela fosse em busca das novidades a que o dr. James Stanford se referira. Mas ela estava cheia de curiosidade.

4

Jornais velhos

De retorno ao lar, Jane começou a pensar em como iniciar sua pesquisa. De repente, lembrou-se dos jornais recebidos todas as manhãs, os quais, depois de lidos, eram guardados pelo esposo. Certa ocasião, perguntara a ele por que os conservava, e George explicou que traziam notícias importantes e, às vezes, precisava consultá-los novamente para buscar alguma informação. Ela aceitara a explicação, embora nunca tivesse visto o marido voltar a procurá-los e, muito menos, relê-los. Decidida, chamou o mordomo.

— Arthur, para onde são levados os jornais velhos?

— Para o sótão, milady.

— Ah! E poderia trazê-los para mim?

O empertigado mordomo fitou-a com incredulidade:

— Tem certeza, milady?

— Sim. Por que, Arthur?

— É que milady não faz ideia da quantidade de jornais que há no sótão.

Ela ergueu-se, resolvida:

— Então, mostre-me!

E foi caminhando à frente do mordomo. Subiram as escadarias que levavam ao segundo andar e ao terceiro; após mais um lance de escadas, chegaram ao sótão. Jane estava exausta. Arthur pegou a chave, girou-a na fechadura e a porta se abriu.

Àquela hora do dia, não foi preciso acender a luz, pois, das pequenas janelas, a claridade era suficiente para enxergar tudo o que ali estava guardado.

Jane emocionou-se ao ver aquelas coisas tão antigas e das quais já nem se recordava mais: o berço que Helen usara nos primeiros anos, a pequena mesa de madeira pintada, com as cadeirinhas, onde se sentava para brincar, desenhar e escrever; os velhos brinquedos da filha, as bonecas, os bichos de pelúcia, o carrossel, os palhaços... Todo um passado de alegrias. Ela não pôde deixar de pensar em como eram felizes àquela época. Chegava a ouvir o riso ingênuo de Helen a correr pelo gramado, brincando e se divertindo. Respirou fundo, e, com os olhos úmidos, dirigiu-se ao mordomo:

— Tempos felizes aqueles, não é, Arthur?

— Sim, milady. Muito felizes. Mas não se aborreça. Tudo isso vai passar. Logo Helen estará bem de novo.

— Eu sei. Tenho de acreditar nisso, Arthur. E os jornais, onde estão?

O mordomo mostrou-lhe pilhas de periódicos, guardados por ano, e amarrados com pequenos cordões.

Assustada, ela exclamou:

— Mas é muita coisa!

— Foi o que lhe afirmei, milady.

— Se pelo menos eu soubesse o que procurar. Isso, todavia, não tem importância. Deus irá me ajudar, tenho certeza!

Jane conversava com o mordomo, olhando para as pilhas de jornais e as notícias. De súbito, ao correr os olhos por um deles, leu: "Pesquisador descobre outro mundo". Admirada, pediu ao mordomo que desamarrasse os cordéis e retirasse a poeira; depois disso, pegou nas mãos o jornal.

— Obrigada, Arthur. Pode descer. Há tanto tempo que não venho aqui que pretendo ficar mais um pouco imersa nas lembranças, e até ler algumas notícias.

O mordomo pediu licença e se retirou intrigado. "Que interesse milady poderia ter em jornais velhos?", pensou curioso.

Jane puxou uma cadeira, espanou-a e sentou-se. Que coisa incrível! Verdadeiramente inacreditável! Parece que me direcionaram para esta pilha, de modo que encontrasse a informação que desejava.

A matéria referia-se a um grupo de pessoas que, interessadas em assuntos do Além-túmulo, resolveram pesquisar e encontraram provas, na comunicação com um homem que havia falecido há mais de cinquenta anos e retornara para contar sua experiência, descrita pelo autor da notícia de forma breve. Era assinada por Vincent Mallory. Jane procurou a data: março de 1862.

Perplexa, ela pensava na notícia tão extraordinária: "Mortos que falam?!... Mas isso é extraordinário! E quem será esse Vincent Mallory do qual nunca ouvi falar?".

Jane ficou refletindo em como descobrir mais sobre o assunto. Com quem? Nisso, lembrou-se do médico: "Mas, claro! Dr. Stanford tentou alertar George para essa realidade. Que ligação terá essa notícia com o que está acontecendo com minha filha? De qualquer forma, preciso saber. Agora não desistirei".

Com essa determinação, desceu as escadarias com o jornal. Como estivesse quase na hora do almoço, foi preparar-se e ficou em seus aposentos lendo a notícia que tanto a impressionara.

Logo vieram avisá-la de que o almoço seria servido, e ela se encaminhou para a sala de jantar. Almoçou sozinha, visto que o marido não viria. Ao terminar, mandou que o mordomo chamasse Martin.

Assim que o cocheiro se apresentou, Jane comunicou-lhe que precisaria sair.

— Sim, milady. Quando desejar. A carruagem está a postos.

— Pois, então, vamos agora mesmo.

Pegou sua bolsinha, o chapéu e avisou o mordomo de que faria algumas compras, informação que deveria ser repassada ao esposo, caso chegasse antes; e saiu pela porta lateral. No palacete havia a entrada principal e, umas vinte jardas[4] depois, um grande portão, que dava entrada para o jardim, onde ficava a carruagem. Ao cocheiro, que a aguardava, pediu que a levasse ao consultório do dr. Stanford, cujo trajeto ele já conhecia.

Rodaram pelas ruas da cidade até que a carruagem parou diante de uma construção antiga, residência do médico, que destinara as salas da frente para seu consultório. Abrindo a porta, entrou na sala de espera. Uma jovem loira e de longos cabelos presos em coque veio atendê-la. Identificou-se e disse que precisava falar com o médico.

— Sim, milady. Queira sentar-se e aguardar, por gentileza.

Jane sentou-se, examinando o ambiente. Na sala, apenas uma senhora idosa. Logo depois a porta se abriu e o dr. Stanford

---

4. Unidade de medida de comprimento equivalente a 91,44 cm. (N.R.)

apareceu, despedindo-se da paciente que atendera. Ao ver a amiga, cumprimentou-a amavelmente, avisando que não iria demorar. Em seguida, pediu à senhora idosa que entrasse. Jane ficou sozinha. Agora, analisando melhor sua atitude, tinha receio de que o médico comentasse com George sobre sua ida à clínica. Não queria que o marido soubesse. Ele não entenderia suas razões e, ao ser contrariado, costumava ficar particularmente difícil. Aliás, nem poderia dizer-lhe a verdade, pois era contra seu modo materialista de pensar.

Chegando-lhe a vez, Jane entrou e sentou-se diante da mesa do médico.

Trocaram algumas frases protocolares, em que ele, por vias indiretas, tentava saber o motivo da presença dela ali no consultório.

— Como está meu amigo George?

— Está bem, dr. Stanford. Hoje está ocupadíssimo com os negócios.

— Muito bom! E nossa Helen? Como passou o resto da noite?

— Dormiu e não teve mais crises. Até a hora em que saí de casa, estava dormindo tranquila.

— Excelente! Deve ser a medicação. Mas... a que devo a honra da sua visita, milady Jane? Está com algum problema?

— Não, dr. Stanford, minha saúde é excelente.

Depois, com determinação, tirou de dentro da bolsinha a página do jornal que guardara dobrada e mostrou-a ao médico:

— Gostaria que me explicasse algo a respeito desta notícia, dr. Stanford.

Ele passou rapidamente os olhos pela matéria jornalística, depois indagou:

— O que quer saber exatamente, milady?

— Foi sobre esse "outro mundo" a que se referiu na madrugada, doutor? Por favor, quero que seja bem claro comigo. George não acredita em nada que não possa ver e tocar, mas eu sou diferente e quero ajudar minha filha. Só não entendo o que essa "outra realidade" pode ter a ver com o problema de Helen.

O médico respirou fundo e afirmou:

— Vou explicar-lhe, senhora. Tem tudo a ver. Se o problema de Helen fosse físico, eu poderia ajudá-la com meus conhecimentos. Todavia, por tudo o que tenho visto, creio que se trata de algo transcendental: as reações dela, as expressões, as palavras, as gargalhadas que ela dá em determinadas circunstâncias...

— E então, doutor?...

— Milady, eu gostaria que conversasse com alguém que tenha mais conhecimento sobre esse "outro mundo" do que eu.

— Entendo. Não se sente à vontade para falar sobre o assunto. E quem seria essa pessoa, doutor?

Ele pigarreou, concordando:

— Exatamente, senhora Jane. Não é minha área e, se alguém ficar sabendo, não será bom para minha reputação. São pesquisas muito recentes e que causam medo e rejeição, em especial na sociedade londrina, extremamente conservadora.

— Compreendo.

— Mas creio que está tomando a atitude correta, milady. Tenho um amigo, digno de toda a confiança, que está estudando esses assuntos. Se quiser, aqui está o endereço dele.

O médico escreveu algo num cartão e passou para Jane. Ela leu o nome: Peter Cushing, seguido do endereço.

— E quem é este Vincent Mallory, que assina a notícia do jornal?

— Um jornalista. Não é importante. Vincent Mallory é apenas um jornalista que ouviu falar e transcreveu o que lhe disseram. Quanto ao meu amigo, é pessoa séria e confiável; pode procurá-lo sem problema. Ele raramente sai de casa; assim, pode ir à hora que lhe for mais conveniente.

Jane agradeceu ao médico e despediu-se. Como ainda tivesse algum tempo, deu o endereço para o cocheiro. Em breve estavam em um bairro distante, que ela não conhecia, defronte de uma casa simples, mas agradável, com lindo e colorido jardim. Nas janelas havia floreiras, também floridas, o que dava um aspecto de alegria e paz. Uma estreita calçada de pedras conduzia até a porta de entrada.

— É aqui, senhora — indicou o cocheiro.
— A que horas ficou de buscar meu marido?
— Por volta das cinco horas, milady.
— Muito bem, Martin. Temos tempo. Não pretendo demorar.
— Sim, milady.

Jane caminhou pela pequena calçada de pedras e viu uma curiosa sineta: uma pequena boca de leão, da qual saía uma corrente pendente. Puxou-a. Logo ouviu passos e alguém abriu a porta. Era um cavalheiro. Ela calculou que teria cerca de cinquenta anos, cabelos grisalhos e semblante simpático. Ao vê-la, ele sorriu, e seus olhos azuis cintilaram.

— Mr. Cushing?
— Sim! Seja bem-vinda, milady. Entre, por favor.
— Eu sou mrs. Baker, Jane Baker — disse, cumprimentando-o.

Depois, um pouco constrangida por estar sozinha na casa de alguém que não conhecia, ela gaguejou:

— Desculpe-me, mr. Cushing. Talvez não devesse ter vindo...
— Se a senhora veio, é porque deve ter um motivo. Então, não se preocupe, vamos conversar. Imagino que deve estar com problemas.

— Ah! Como sabe? Dr. Stanford falou-lhe sobre mim?...

— James? Não! Ele é um excelente amigo, e não o vejo há pelo menos duas semanas. Não, ele nunca me diz nada. Mas, quando dá meu endereço a alguém, é que viu razões para acreditar que eu poderia ajudar essa pessoa. Mas entre, por gentileza. Não vai querer que conversemos aqui fora, vai? — concluiu sorrindo.

Ela corou encabulada.

— Não, certamente.

Jane entrou e o cavalheiro ofereceu:

— Milady, aceita um chá? Acabei de fazer e ia tomá-lo, quando ouvi a sineta.

— Aceito. Obrigada — respondeu, até para ganhar tempo.

Ele a conduziu a uma pequena e encantadora sala. A parede do fundo, arredondada e toda de vidro transparente, permitia ver um jardim primoroso. Armários brancos decorados com delicados enfeites indicavam a presença de mão feminina. Jane viu uma mesa arrumada para duas pessoas.

— O senhor estava esperando alguém?

— Sempre espero alguém — disse ele sorrindo. — Muitas pessoas vêm me procurar e me acostumei a ter a mesa arrumada.

— Ah! Entendo — murmurou, corando novamente.

Jane sentou-se e, enquanto o dono da casa trazia o bule de chá, perguntou:

— Mora aqui com sua família, mr. Cushing?

— Não. Moro sozinho, desde que minha esposa morreu — disse ele colocando o bule na mesa e acomodando-se também.

— Ah! Sinto muito! Não pretendia... — Jane não sabia como se desculpar.

— Não se preocupe. Está tudo bem. Não me incomodo de falar no assunto.

Ele serviu-a de chá, depois se serviu também, adicionando torrões de açúcar. Ela provou e achou-o uma delícia.

— Que chá é esse?

— Gostou? É uma mistura que eu mesmo faço com as plantas que cultivo no meu quintal.

— Pois está excelente, mr. Cushing! Meus parabéns!

Sorrindo após o elogio, ele propôs:

— Por que não deixamos de lado as convenções? Aqui, no meu mundo particular, que é a minha casa, costumo tratar todas as pessoas como amigas. Que tal chamar-nos apenas de Peter e Jane?

Embora julgasse um pouco fora das convenções sociais por estarem se conhecendo nessa ocasião, ali a sugestão pareceu muito natural.

— Concordo.

— Muito bem. Então, Jane, experimente estas rosquinhas de mel que fiz!

— Uma delícia! Parece-me que é bom na cozinha, senhor... isto é, Peter.

— Modéstia à parte, gosto de cozinhar. Aliás, em todas as minhas atividades, procuro fazer o melhor, com amor e dedicação. O tempo passa e não sabemos quando poderemos voltar a realizar a mesma coisa, degustar a mesma iguaria, fazer o mesmo passeio, conversar com a mesma pessoa...

Ela notou que ele, de repente, ficou pensativo. Talvez estivesse se lembrando da esposa.

— Não deve ser fácil morar sozinho com as lembranças.

Quando ele se virou para responder, Jane notou que seus olhos estavam úmidos e brilhantes.

— Não é fácil... quando julgamos ter perdido tudo o que tínhamos de mais importante e que representava a própria vida. Mas não foi isso o que aconteceu comigo. Eu e minha esposa continuamos juntos em pensamento, mantendo a mesma união e o mesmo amor.

Aproveitando o ensejo, Jane tocou no assunto que a interessava particularmente:

— Acredita na vida após a morte?

— Não apenas acredito. Tenho convicção dessa realidade, e é o que me mantém firme e forte, confiando que um dia estaremos unidos definitivamente.

Ela agitou-se, trêmula, com os olhos brilhando de emoção:

— Mas como pode ter tanta certeza, Peter?

A expressão dele era de encantamento ao responder:

— Vejo-a em todos os lugares, sua presença preenche esta casa e — o mais importante — sinto quando Emily se aproxima de mim, me faz uma carícia, me beija... Que mais posso desejar?

Jane também estava emocionada. Aquele amor que transcendia a morte era por demais comovente. Mas o dono da casa, voltando ao seu estado normal, perguntou com ternura:

— É esse assunto que a incomoda?

Subitamente trazida de volta ao motivo de sua presença ali, ela, sem responder, indagou:

— É tão evidente assim?

— Não. Mas o dr. Stanford não lhe teria dado meu endereço se fosse outro o motivo — deduziu ele com seriedade.

— Entendo. A verdade é que tenho necessidade de informações.

— Muito bem. Então, creio que podemos conversar.

5

Peter Cushing

Convidando Jane a tomar assento na sala de visitas, Peter deixou-a bem à vontade para que falasse do motivo que a trouxera até sua casa. No começo um tanto tímida, sem saber como abordar o assunto, ela hesitava. Com o intuito de ajudá-la, perguntou:

— Jane, você está com algum problema de saúde?

Levantando a cabeça, ela respondeu vivamente:

— Não! Sinto-me ótima.

Depois, um pouco trêmula, constrangida por tocar na questão que a preocupava, mas sabendo que precisava fazê-lo, venceu o pudor e murmurou:

— Trata-se de minha filha. Ela tem apresentado reações e comportamentos bastante estranhos. Nem sei como falar sobre isso...

Estava nervosa e Peter a acalmou:

— Não se preocupe. Qualquer coisa que me diga, saberei entender. Como começaram esses comportamentos estranhos?

Jane respirou profundamente, balançou a cabeça e concordou.

— Desculpe-me. Vou contar-lhe tudo. Afinal, foi por isso que o procurei.

Depois, com os olhos perdidos, fixados em imagens que só ela vislumbrava, começou a falar. Numa verdadeira catarse, lembrou-se da alegria que o nascimento da filha trouxe a ela e a George. Falou dos primeiros anos, da adolescência da filha e da atitude condescendente do pai, da aceitação incondicional dele a todas as ações de Helen, ao contrário do modo de pensar dela, Jane, preocupada com o comportamento da filha, necessitada de educação e controle. Narrou como a situação foi se deteriorando até o ponto de Helen fugir de casa; do sofrimento que eles sentiram por ignorar onde ela estaria, e até mesmo se viva ou morta.

Peter ouvia sem interromper. Nesse ponto, Jane parou de falar por alguns segundos, enxugou os olhos e, tomando fôlego, prosseguiu:

— Certa madrugada, George ouviu a campainha tocar e esperou que o mordomo acordasse e atendesse à porta. Todavia, provavelmente em sono pesado, ele não despertou. Como a campainha prosseguisse a soar com insistência, não obstante a hora, meu marido foi abrir. Era um rapazinho que lhe entregou um bilhete com um endereço, afirmando categoricamente: "Sua filha está neste endereço. Busque-a enquanto há tempo". Assustado, George abriu o bilhete e leu o endereço. Levantou os olhos, intrigado, para obter maiores informações do rapaz, mas ele já havia desaparecido. Então, meu marido não teve dúvidas. Arrumou-se e saiu. O endereço ficava num bairro miserável e afastado. Encontrou nossa filha num velho prédio de sórdida aparência, segundo me contou, e trouxe-a para casa em tristes condições de saúde; ela estava com problemas nos pulmões, além de extremamente magra e enfraquecida. Chamamos o dr. Stanford, nosso amigo há muitos anos, e, sob os cuidados dele e os nossos, ela foi se recuperando. Mas algo inesperado aconteceu: Helen passou a ter crises terríveis: gritava, dizia palavrões, gargalhava, assustando a nós e aos criados da casa. Parecia ser outra pessoa, alguém completamente diferente!...

Jane parou de falar, levando a mão ao coração, e respirou fundo. Peter notou que ela estava tensa, com a expressão angustiada, certamente pelas imagens evocadas, e aproveitou para perguntar suavemente:

— E vocês, o que pensaram de tudo isso?

Jane abriu os braços, mostrando a perplexidade de quem não conseguia entender.

— Não sabíamos o que pensar! Aquilo era inusitado para nós, completamente estranho e perturbador. Assemelhava-se mais a uma história de terror!... Dr. Stanford, certa madrugada em que fora chamado às pressas, confessou-nos sua impossibilidade de ajudar-nos, assegurando-nos que a medicina nada podia fazer nesses casos. Que, em virtude das dificuldades e sofrimentos pelos quais Helen havia passado, achava que o estado mental dela estivesse irremediavelmente comprometido; afirmou, também, que deveríamos procurar outros recursos, por meio de estudos e pesquisas novas que estabeleçam a correlação entre o sofrimento e o desequilíbrio emocional. Terminou enfatizando que Deus sempre encontra caminhos para auxiliar quem ora com fé.

— Entendo — conjecturou Peter, percebendo que não se tratava de doença orgânica.

— Nesse ponto, dr. Stanford tocou na ferida. Devo dizer-lhe que meu marido é absolutamente materialista e ateu. É cético acerca de tudo o que não possa ver, pegar e sentir. Apesar disso, fiquei interessada, pois lembro-me bem do que o médico disse: "George, na atualidade, existem outros caminhos, que não os da medicina acadêmica, para tratamento desses casos, conforme notícias que chegaram ao meu conhecimento. Sugiro que faça pesquisas, leia as últimas publicações e, sobretudo, abra sua mente a uma 'outra realidade' que, embora não palpável, nem por isso deva ser menos real." E, ao ser questionado por George, pedindo-lhe para ser mais explícito, falou sobre a existência de outro mundo, além do nosso, que vem sendo paulatinamente descoberto por pesquisadores e estudiosos.

Jane parou de falar, respirou fundo e concluiu:

— Confesso-lhe que essa possibilidade me deixou muito interessada, Peter.

— E, em virtude disso, foi conversar com James.

— Sim. Fui buscar mais informações. Como ele sugerira, procurei nos periódicos antigos e encontrei uma matéria sobre a vida após a morte. Dr. Stanford me confirmou a notícia e deu-me seu endereço. Bem, acho que é tudo que tinha para lhe dizer.

Peter, que a ouvira com extremo interesse durante todo o tempo, muitas vezes confirmando com a cabeça, assegurou-lhe:

— Cara Jane, fez muito bem em vir procurar-me.

— Peter, só que não consigo ver a relação que tem esse "outro mundo" com o caso da minha filha!...

Ele esboçou um sorriso compreensivo:

— Tem tudo a ver, Jane. Vou explicar-lhe direitinho. Mas, antes, deixe-me acender as luzes.

Jane levou um susto. Somente nesse instante ela percebeu que a sala estava envolta em ligeira penumbra. Estava escurecendo e ela nem notara.

— *My God!* Está tarde! Não percebi o tempo passar. Preciso ir embora — disse, com ar temeroso e aflito.

— Compreendo perfeitamente. Volte outro dia para continuarmos nossa conversa. Sinto que posso ajudá-la.

— Obrigada. Voltarei.

Despediram-se e ela saiu. Na rua, Martin andava de um lado para o outro, preocupado. Ao vê-la, sua expressão distendeu-se, demonstrando indisfarçável alívio.

— Milady, estamos atrasados!

— Eu sei, Martin. Vamos rápido!

Ele ajudou-a a subir na carruagem e partiu apressado, exigindo o máximo dos cavalos. Ao chegar à mansão, não entrou pelo portão lateral que levava ao jardim e que, transitando por um caminho de pedras, parava defronte de uma grande porta interna. Não. Parou a carruagem na rua e, de cabeça baixa, apenas estendeu a mão para que a senhora descesse do veículo. Jane ajeitou as longas saias, depois se aprumou e, na calçada, deu dois passos no rumo da residência. De repente, ela parou, virou-se e ordenou ao cocheiro:

— Martin, nada diga a milorde a respeito de onde estivemos. Entendeu?

— Sim, milady. O que devo dizer, se me perguntar? — indagou constrangido.

— Que fomos às compras.

— Perfeitamente, milady.

Em seguida, Jane rapidamente subiu os degraus que a levavam à porta principal. Martin se adiantara, puxando a campainha e o mordomo veio abrir. Ela entrou apressada e dirigiu-se aos seus aposentos; o coração arfava, batendo descontrolado. Ela sabia que precisava apressar-se. Escolheu rapidamente um vestido, trocou-se com a ajuda da criada de quarto, que também lhe refez o penteado, um tanto desfeito por ação do vento. Após esses cuidados, olhou-se num grande espelho na parede. Estava realmente bela; somente precisava aquietar a expressão dos olhos, que denunciavam preocupação.

Desceu as escadarias e foi ver a filha, que passara o resto da tarde tranquila. Conversaram um pouco e, como a doente demonstrasse sono, Jane beijou-a e deixou seus aposentos, acomodando-se na sala de estar, a tempo de ver o marido entrar em casa, cansado. O mordomo imediatamente trouxe-lhe um cálice de bebida, exatamente o que o patrão apreciava antes das refeições.

George aproximou-se da esposa e, beijando-a levemente na testa, indagou:

— Como foi seu dia, querida?

— Após sua saída, fui à igreja. Senti necessidade de rezar um pouco.

— Que desperdício de tempo! — balbuciou ele, saboreando um gole de bebida. — Há tantas coisas mais interessantes para se fazer, querida.

Jane retrucou educadamente:

— Pensamos de forma diferente, querido. Ir à igreja me fez muito bem. Voltei renovada!

— Mas não ficou o dia inteiro rezando, suponho.

— Evidente que não. Fui ver algumas lojas. Preciso de um vestido para a festa de nosso amigo dr. Stanford. É o aniversário de Mildred, lembra-se?

— Ah!... E demorou bastante. Acabei minhas atividades e fiquei esperando Martin, que não apareceu na hora combinada.

— Culpa minha, querido. Envolvida com os trajes de festa, acabei me atrasando. Perdoe-me!

— Não se preocupe. Como está nossa filha?

— Teve um dia calmo. Dormiu quase o tempo todo. Conversei com ela há pouco e achei-a normal.

— Ainda bem!

Nesse instante o mordomo veio avisar que o jantar seria servido. George ergueu-se, ofereceu o braço à esposa e dirigiram-se à sala de jantar.

Conquanto um pouco trêmula em virtude das perguntas do marido, ela procurou mostrar-se bem-disposta e sorridente. Enquanto jantavam, conversaram sobre assuntos triviais.

De repente, Martin surgiu à porta. Ao ver Jane, sua expressão mudou e seus olhos fugiram dos dela.

— Milorde, está aí um portador com correspondência urgente para o senhor.

— Sim? Arthur, mande-o entrar e esperar em meu gabinete. Obrigado, Martin. Pode ir agora.

— Sim, milorde.

— Com licença, querida. Não me demoro.

Alguns minutos depois ele retornou e Jane o notou preocupado; indagou a razão.

— Parece-me inquieto. De que se trata, querido?

— É realmente preocupante, Jane. Um navio com carregamento que encomendei em Marselha foi atacado por piratas.

— Meu Deus! E agora?

— Não se aflija, querida. Foram mobilizados os órgãos competentes e já estão atrás deles. Espero que consigam prendê-los. Caso contrário, meu prejuízo será grande.

Conquanto preocupada, Jane sentiu-se mais aliviada, pois o assunto desviara-se para outro que não lhe dizia respeito.

Conhecia bem o marido e sabia que ele estava desconfiado de alguma coisa.

Após o jantar, dirigiram-se a uma sala íntima e aconchegante, muito do agrado do casal. George pôs-se a ler um jornal, enquanto Jane tocava piano. De repente, ele tirou os olhos do jornal e comentou:

— Querida, estranhei a expressão de Martin. Você notou como ele está diferente? Parece estar com algum problema...

Jane, que tocava uma linda ária, desconcentrou-se e errou, parando de súbito.

— Não. Não notei, George. Estou cansada hoje. Acho que vou me recolher. Boa noite, querido — disse, dando-lhe um beijo rápido.

— Boa noite, querida. Não vou demorar; logo subirei também.

Depois, com expressão interrogativa, tirou os olhos da notícia que estava lendo e murmurou para si mesmo:

— Agora não é só Martin que está diferente. Jane também está estranha...

Fechando o jornal, depositou-o sobre a mesinha próxima e resolveu recolher-se também. Quando entrou nos aposentos, a esposa já estava deitada. George trocou de roupa e deitou-se ao lado dela. Sentiu-a tensa e uma sensação estranha pareceu envolvê-lo.

"O que estará acontecendo?", pensou. Mas como estivesse exausto, adormeceu em seguida, apesar dos problemas.

Na manhã seguinte, ao acordar, viu que Jane havia se levantado. Após fazer a higiene e vestir-se elegantemente, George desceu. Sua esposa estava fazendo o desjejum; quando ele chegou, ela mordiscava um biscoito de nata e nozes.

— Bom dia, querida! Dormiu bem? — indagou, sentando-se.

— Não muito bem. Só nas primeiras horas; depois perdi o sono e não dormi mais.

George fitou-a com estranheza. Jane sempre tivera sono excelente! Dormia muito bem e acordava bem-disposta e animada. Agora estava pálida, abatida.

— O que houve, querida? Está com algum problema?

— Não!... Creio que fui deitar preocupada com nossa filha. Ontem não fui vê-la antes de dormir, o que não costuma acontecer, e esse fato deve ter mexido comigo.

— É provável. Após a refeição, procure descansar mais um pouco. Creio que nada tem para fazer, não?

— Tem razão. É uma boa ideia, querido. Farei isso.

George deu-lhe um beijo, despedindo-se, e saiu de casa. Martin o esperava à porta da frente.

Jane dirigiu-se aos aposentos da filha e viu que ainda estava dormindo. Trocou algumas informações com a enfermeira e dirigiu-se ao seu quarto. Jogou-se no leito tentando conciliar o sono. No entanto, apesar de sonolenta, não conseguia dormir.

Sentia-se amargurada. Certamente a situação da filha a deixava preocupada. Mas, verdadeiramente, o que não saía da cabeça era a lembrança do jeito de Martin. Chegava a dar-lhe arrepios. No fundo, o que estaria ele pensando? Pareceu-lhe que ele a olhava como se a estivesse julgando, como se a acusasse de alguma coisa! Recordou as horas que passara fora de casa no dia anterior, e que não contara ao marido. Resolveu que precisaria conversar com o cocheiro e esclarecer tudo. Repassando na memória a situação, julgou que Martin poderia estar com dúvidas a respeito da sua conduta. Afinal, o cocheiro a levara até o consultório do dr. Stanford; depois, até aquele outro endereço estranho. Realmente, notou que ele mudou depois que ela entrara naquela casa. A situação piorou quando ela se esqueceu do horário, e ele foi obrigado a levá-la rapidamente de volta ao palacete e, em seguida, buscar o patrão na empresa. O marido certamente não gostara do atraso do cocheiro, o que a expressão dele tinha deixado bem claro. Quando dava uma ordem, gostava de ser obedecido.

Jane não sabia o que fazer. Se não contasse a verdade a George teria problemas; se contasse teria problemas do mesmo jeito. Ele nunca entenderia sua busca de informações acerca desse "outro mundo" no qual ele não acreditava.

Por outro lado, a lembrança daquela casa de periferia era-lhe grata. A presença de Peter, um homem especial com mentalidade aberta e instigante, figurava-lhe tão necessária agora como o ar que respirava. Tinha de voltar lá! Sua filha precisava de ajuda e ela confiava nele. Mas como? Teria de explicar a situação a Martin. Se ele soubesse das suas intenções, talvez pudesse ajudá-la.

Tomou uma decisão. Como não conseguia dormir mesmo, levantou-se e foi caminhar um pouco no jardim. O dia estava bonito e claro. Ainda fazia um pouco de frio, mas a temperatura estava em elevação, o que a incentivou a sair de casa e passear.

Viu quando Martin retornou, colocando a carruagem no pátio interno, como sempre fazia após conduzir o patrão à empresa. Chamou-o. Ele aproximou-se de cabeça baixa e ficou esperando. Parecia muito desconfortável e não a olhava de frente.

— Martin, leve-me para passear.

6
Novos conhecimentos

O cocheiro deu-lhe a mão, ajudando-a a subir na carruagem e depois fechou a portinhola, sempre muito sério e compenetrado.

— Aonde vamos, milady?
— Ao Hyde Park.
— Sim, milady.

Tomando assento na boleia, Martin pegou as rédeas e conduziu o veículo em marcha lenta. Quinze minutos depois, estavam entrando no grande e antigo parque real de Londres; rodou pelas ruas ladeadas de árvores e, naquela manhã de sol, no local sempre muito frequentado, havia pouca gente.

De súbito, ela deu uma ordem:

— Pare, Martin! Quero caminhar.
— Sim, milady.

Ele estendeu-lhe a mão, educadamente, e Jane começou a caminhar sentindo o ar fresco da manhã, enquanto observava as velhas árvores, as flores que surgiam aqui e ali nos canteiros, trazendo colorido e aroma nesse início de primavera.

Martin a seguia a alguns passos de distância. Ao ver um banco, cansada, ela sentou-se. O cocheiro não dizia uma palavra. Disposta a esclarecer a situação, Jane chamou-o para junto de si:

— Martin, precisamos conversar e quero que seja franco comigo. O que está acontecendo?

— Não entendi, milady. O que quer saber?

— Não se faça de tolo, pois não é. Sabe muito bem a que me refiro. Desde ontem, está com um ar diferente, parece desconfortável na minha presença, não me olha e mal responde ao que pergunto.

O rapaz tirou o chapéu e ficou a rodá-lo nas mãos, olhando para o chão. Como ela insistisse numa resposta, ele ergueu a cabeça e esclareceu:

— Fiquei descontente por ter sido obrigado a mentir a milorde Baker, milady.

Jane olhou para ele com carinho. Reconhecia as qualidades daquele moço que chegara à sua casa em momento bastante difícil e que, embora completamente desconhecido, se mostrara sempre digno de confiança e fiel aos senhores, fazendo jus à oportunidade que lhe fora concedida de trabalhar no palacete. Durante todos aqueles meses, jamais houvera qualquer problema que o desonrasse; ao contrário, se necessário, estava sempre a postos, a qualquer hora do dia ou da noite.

— Martin, tenho muita confiança em você; tanta confiança que ontem pedi que me levasse àquele endereço... que você conhece.

— Agradeço-lhe, milady. Mas não gosto de mentir. Sinto-me mal, acredite. Preferia que não me obrigasse...

Jane o interrompeu com um gesto.

— Sua postura só aumenta o respeito e a consideração que tenho por você, Martin. E por essa razão pedi que me trouxesse até este parque para podermos conversar mais à vontade. Preciso dizer-lhe o que fui fazer naquele endereço e por que preciso da sua ajuda.

Agora ele a fitava, e o constrangimento fora substituído pela curiosidade. Jane respirou profundamente e depois, com os olhos úmidos, suplicou:

— Não me julgue, Martin! Entenderá minhas razões. Não ignora as dificuldades que eu e meu marido temos atravessado com nossa filha. Aliás, foi você que o ajudou a trazê-la de volta para nossa casa em tristes condições...

— Realmente, milady. Pobrezinha da menina Helen! Não me sai da cabeça a situação em que a encontramos, quando ajudei milorde a reconduzi-la ao lar.

— Imagino, Martin. Mas, pelo que dr. Stanford nos assegurou, a doença de Helen não é da alçada da medicina. Ela precisa de outro tipo de tratamento, que George não aceita!

— Ah!...

— Talvez você não possa entender...

— Posso, sim, milady. Minha mãe outro dia esteve no palacete — peço-lhe desculpas, pois sei que não é permitido aos criados receber pessoas estranhas —, mas ela tinha urgência de falar comigo. Então, ela entrou pelos fundos e foi até a cozinha; conversamos ligeiramente, mas minha mãe estava inquieta, olhava para os lados, e ela pareceu temerosa. Perguntei-lhe o motivo e ela me respondeu: "Meu filho, esta casa tem 'almas do outro mundo' que estão querendo destruir a menina e os pais dela".

Jane estava perplexa! Olhava para Martin sem conseguir abrir a boca, até que gaguejou:

— É verdade isso, Martin? Não... está enganado?

— Não, milady. Com certeza não estaria falando sobre esse assunto se não estivesse seguro — respondeu com seriedade.

— Mas... mas... como sua mãe chegou a essa conclusão? Ela nunca entrou em nossa casa!... — considerou Jane incrédula.

Com ar de quem sabe o que diz, Martin respondeu firme:

— Milady, desde que eu era pequeno, minha mãe tinha visões, falava coisas que achávamos estranhas, absurdas, porém depois elas se confirmavam.

— Ela tinha visões? Que tipo de visões? O que você quer dizer com isso?

— Milady, se quiser, poderá tirar suas dúvidas diretamente com ela. Não posso explicar o que não vejo nem sinto. Mas ela pode!

No auge da excitação, Jane pediu:

— Leve-me até sua mãe, Martin! Quero falar com ela.

Jane levantou-se num impulso, agitada. Tinha pressa de retornar à carruagem, que ficara um pouco distante. Diante daquilo que ouvira, sentia-se trêmula e tensa; um misto de medo e curiosidade a dominava. Afinal, ela nunca conhecera pessoas que tinham contato com esse "outro mundo".

Cerca de uma hora depois, chegaram à casa de Martin. O bairro era bastante pobre, e a casa, simples. Martin tomou à dianteira e ela foi atrás. A cinco jardas de distância, aproximadamente, Jane viu uma mulher que veio recebê-los. Deveria estar lavando roupas; trazia um pano para proteger a barriga, que, evidentemente, não cumprira sua missão, pois estava todo molhado. Com os cabelos escuros presos num coque na nuca, fisionomia risonha e os olhos brilhantes ao ver o filho, ela abriu os braços, recebendo-o com carinho. Somente depois viu a senhora.

— Mãe, esta é mrs. Baker. Veio conhecê-la.

A mulher corou de satisfação e vergonha.

— Conhecer a mim? Seja bem-vinda, milady.

Jane aproximou-se mais, cumprimentando-a:

— Queria muito conhecê-la, Violet, e pedi a Martin que me trouxesse até aqui.

Muito simples, a mulher inclinou-se diante da grande dama:

— Sinto-me honrada por recebê-la em nossa casa, milady. Entre, por gentileza.

Os móveis eram poucos e já haviam conhecido dias melhores. Jane sentou-se numa cadeira que lhe foi oferecida e, sem preâmbulos, indagou:

— Violet, seu filho disse-me que esteve lá em casa e viu algo que a deixou assustada. O que foi?

A dona da casa lançou um olhar para o filho como se o repreendesse dizendo "você não deveria ter contado", depois confirmou:

— É verdade, milady! Martin não mentiu.

— Mas o que viu precisamente, Violet?

— Vi muitos vultos. Eles querem prejudicar a menina e seus pais.

— Ah! E o que são esses vultos demoníacos?

— Milady, desde pequena eu vejo aqueles que já morreram; as "almas do outro mundo", entende? Não quero ver, mas vejo!

— E foram eles que você viu em minha casa, quando esteve lá?

— Sim, milady! Posso lhe assegurar!...

Jane estava apavorada e pensou: "Então não são demônios? Sempre ouvi dizer que eles é que fazem o mal aos seres humanos!". Precisando de informações, prosseguiu:

— Então, Violet, pode nos ajudar?

A boa mulher arregalou os olhos aflita:

— Milady, eu só posso vê-los! Não sei o que fazer!...

Conversaram mais um pouco, mas como Violet nada mais podia informar, Martin e ela se despediram. Deixando a casa, o cocheiro quis saber:

— Para onde vamos agora, milady?

— Preciso ir à casa de mr. Cushing. Entretanto, temos de voltar para a mansão, porque deve estar quase na hora de buscar George para o almoço. Após a refeição e o retorno de mr. Baker, iremos àquele endereço que você conhece.

— Muito bem, milady. Então, após levar milorde, estarei às suas ordens.

O casal almoçou, trocou algumas palavras, e logo George despediu-se da esposa, voltando à firma. Jane ficou aguardando. Ao retornar, o cocheiro informou ao mordomo:

— Arthur, avise milady que estou à sua disposição.

O mordomo franziu as grossas sobrancelhas, com ar inquiridor, mas o cocheiro já virara nos calcanhares, encaminhando-se para a saída. Arthur dirigiu-se à sala íntima, onde a senhora examinava alguns periódicos recém-chegados, e transmitiu-lhe o recado de Martin.

Jane levantou-se, sem notar a expressão de curiosidade do mordomo. Não conseguindo conter-se, ele indagou:

— Milady, posso saber aonde vai?

— Por que, Arthur? — ela estranhou a pergunta.

Ele inclinou-se com uma desculpa:

— Perdoe-me, milady. Queria apenas poder informar milorde, caso ele chegasse antes do retorno da senhora.

— Não se preocupe, Arthur. Voltarei em breve.

Jane deixou a sala sem ver a expressão de estranheza do mordomo que reconheceu, naquela saída da senhora sem dizer o destino, algo inusitado e surpreendente. "Terá ela algo a esconder?", conjeturou.

A caminho da casa de periferia, Jane ia contente. Ao chegar tocou a sineta. Logo o dono da casa veio abrir, satisfeito por vê-la novamente.

— Boa tarde, milady! Seja bem-vinda.

Jane fez questão de apresentar Martin, que a acompanhara até a porta, a mr. Cushing, explicando:

— Precisei contar a Martin a razão da minha vinda até sua casa, mr. Cushing. — Depois, dirigiu-se ao cocheiro: — Aguarde-me, Martin; não vou demorar.

— Sim, milady.

Martin afastou-se e eles entraram. Peter convidou Jane para tomar chá, que ela aceitou, sorridente. Na pequena sala, a mesa já estava arrumada para duas pessoas; ela acomodou-se, enquanto ele pegava o bule no fogão, trazendo-o para a mesa.

— E então, como está se sentindo após nossa conversa, Jane?

— Agradeço-lhe. Aquela tarde fez-me muito bem. Hoje, pela manhã, tive informações que me deixaram um tanto perplexa.

E enquanto saboreava o delicioso chá, ela contou o que Violet lhe dissera.

— Mr. Cushing... isto é, Peter, confesso-lhe que fiquei muito assustada!

— Compreendo. Mas tudo isso não passa da expressão de um mundo que ainda não conhecemos devidamente. Lembra-se de quando lhe falei sobre minha esposa, Emily?

— Sem dúvida. Fiquei comovida com o amor que os une. Nunca pensei que os sentimentos prosseguissem após a morte.

Ele sorriu, tomou um novo gole de chá e colocou a xícara no pires.

— Não ficou assustada?

— Claro que não!

— E por quê?

Ela pensou um pouco e respondeu:

— Por que teria medo? Emily me pareceu uma boa pessoa, amorosa, dedicada...

Peter balançou a cabeça, concordando, e exclamou:

— Mas Emily também é uma "alma do outro mundo", como as pessoas dizem!

— É diferente. Ela não causa medo, terror. Aqueles vultos que Violet viu em minha casa eram perversos; queriam prejudicar a nossa família, segundo o que ela me contou.

— Ah! Então, o que diferencia as almas é o sentimento?

Jane levantou os ombros, sem saber direito o que responder:

— Bem. Não havia pensado nisso. Mas, segundo o que me parece, sim. Pelo menos para mim, os sentimentos fazem diferença.

Peter sorriu e concordou com ela.

— Exato. É o que os espíritos sentem que os torna melhores ou piores. Mas você entende, Jane, que todos são igualmente "almas do outro mundo"? No fundo são todos iguais! Afinal, são seres criados por Deus, como nós. Apenas a situação em que se encontram, pelos pensamentos e sentimentos difere da nossa.

Assombrada com essa ideia, ela retrucou:

— Você acredita realmente que Deus criou a todos iguais?!...

— Sem dúvida, Jane! Deus não é o Criador de tudo o que existe? Se não foi Deus, quem mais teria criado?

— Pensando assim, você tem razão. Mas... Deus teria criado almas perversas?

— Não, evidentemente. Deus criou as almas, ou espíritos, simples e ignorantes, com a finalidade de se desenvolverem com o passar do tempo, ganhando moralidade e conhecimento. Então, todos os espíritos terão as mesmas condições e oportunidades de progredir.

— Supondo que esteja com a razão, os que fazem ou desejam o mal são mais atrasados?

— Exatamente. No entanto, todos nós atingiremos a perfeição.

Jane ficou calada por alguns segundos, meditando naquilo que tinha ouvido e que era tão diferente de tudo o que aprendera na Igreja Anglicana.

— Aceita mais um pouco de chá, Jane? — perguntou, dando tempo para ela refletir nas novas informações.

— Aceito, obrigada. Peter, por que então esses espíritos desejam nos fazer mal? Por prazer?

— Não. Existe outro princípio que é fundamental para se entender o processo evolutivo: a lei da reencarnação, ou das vidas sucessivas. Já ouviu falar?

— Sei que no Egito eles acreditavam que podiam voltar outras vezes a habitar um novo corpo, mas é só.

Ele concordou:

— Tem razão. Os antigos egípcios acreditavam na reencarnação, não apenas eles, mas outros povos também. A verdade, Jane, é que só a reencarnação pode nos fazer crer na bondade, na misericórdia e na justiça de Deus. Caso contrário, como conseguiríamos evoluir, se em uma única encarnação quase nada conseguimos melhorar nossas atitudes? E como justificar as simpatias e antipatias que sentimos ao encontrar pessoas pela primeira vez?

— Senti simpatia por você assim que o vi, Peter!

— E eu por você, Jane! Com certeza somos espíritos que não estamos nos encontrando pela primeira vez!

— Faz sentido. E por que muitos querem nos destruir? — indagou, pensando nos espíritos que Violet tinha visto em sua casa.

— Quando isso acontece é porque, em algum lugar, em alguma época, nos desentendemos, causamos prejuízo a eles. O ódio que sentiram no passado eles o conservam até hoje e, por isso, buscam vingança.

— Meu Deus! Mas não me lembro de ter feito nada contra ninguém!

— Porque ao renascer, nos esquecemos do passado, para aproveitar a existência agindo no bem, de maneira correta, refazendo os relacionamentos danificados outrora. E, preste bem atenção, Jane! Não apenas com os que já partiram temos compromisso de melhorar, mas também com aqueles que fazem parte da nossa vida hoje.

Jane estava com tantas informações na cabeça que já nem conseguia pensar.

Peter percebeu e recomendou:

— Minha amiga, por hoje basta de novos conhecimentos. O que você já sabe é suficiente para muita reflexão.

Jane concordou e despediu-se. Ao vê-la sair da casa, Martin trouxe a carruagem, que ele havia deixado à sombra de uma grande árvore.

No trajeto de volta, ela vinha ensimesmada. Ao descer no jardim da mansão, aceitou a ajuda de Martin, sem lhe dirigir um olhar, sem parecer notar sua presença.

— Milady, está quase na hora de buscar Mr. Baker.

Jane acenou com a mão e entrou. Arthur viu-a chegar e, curioso, inclinou-se, cumprimentando-a:

— Fez bom passeio, milady?

Ela passou por ele sem responder, imersa em si mesma. Arthur ficou ainda mais curioso e preocupado.

Subindo as escadarias, Jane entrou em seus aposentos. Jogou-se no leito e lá permaneceu.

Depois de buscar mr. Baker, Martin levou os animais à cavalariça, dando-lhes folga e cuidados, como água e comida. Estava passando a escova no pelo de um deles, quando o mordomo chegou, curioso, e foi logo perguntando:

— Martin, aonde levou milady?

— Mrs. Baker queria passear.

— De novo?!...

Martin parou o que estava fazendo e, voltando-se para Arthur, respondeu:

— E por que não? Milady quer aproveitar os dias que estão tão agradáveis.

Arthur fitou-o de maneira estranha, depois fez meia-volta e saiu.

— Pois sim! Ainda vou descobrir o que está escondendo!

7

Os espíritos se manifestam

Nos dias seguintes, sempre que podia, Jane passava as tardes na casa de Peter Cushing. Tinha tanta ânsia de conhecer, de se informar para poder ajudar a filha querida, que não pensava em mais nada. E depois, nas manhãs, enquanto passeava pelo jardim ou mesmo nos dias ainda frios, quando chamava o cocheiro até a sala íntima, sob o pretexto de dar-lhe alguma ordem, colocava Martin a par do que aprendera com Mr. Cushing, visto que ele também estava bastante interessado no assunto, até para entender o que acontecia com sua mãe e poder ajudá-la.

Numa das visitas a mr. Cushing, Jane o questionou:

— Sou-lhe profundamente grata, meu amigo, pelos conhecimentos que tão generosamente tem dividido comigo. Não imagina quanto bem auferi de tudo o que aprendo nestas tardes tão agradáveis! Mas de onde vêm tantas informações? De que compêndio as retira?... Trata-se, talvez, de algo misterioso e secreto?

O dono da casa sorriu, esclarecendo:

— De forma alguma, Jane! Esperava apenas que demonstrasse interesse mais profundo para dar-lhe a fonte! Tudo o que temos conversado aqui está num livro publicado em Paris, França, em 1857.

Peter pediu licença, ergueu-se e deu alguns passos até uma pequena mesa auxiliar, sobre a qual repousava belo abajur colorido com cúpula em forma de vitral; abrindo a gavetinha, retirou um volume, entregando-o com carinho à visitante.

— Cara Jane, aqui está! Este livro é seu!

— Para mim?!...

— Sim! Agora, após nossas conversas, já está em condições de entendê-lo e aproveitá-lo melhor.

Jane pegou a obra nas mãos, emocionada. Leu: *The Spirits' Book, containing: The Principles of Spiritist Doctrine*[5]. Continuou lendo as informações de capa e, chegando ao nome do tradutor, ficou surpresa. Era de uma mulher, Anna Blackwell, que em 1876 publicara a primeira edição em inglês. Em seguida, procurou o índice, e uma expressão de perplexidade surgiu em seu rosto.

— *O Livro dos Espíritos*! Fantástico! Jamais imaginei que existisse uma publicação abordando esse assunto e, especialmente, enfocando tantos temas interessantes!... — exclamou Jane comovida.

Retirando o olhar da obra, fitou Peter.

---

5. *O Livro dos Espíritos, contendo: Os Princípios da Doutrina Espírita.* (N.R.)

— Nem sei como lhe agradecer, meu amigo.

— É simples! Leia-o, estude-o e verá como tudo é muito lógico e coerente, proporcionando melhor entendimento para as ocorrências da vida. Você nunca mais será a mesma após a leitura deste livro.

— Obrigada. Com certeza, irei lê-lo com carinho — disse, aconchegando o volume ao peito.

— E, quando quiser retornar para esclarecimentos ou para tirar suas dúvidas, sabe onde me encontrar. Estarei à sua disposição.

Como fosse tarde, despediram-se. Do outro lado da rua, Martin aguardava inquieto. Com a presteza possível, retornaram à mansão.

Mais tarde, enquanto esperavam que fosse servido o jantar, George e Jane trocaram informações sobre o dia. O marido, que fingia ler o jornal, indagou, tentando não demonstrar interesse:

— O que fez hoje, querida?

— Saí a passeio.

— Ah!... E certamente foi fazer compras?

— Não, querido, apenas fui passear pela cidade. Gosto de ver o movimento das carruagens, as ruas apinhadas de gente, as construções, os monumentos. Descer do veículo e ver as vitrines das lojas... tudo isso me encanta.

Enquanto ela falava, George olhava-a com expressão que pretendia ser desinteressada, mas que apresentava sinais de irritação.

— Pelo que vejo, aquela esposa caseira e acomodada não existe mais. Deve ter ido à igreja também, presumo.

— Engana-se, querido. Não fui à igreja hoje. Ora, George, estará por acaso com ciúme dos meus passeios? Que bobagem!

— Não é ciúme, minha querida. Tento conversar apenas.

— Ah!... Então, como foi seu dia? — perguntou ela.

— Como todos os outros. Cansativos e tediosos — ele respondeu, voltando à leitura do jornal, como se desejando colocar ponto final ao diálogo.

Jane estranhou a atitude do marido e intimamente procurou entender. Sabia que George estava passando por dificuldades na empresa e talvez isso o estivesse inquietando. Nesse instante, o mordomo avisou que o jantar seria servido e Jane não pensou mais no assunto.

A refeição transcorreu em silêncio; George não parecia com vontade de conversar, mantendo o cenho carregado e a atenção direcionada para o prato. Ao terminar, ele pediu licença e, chamando Arthur, fechou-se com ele em seu gabinete, o que não causou estranheza a Jane porque ele sempre tinha ordens para dar ao mordomo. Ficando sozinha, subiu para seus aposentos. Queria aproveitar para iniciar a leitura do novo livro.

No gabinete, George acomodou-se na cadeira e, atrás da grande mesa de trabalho, passou ao mordomo as tarefas para o dia seguinte; em seguida perguntou:

— Milady saiu hoje, Arthur?

— Sim, milorde. Mrs. Jane passou a tarde toda fora.

— E sabe aonde ela foi?

— Não, milorde. Milady não comenta aonde vai e Martin muito menos.

— Tudo bem, Arthur, está dispensado.

— Sim, milorde — e, com leve movimento de cabeça, saiu.

Após ficar sozinho, George inclinou-se na cadeira de espaldar e começou a lembrar do dia no escritório. Havia uma semana, todas as manhãs um homem chegava e tinha ordem de ser levado à sua sala o mais rapidamente possível. O desconhecido vestia-se simplesmente, como alguém do povo, e causava estranheza aos demais empregados o patrão recebê-lo com tanta deferência, quando parecia nada terem em comum; no entanto, abstinham-se de perguntar.

Quando o desconhecido chegava, se milorde estivesse sozinho, era introduzido na sala dele e conversavam à porta fechada. A sós, o recém-chegado relatava-lhe tudo o que Jane fazia desde que saía de casa. Assim, ele ficou sabendo que ela ia sempre ao mesmo endereço e que, como sempre, Martin a esperava na rua.

— E desta vez, conseguiu ouvir o que conversaram ou o que faziam?

— Não, milorde. Impossível chegar até lá.

George praguejou, dando um murro na mesa. Preocupado com o patrão, o homem indagou:

— Milorde, não seria melhor que o senhor perguntasse diretamente à milady o que quer saber?

— Farei isso quando tiver todas as informações de que preciso. E quanto a Martin?

— Eles conversam bastante, milorde. Quando vão a um parque real, o cocheiro chega a sentar-se com ela em um banco e passam horas dialogando.

No auge da ira, George ameaçou, dando outro soco na mesa:

— Eles não perdem por esperar! Terão o troco que merecem!...

Depois, lembrando-se de que não estava só, procurou dominar-se, terminando a entrevista:

— Por hoje é só. Não deixe de relatar-me tudo o que ficar sabendo. A propósito, passe na sala ao lado para receber a quantia a que fez jus. E não os perca de vista, está entendendo? Quero informações! Procure chegar mais perto para saber o que tanto minha esposa e o cocheiro conversam. E também, aproxime-se mais de Martin, converse com ele, procure fazer amizade. Entendeu? Está dispensado.

Ao lembrar-se desse diálogo, George sentiu-se mal, como se um grande peso estivesse sobre seu tórax, impedindo-o quase de respirar; ao mesmo tempo, pareceu-lhe que o ar da sala estava pesado e que sombras ameaçadoras o cercassem.

"O que está acontecendo comigo?", pensou apavorado.

De repente, como se envolvido naquela nuvem escura, ouviu alguém afirmando, com voz cavernosa:

— *Muito bem! Isso mesmo! Os miseráveis terão de pagar! Você não pode aceitar essa traição. Dê a eles o que merecem! Confie em nós, que somos seus amigos. Nós o ajudaremos. Eles não escaparão!...*

Nesse momento, Arthur entrou na sala para dar-lhe conta de uma tarefa da qual fora incumbido e o encontrou com a cabeça recostada na cadeira, os olhos injetados de sangue, o rosto congestionado e suarento. Tentava desabotoar a camisa de linho e não conseguia.

— Milorde, o que está sentindo?

— Não sei... não sei... não consigo respirar direito... Estou passando mal...

Com presteza, Arthur abriu-lhe os primeiros botões da camisa e, em seguida, correu para avisar que chamassem o dr. Stanford.

Jane, que havia descido preocupada com a filha, ao ver o movimento no gabinete, correu para perto do marido, ajudando-o a acomodar-se melhor num sofá; ajeitou-lhe a cabeça em almofadas e, aflita, perguntou baixinho:

— O que houve, querido?

De olhos fechados, agora mais tranquilo, ele respondeu num sussurro:

— Não sei... não sei...

Notando que ele queria falar mais, porém tinha dificuldade, ela aconselhou:

— Não se esforce, George. Martin já deve ter ido buscar o médico. Não devem tardar.

Cerca de vinte minutos depois, entrou o médico, pressuroso. Sem fazer perguntas, acalmou o amigo, enquanto começava a examiná-lo:

— Não se preocupe, George, estou aqui. Alguém pode me dizer o que aconteceu?

Arthur aproximou-se e relatou ao médico como encontrara o patrão. Dr. Stanford, após examiná-lo, colocou-lhe algumas gotas na boca e, em seguida, sentou-se ao seu lado.

— George, como se sente?

— Estou melhor, James. O que aconteceu comigo?

— Eu é que lhe pergunto. Aconteceu algo? Você teve uma grande alteração na pressão arterial, mas já está medicado. Seus batimentos cardíacos estão se normalizando. É curioso esse quadro, porque nunca teve problema algum nessa área. Todavia, vou lhe prescrever um remédio, o mesmo que acabou de tomar, que o ajudará no controle da pressão.

Abriu a maleta de couro preto e dela retirou um pequeno frasco que entregou à Jane, explicando como ministrá-lo. Nesse momento, a enfermeira entrou no escritório, esfregando as mãos, aflita:

— Helen está muito mal! Não sei mais o que fazer!...

O médico ergueu-se imediatamente e, acompanhado de Jane, correu aos aposentos da jovem, enquanto Arthur ficava fazendo companhia a George, que estava apenas sentindo fraqueza.

Ao se aproximarem do quarto da moça, já podiam ouvir-lhe os gritos e os palavrões:

— *Agora é que eu quero ver! Vocês não acreditam no poder das trevas, mas provarão o que é bom. Não ficará pedra sobre pedra neste lugar. As sombras estão no comando e todos receberão o que merecem. Um por um, todos serão levados para o inferno!...*

A jovem, sentada no leito, revolvia-se em contorções; o belo e suave semblante se transmudara completamente: da boca rósea, de contornos delicados, saíam palavrões de fazer corar a mais vulgar das meretrizes.

Ao ver o médico e a mãe chegando, ela cravou em ambos os olhos injetados de sangue e começou a gargalhar de forma assustadora.

Jane levou as mãos ao rosto, perplexa e assustada ao ver o aspecto da filha, além de envergonhada pelas palavras de baixo calão que ela gritava a plenos pulmões. O médico acercou-se do leito para tentar conversar com ela, mas ouviu uma ordem dita com voz sinistra:

— *Não se aproxime, miserável! Sua ciência é impotente para livrá-la de nós.*

Diante dessas palavras, testemunhando que ali havia outros "seres" que não a jovem, ele virou-se para Jane, olhando-a de maneira expressiva:

— Percebe agora, Jane, com o que estamos lidando?

A senhora estava trêmula. Todo o seu corpo estremecia de forma incontrolável. Todavia, naquele momento, veio-lhe à lembrança tudo o que aprendera com Peter, em especial que, diante de entidades desencarnadas, a melhor atitude era a elevação do pensamento. Então, ajoelhando-se, começou a orar. O médico, assim como os demais criados atraídos pelo barulho, ali presentes, também se ajoelharam e puseram-se a rezar junto com ela.

Por algum tempo, o palavrório continuou, e até mais forte, como se as entidades quisessem sobrepor-se às vozes que oravam. Aos poucos, porém a gritaria foi diminuindo e o vozerio ensurdecedor se acalmando, lentamente.

Quando George — que ouvira o estardalhaço vindo dos aposentos da filha quis ver o que estava acontecendo, foi amparado pelo mordomo até a entrada do quarto. Ainda havia gritos, mas logo tudo ficou em paz. Helen adormeceu placidamente e um clima de serenidade inundava o aposento.

Jane e os demais, envolvidos pela prece, ainda não tinham percebido a mudança que se operara no ambiente, a não ser o dr. Stanford, que se virou para ela e disse comovido:

— Conseguimos, minha amiga! Conseguimos!

Parecendo despertar daquele estado de interiorização, Jane olhou ao redor e viu todos ainda ajoelhados; olhou para o leito e, ao contemplar a filha adormecida, caiu em prantos de gratidão a Deus pelo socorro que lhes tinha enviado.

Os criados se ergueram, e Jane, auxiliada pelo médico, levantou-se também. Virando-se, viu George parado na porta, que a olhava sem acreditar naquilo que estava acontecendo. Respirou fundo e foi ao encontro dele:

— Graças a Deus, querido, nossa filha está bem agora. E você, sente-se melhor?

Ele apenas balançou a cabeça positivamente, sem deixar de fitá-la com admiração e perplexidade.

Como fosse tarde, o médico despediu-se, satisfeito pelo surpreendente resultado obtido. Ao se despedir de Jane, osculou-lhe a mão, de maneira terna, como a cumprimentá-la pelas bênçãos do momento.

Os criados voltaram a seus postos, comentando em voz baixa sobre o acontecido. Jane convidou o marido para se recolherem. Estavam todos exaustos.

Dando o braço a George, mas na verdade, amparando-o, pois ele ainda estava fraco, subiram as escadarias. Deitaram-se e o marido não disse uma palavra. Virou-se de costas para a esposa, mas não conseguia dormir.

Tudo o que aconteceu naquela noite foi muito intenso. Rememorou a experiência que teve: o mal-estar, a sensação de peso no tórax, a falta de ar; porém o que mais o impressionou foi a sensação de "sentir" outros seres e de "ouvir" o que diziam: "Não pode ser criação da minha cabeça, visto que não estava pensando em nada! E, além de tudo, não acreditou em nada disso! Por outro lado, por que na mesma hora, no mesmo momento, minha filha entrou em crise? Por que, quando Jane se ajoelhou para rezar, acompanhada dos criados, e do próprio médico, aos poucos tudo se aquietou? Que força fez Helen calar-se e dormir como um anjo?".

Esses e outros questionamentos não paravam de fervilhar em sua cabeça. Impossível entender, pela lógica, o que acontecera naquela noite.

Cheio de temor, mas decidido a resolver o problema, George determinou-se a procurar informações sobre o assunto que tanto o incomodava, chegando a alterar-lhe as condições orgânicas de forma assustadora.

E, assim estabelecido, adormeceu mansamente.

O dia seguinte

Na manhã seguinte, os donos da casa levantaram-se bem mais tarde que de costume. Sentiam-se dominados por fadiga estranha, apatia e exaustão, como se esvaídos, sem motivo aparente, de todas as forças.

Despertaram quase que ao mesmo tempo. Sem ânimo para descer, Jane puxou o cordão, fazendo tilintar a sineta. Quando a criada atendeu, a senhora notou-lhe a aparência debilitada.

— Está doente, Sophie?

— Não, milady. Amanheci um pouco indisposta, apenas.

— Ah! Traga-nos o desjejum, por favor. Como está Helen?

— Muito bem, milady. Ainda dorme tranquila.

— Ótimo!

Jane dispensou a criada e ficou cismada. "Sophie também acordou mal! Que esquisito!", pensou

Alguns minutos depois a criada retornou com a bandeja, depositando-a sobre uma pequena mesa redonda ao lado da janela. Abriu as vidraças, deixando a claridade entrar, e depois deixou o quarto. George e Jane levantaram-se para o *breakfast*; quando necessário, comunicavam-se por monossílabos. Em certo momento, levando a xícara aos lábios, ele murmurou:

— Sinto-me terrivelmente cansado, Jane. Deve ser pelo mal-estar que me acometeu ontem à noite, não acha?

Passando geleia numa torrada, ela respondeu:

— Provavelmente. Mas não tive problema algum e também estou exausta.

— Ah!... E a que você atribui seu estado?

— À crise de nossa filha.

— Ah!... Não entendi direito o que aconteceu. Estava uma barulheira infernal e, de repente, fez-se silêncio. Tudo ficou tranquilo. É totalmente inexplicável, não acha? — indagou confuso.

Com medo de piorar o clima reinante se dissesse a verdade — que o marido não aceitaria —, ela respondeu:

— Também não entendi, George. Só o que fizemos foi rezar.

Ele permaneceu calado por alguns instantes; depois balbuciou, balançando a cabeça:

— Muito estranho... Muito estranho...

Acabaram de comer e voltaram para o leito, ainda sem ânimo para nada. Despertaram às duas horas da tarde. Assustado, George olhou o relógio de parede, praguejando.

— Precisava ir ao escritório! Tenho providências urgentes a tomar hoje e estou aqui, ainda no leito!

Ergueram-se, fizeram a toalete e desceram. Ao vê-los, o mordomo ordenou que o almoço fosse servido. Eles mal tocaram nos pratos. Após o marido sair para o escritório, Jane, que ainda estava à mesa, olhou para Arthur e notou-lhe também certo abatimento.

— Está doente, Arthur?

— Não, milady. Apenas indisposto, como todos os demais criados.

— Todos estão indispostos?!... Por quê?

— Sim, milady — ele pensou um pouco e concluiu —, julgo que tenha sido em virtude do que aconteceu a noite passada.

Jane olhou para as criadas que serviram a mesa e viu que todas estavam extenuadas. Nesse momento Martin chegou e estava do mesmo jeito. Ele queria saber se a senhora sairia naquela tarde. Num primeiro momento, Jane disse:

— Não, Martin. Está dispensado. Hoje vou ficar em casa.
— De repente mudou a ordem: — Ou melhor, pensando bem, sairei, sim. Estou precisando de novos ares.

— Sim, milady.

Jane levantou-se, pegou o chapéu, as luvas e a bolsa que Arthur lhe trouxera, e dirigiu-se à porta, enquanto o mordomo a olhava, desconfiado.

O cocheiro, que já havia deixado a carruagem à porta, ajudou a senhora a acomodar-se e saíram. Após ganhar a rua, ordenou a Martin que a levasse ao endereço conhecido. Logo estavam defronte da casa de periferia. Peter atendeu com presteza, satisfeito por vê-la.

— Parece-me abatida, cara amiga.

— E estou realmente, Peter. Aconteceram coisas terríveis noite passada. Martin, meu cocheiro, também participou e talvez possa esclarecer um pouco mais a questão. Já lhe falei, outro dia, do interesse dele por esses assuntos transcendentais, até por causa da mãe, que vê e ouve os espíritos. Seria demais pedir-lhe que o convidasse a participar da nossa conversa?

— Claro que não, minha amiga! Evitei tocar no assunto, julgando que talvez... você não quisesse, em virtude da posição dele... Enfim, se o rapaz tem interesse na vida após a morte, não vejo por que excluí-lo do nosso diálogo. Aguarde-me um momento. Irei chamá-lo.

Abrindo a porta, Peter fez um sinal para o cocheiro, que estava do outro lado da rua, como sempre, e que veio em seguida atendendo ao chamado.

— Deseja falar comigo, senhor?

— Sim, Martin! Queira entrar, por gentileza.

O moço tirou o chapéu e entrou um tanto constrangido, olhando para todos os lados. Ao ver a senhora, sentada na sala, achou que ela queria dar-lhe uma ordem.

— Chamou-me, milady?

Jane sorriu, enquanto Peter convidava-o a sentar-se.

— Não, Martin. Mr. Cushing deseja falar com você.

Analisando o rapaz, agora mais de perto, Peter notou-lhe a testa ampla, a expressão séria, os olhos indagadores e a boca, de contornos nítidos e firmes; denotava alguém determinado em aprender; então, esclareceu com gentileza:

— Desejamos convidá-lo a participar da nossa conversa, Martin. Estou informado que também é interessado em assuntos de Além-túmulo.

— Ah! Sim, senhor! Minha mãe sofre bastante com as almas dos que já se foram e eu gostaria muito de poder ajudá-la.

— Muito bem. Então, fale-me sobre o que aconteceu ontem à noite.

O rapaz pensou um pouco e começou a falar:

— Como Mr. Baker passou mal após o jantar, recebi ordem de buscar o médico, dr. Stanford. Assim, não vi tudo o que aconteceu. Mas...

— Mas... prossiga, por favor.

—... entendi perfeitamente que eram seres do "outro mundo" que falavam pela menina Helen — que Deus a proteja! — usando palavras que ela nunca pronunciaria em estado normal.

Virando-se para a dama, Peter indagou:

— Seu esposo tem problemas de saúde, Jane?

— Não, absolutamente! Foi uma surpresa para todos nós. George tem excelente saúde. Nunca fica doente.

— E o que ele sentiu naquela hora, precisamente, a ponto de chamarem o médico?

— Bem. Na verdade, não vi quando George passou mal. Estava em meus aposentos. Preocupada com minha filha, desci para vê-la, quando Arthur, nosso mordomo, saiu gritando do gabinete de George, dizendo que ele estava passando mal. Então, em vez de ir ao quarto de Helen, corri para socorrê-lo. Ele afirmava estar com falta de ar e quase não podia respirar; tinha o rosto muito vermelho, congesto, assim como os olhos, e transpirava bastante. Sem saber o que fazer, pedi ajuda a Arthur e o colocamos num local maior, de modo que pudesse ficar mais à vontade. Permaneci junto dele, procurando acalmá-lo, e logo o médico chegou.

— E depois?

— Depois... dr. Stanford examinou-o e deu-lhe um remédio para a pressão arterial, que deveria ter subido bastante, conquanto naquele momento já estivesse mais baixa, quase normal.

— E sua filha, quando começou a passar mal?

— Logo em seguida. Ainda envolvidos com George, não percebemos a aflição da enfermeira que, de súbito, entrou no gabinete afirmando que Helen estava muito mal, e ela não sabia mais o que fazer. Então, o médico, a enfermeira e eu corremos para os aposentos de minha filha; apenas Arthur ficou com George.

— E no quarto da menina, o que viram?

Jane abaixou a cabeça, enquanto lágrimas corriam-lhe pelo rosto.

— Foi horrível! Eu já tinha visto Helen ter seus ataques, mas como ontem, nunca. Ela estava sentada no leito com a fisionomia muito alterada, esquisita. Modificara-se por completo; parecia outra pessoa. Gritava com voz cavernosa coisas terríveis, palavrões impronunciáveis...

Jane parou de falar por alguns segundos, enxugou os olhos e prosseguiu:

— Não sabíamos o que fazer quando, repentinamente, lembrei-me de ouvi-lo afirmar que, diante de espíritos trevosos, devemos usar a oração. Foi o que eu fiz. Ajoelhei-me e comecei a rezar, Peter.

Como ela interrompera suas palavras, Martin prosseguiu:

— Essa parte eu vi e posso afirmar: foi de arrepiar! Ao ver milady ajoelhada, dr. Stanford e todos os criados ajoelharam-se e começaram a rezar também, e eu fiz o mesmo. A menina continuava gritando sem parar. De repente, o barulho foi diminuindo lentamente até cessar de todo. Uma paz muito grande invadiu o aposento. Quando olhamos, nos demos conta de que a menina estava dormindo como um anjo!...

— É verdade! — confirmou Jane, completando. — Levantei-me e, para minha surpresa, vi meu marido parado na porta, apoiado em Arthur, com expressão perplexa.

Peter ouviu com atenção tudo o que foi dito, sem emitir nenhuma opinião. Apenas inteirava-se dos acontecimentos. Após o término do relato, Jane respirou profundamente e quis saber:

— O que você acha de tudo isso, Peter? Não me canso de perguntar o que teria acontecido de fato. E, o fundamental: por quê?

O dono da casa olhou a ambos e considerou de forma pausada:

— Julgo que enfrentaram muito bem a situação. O que aconteceu foi um verdadeiro ataque das trevas, isto é, daqueles espíritos que, por vingança, pretendem destruir a família toda. E, pelo que pude perceber, utilizaram-se de um ponto frágil: seu marido, Jane.

— George? Mas o mal-estar dele era orgânico! Dr. Stanford confirmou isso, ministrando-lhe inclusive a medicação necessária!...

Peter moveu a cabeça negativamente, explicando:

— Engano seu, minha amiga. Tudo o que houve nessa noite foi parte de um mesmo problema. Os adversários do bem iniciaram o ataque por intermédio de George, visto que intimamente ele está em desequilíbrio. Talvez muito nervoso, preocupado, sentindo raiva de alguém, quem sabe? Seja o que for, facilitou o acesso dos desencarnados interessados em gerar confusão na casa.

— E Helen? — perguntou ela.

— Sua filha, Jane, é a pessoa mais sensível dentre todos os que ali convivem. Pela situação que ela vivenciou fora de casa, fragilizando-se, tornou-se instrumento passivo na mão dos seus inimigos. Se você prestar atenção, perceberá que as crises da menina têm íntima relação com o ambiente da casa.

— Quer dizer que, se alguém não estiver bem, ela irá sentir e reagir violentamente?

— Exato. Por essa razão, o ambiente da casa deve ser preservado.

Jane abriu os braços num gesto de incapacidade.

— Agora sei disso! Mas, e os demais? E George, que não crê em nada?

Peter sorriu de leve:

— Amiga, precisa confiar. Lembra-se de que já falamos sobre isso? Se existem seres que vivem ainda no mal, existem também aqueles que nos ajudam e protegem! Cada um demonstra o que tem no íntimo. Assim, a oração é o recurso que temos para vencer.

— Entendi. E como funciona! Agora tenho certeza dessa realidade.

Martin, que ouvia calado, aproveitou uma pausa e perguntou:

— Mr. Cushing, o que mais podemos fazer para evitar esse tipo de situação? Desculpe-me, preocupo-me também com o problema de minha mãe.

— Foi bom você ter tocado no assunto, Martin. Temos várias providências a tomar, e sua mãe poderá nos ajudar muito! Gostaria de vê-la, de falar com ela.

— Se quiser, posso conduzi-lo até nossa casa, Mr. Cushing.

O dono da casa pensou um pouco e respondeu:

— Não, Martin. Agradeço-lhe. Prefiro, porém, que a traga até aqui. O ambiente de minha casa é mais preservado de influências estranhas, e podemos trabalhar melhor.

— Entendo. Quando quiser, eu a trarei.

Combinaram para dois dias depois, visto que Peter tinha alguns assuntos a resolver. Despediram-se.

Jane e Martin deixaram a casa mais animados e esperançosos.

9

A recepção

No dia seguinte aos acontecimentos que abalaram a todos da casa, George permaneceu calado e introspectivo. No escritório da companhia importadora, os subordinados estranharam-lhe o comportamento, embora já acostumados com sua postura formal e reservada que não dava margem a conversas desnecessárias. Saiu do mutismo apenas para informar ao secretário:

— Não atenderei ninguém, John. Apenas os casos urgentes e inadiáveis que surgirem; os demais serão dispensados.

— Mas... Mr. Baker, e aquele... cavalheiro que vem todas as manhãs? Como o senhor não estava hoje cedo, ele ficou de retornar esta tarde.

George pensou um pouco e decidiu:

— Quando chegar, diga-lhe para retornar amanhã.
— Sim, Mr. Baker. Mais alguma recomendação?
— Não. É só.
— Sim, senhor. Com licença.

Após a saída do secretário, George reclinou a cabeça na cadeira estofada e deixou-se levar pelas lembranças que não lhe saíam da cabeça, em especial o problema orgânico que o acometera na véspera.

A realidade é que George, por mais que tentasse, não conseguia entender o que acontecera. Vezes sem conta, o mal-estar súbito voltava-lhe à mente, e ele recordava apavorado tudo o que sentira: a opressão no peito, a cabeça como que dominada por algo mais forte, irresistível, e a falta de ar que o levou a julgar-se à beira da morte. Mas, sobretudo, as vozes que ouvira.

"O que será isso?", pensava. "O mais impressionante é que, ao chegar aos aposentos da minha filhinha em crise, identifiquei aquela voz! As palavras eram diferentes, mas a voz era a mesma que ouvira em meu gabinete, tenho certeza absoluta! Como podia ser? Que força era aquela que me prostrara inerte na cadeira, incapaz de mover-me, de reagir, enquanto uma estranha indisposição me dominava, causando-me a opressão no peito, a falta de ar, ao mesmo tempo em que sombras escuras me cercavam e eu escutava aquela voz horripilante?..."

Resolveu tomar uma atitude. Lembrou-se do velho amigo James e decidiu procurá-lo. Divergiam em algumas questões, porém somente com ele teria liberdade de tocar em assuntos tão íntimos.

Nesse instante, George levou a mão à testa ao recordar-se de que era o dia da festa na residência do médico. Menos mal. Não precisaria procurá-lo no consultório, uma vez que o veria à noite. Olhou o grande relógio. Tinha apenas algumas horas para falar com Jane, que com certeza também não estaria se lembrando do compromisso.

Imediatamente levantou-se, pegou o chapéu, a bengala e saiu da sala. Despediu-se dos empregados com um gesto de cabeça e desceu rapidamente as escadarias. Martin esperava-o à entrada; acomodou-se na carruagem e regressou ao palacete.

Entrou em casa, empertigado; enquanto o mordomo o desembaraçava do chapéu e da bengala, perguntou-lhe pela esposa, sendo informado que milady estava em seus aposentos. Subiu as escadarias e, abrindo a porta, encontrou Jane sentada junto à janela, pálida e pensativa. Aproximou-se e deu-lhe um beijo na testa.

— Querida, lembra-se de que hoje é a festa dos Stanford?

Ela levou um susto:

— O aniversário de Mildred!... Esqueci-me por completo! E agora?

Jane lançou os olhos sobre o relógio de parede e respirou mais aliviada:

— Apesar de tudo, ainda há tempo. Temos de nos apressar, George! — disse, tocando a sineta e chamando a criada de quarto para ajudá-la a vestir-se, enquanto George dirigia-se aos próprios aposentos.

Logo, Jane estava trajada e penteada com capricho. Havia escolhido para a ocasião um vestido azul-escuro, de mangas longas e justas e babados nos ombros; o corpete, sobre um espartilho que quase lhe tirava o fôlego, caía-lhe justo até a cintura, abrindo-se em ampla saia de babados com bordados prata. Botinas da mesma cor completavam-lhe a indumentária. Abrindo a caixa de joias, escolheu um jogo de colar e brincos, cravejados de brilhantes e águas-marinhas. Os cabelos foram habilmente penteados pela criada, que apanhando suavemente os cabelos da frente, reuniu-os em mechas presas no alto da cabeça com grampos de brilhantes, fazendo com que a linda cabeleira lhe caísse em cachos nas costas. Normalmente, usaria um chapéu. Contudo, optou por pequenas flores naturais — miosótis — pela tonalidade azul, que foram distribuídas entre os cabelos, conferindo-lhes maior encanto.

Jane olhou-se no grande espelho oval e sorriu. Para concluir, borrifou algumas gotas do seu perfume favorito e deu-se por satisfeita com o resultado. A criada, contente, exclamou:

— Milady, está perfeito! Todos irão admirá-la ainda mais esta noite!

— Obrigada, Sophie.

Apanhando o leque, a bolsinha e uma estola de peles, Jane deixou o quarto, descendo as escadarias. O marido a esperava no vestíbulo, elegante em seu traje de gala.

— Vamos, querida, não podemos nos atrasar mais do que o conveniente!

Colocou a estola sobre os ombros da esposa e, dando-lhe o braço, saíram pela grande porta. O cocheiro olhou-a com admiração disfarçada, enquanto se inclinava, abrindo a portinhola da carruagem para que os senhores se acomodassem.

Vinte minutos depois, chegaram ao palacete dos Stanford. A entrada da residência do casal ficava numa rua lateral, em que grande movimento de veículos agitava as proximidades. Subiram as escadarias, deixando os agasalhos com a criada e adentraram o vestíbulo, onde os anfitriões, elegantemente trajados, recebiam os convidados.

Os donos da festa sorriram ao vê-los, e Mildred exclamou:

— Sejam bem-vindos! É um prazer recebê-los!...

Trocaram algumas palavras afetuosas e cumprimentaram a aniversariante. Novos convidados chegaram; mr. e mrs. Baker pediram licença aos anfitriões e entraram no salão, relanceando o olhar à procura de amigos que se distribuíam pelo ambiente conversando animados.

O salão, decorado com extremo bom gosto, exibia grandes vasos de flores a espaços regulares, e arranjos das mesmas flores desciam pelas colunatas. Pequenas mesas, parcialmente ocupadas, contornavam o amplo salão de festas. Ao fundo, em meio às folhagens e plantas odoríferas, postavam-se os músicos, que espalhavam pelo ar melodias de compositores famosos.

Aproximando-se de um desses grupos, foram recebidos com carinho pelos amigos Paul e Katherine e puseram-se a conversar animadamente. Olhando os anfitriões à entrada do salão, Paul comentou um tanto mordaz:

— Nosso amigo James fez um excelente casamento, não acham? De família sem grandes recursos, conseguiu cursar medicina e, apesar de dedicado à profissão, poderia ter vida modesta, caso não tivesse conhecido Mildred, rica herdeira que se apaixonou por ele. — E levantando a taça concluiu: — Então, brindemos ao aniversário de Mildred e ao amor que os une!

George, Jane e Katherine sorriram com o comentário, também levantando as taças, mas George, um tanto agastado, alertou-o discretamente:

— Caro Paul, você tem razão. No entanto, James tornou-se médico conhecido e admirado por toda a sociedade londrina. Atualmente ele é respeitado pelo que é: um grande médico!

— Correto, George, mas a medicina não lhe daria a imensa fortuna que desfruta hoje.

— Todavia, confere-lhe a consideração e o respeito das pessoas. Meu amigo, a festa ainda está no início e creio que você deve controlar as doses de bebida.

Katherine, trocando um olhar com o marido, concordou:

— Ouviu, querido? Ele concorda comigo. — Depois virou-se para o outro lado e completou: — George tem toda razão! Há pouco disse a Paul a mesma coisa. Infelizmente, meu marido não tem medida de quando deve parar de falar e de beber.

Jane, desconfortável diante daquela conversa, que poderia desandar numa briga conjugal, relanceou os olhos pelo salão e, ao ver alguns amigos a distância, pediu licença, afirmando que gostaria de cumprimentar um casal que não via havia muito tempo. E segurando o braço do marido, disse:

— Vamos, querido?

George levantou-se acompanhando a esposa, mas ainda viram Paul que, ao ver passar um dos criados que transitavam com bandejas de bebidas, serviu-se de nova dose. Trocaram um olhar de entendimento, satisfeitos por terem se livrado a tempo de problemas maiores.

James e Mildred, após receber a todos os convidados, cansados de ficar de pé, se acomodaram com George e Jane, com os quais desfrutaram momentos de agradável convívio. George gostaria de ficar a sós com James para poder falar-lhe sobre o assunto que o atormentava, mas não queria fazê-lo diante das damas. Como a orquestra começou a tocar músicas mais alegres, os anfitriões foram os primeiros a dirigir-se ao meio do salão, iniciando o baile, logo seguidos por outros pares.

Após algum tempo, voltaram à mesa, cansados, enquanto os outros casais prosseguiam cada vez mais animados. Todos se divertiam bastante, o que compensava o cansaço com a organização da festa, deixando Mildred ainda mais feliz. Mais tarde, dois amigos tiraram Mildred e Jane para dançar. Aliviado ao ver-se sozinho com o amigo, George murmurou:

— Estava ansioso para conversar a sós com você, James.

— Pois fale, meu amigo. Ou melhor, sugiro sairmos um pouco dessa confusão. Mildred adora festas, você sabe, e faço-lhe a vontade, conquanto aprecie mais uma boa música, uma boa conversa ou mesmo o silêncio.

— Excelente. Vamos ao jardim, então. Lá ninguém nos incomodará — concordou George.

Saíram pela grande porta envidraçada e caminharam até um banco, onde se acomodaram. Ali, sozinhos, na noite escura e sem estrelas, mas de temperatura agradável, ouvindo a música abafada pela distância, James olhou para o alto e comentou:

— Não consigo olhar o céu sem me admirar. Uma sensação de perplexidade diante da serena grandeza do infinito me invade, invariavelmente. Mas, estou à sua disposição, meu amigo. Pode falar!

Contendo a irritação, George considerou:

— Pois é exatamente isso o que não entendo! Sei que você quis se referir ao Criador de tudo isso... Como se houvesse um! Mas, James, sabe perfeitamente que não entendo essa ideia e não acredito num ser superior que ninguém nunca viu!...

O médico olhou-o profunda e calmamente, recordando-se de todas as vezes que haviam discutido o mesmo assunto sem qualquer resultado, e respondeu:

— Quanto a isso, nada posso fazer por você, George. A crença em Deus é algo que cada um desenvolve dentro de si. É questão de foro íntimo. Mas se é sobre isso que deseja falar, lamento muito... A ocasião não é propícia. Pretendo respeitar a festa de Mildred, evitando tudo que a perturbe — disse James, ameaçando erguer-se, cansado de bater na mesma tecla sem resultado.

Impedindo-o de levantar-se, George reagiu vivamente:

— Perdoe-me, amigo! Não, não é sobre isso que preciso falar-lhe.

George parou, indeciso. James fitou o amigo, que tentava vencer sua natural inibição para falar sobre o assunto que o incomodava, e aguardou calado. Afinal, o outro despejou aos borbotões:

— James, estou a ponto de enlouquecer! Ajude-me! Desde a noite em que fui tomado por aquele mal súbito e na qual você foi chamado às pressas, não tive mais sossego. Diga-me: o que significa "aquilo"?

— "Aquilo" o quê?

— James! Passei por uma situação horrível e sem paralelo em toda a minha vida!

— Compreendo. Sua pressão subiu e você sentiu-se mal.

— Não, não é isso! A pressão deve ter sido não a causa do mal-estar, mas uma consequência — respondeu George, como se refletindo na questão.

— Explique-se melhor, George. O que mais você sentiu?

— James, eu me vi envolvido em sombras escuras, e uma voz medonha, cavernosa me falava...

— As sombras falavam?!...

— Sim!... E, o que é pior! Reconheci essa voz! Era a mesma que falava por Helen! As palavras eram diferentes, mas o conteúdo era o mesmo e a voz também! Pode me entender?

O médico engoliu em seco, fixando-o:

— Tem certeza, George?

— Absoluta! Quando cheguei com Arthur à porta do quarto de minha filha e ouvi o que ela dizia, não tive nenhuma dúvida. O que acha disso? É possível?

Dr. Stanford estava emocionado e de olhos úmidos quando respondeu:

— Sim, meu amigo. É possível. Você está levantando uma ponta do véu que cobre a realidade da vida espiritual.

Ao ver seu interlocutor encher o peito e abrir a boca para revidar, o médico levantou a mão, impedindo-o:

— Não, não reaja! Ouça-me apenas.

James parou de falar por alguns segundos, como que pensando na melhor maneira de explicar, de esclarecer sem assustá-lo, e prosseguiu:

— George, eu gostaria de adoçar a verdade, encontrar evasivas para o problema que o aflige, porém é impossível. A verdade é uma só e precisa ser dita. Tivemos oportunidade de conversar sobre a existência de outro mundo, Além-túmulo, mas você não acreditou nas minhas palavras, como não acredita na existência de Deus. Então, agora são eles que falam com você, fazendo-o sentir-lhe a presença!

— Não é possível!...

— Tanto é possível que aconteceu, George. E são os mesmos seres que atacam nossa querida menina.

— Helen?...

— Sim! Você comprovou essa realidade, apenas não quer admiti-la.

George fez um gesto com as mãos e acabou concordando:

— Tudo bem. Supondo-se que sejam os mesmos... quem são eles?

— George, meu amigo, Deus criou a todos nós, espíritos, e deu-nos a oportunidade de vivermos aqui na Terra para progredir. Então, quando o corpo não tem mais condição de manter a vida e as pessoas morrem, elas vão para o mundo espiritual.

— Se entendi, quer dizer que esses seres são os que já habitaram nosso planeta?

— Exatamente! A verdadeira vida é a espiritual. Para lá voltaremos após uma existência e para cá retornaremos quantas vezes forem necessárias, até atingirmos a perfeição.

George olhava fixo para o amigo, tentando refletir sobre essas informações, que iam em direção diametralmente opostas às suas concepções.

Nesse momento foram interrompidos por um dos criados que, pedindo licença, informou:

— Dr. Stanford, a senhora Mildred pede sua presença no salão.

— Obrigado. Diga à minha esposa que irei dentro de alguns segundos.

Depois, virando-se para George, concluiu:

— Amigo, reflita em tudo o que conversamos. Voltaremos a falar no assunto assim que você quiser. Estou à sua disposição.

— Obrigado. Vamos agora. Não deixemos a aniversariante esperando. Perdoe-me ter-lhe tomado tanto tempo, caro James.

— Foi um prazer, George.

Entraram no salão e procuraram por Mildred, que aguardava o marido para darem início à ceia.

Naquele instante, passeando o olhar pelo ambiente, George viu Jane dançando com um cavalheiro desconhecido. Estranhou, pois ela nunca dançava com estranhos. Mordeu os lábios de despeito, quando os examinava: era um homem de boa aparência, cabelos ligeiramente grisalhos nas têmporas e muito elegante. De olhos vivos, nesse exato momento ele sorria para sua esposa, enquanto rodopiavam pelo salão. George sentiu-se tremendamente descontente com o que vira; ao mesmo tempo, o coração acelerou e o sangue subiu-lhe à cabeça.

10
Dúvidas

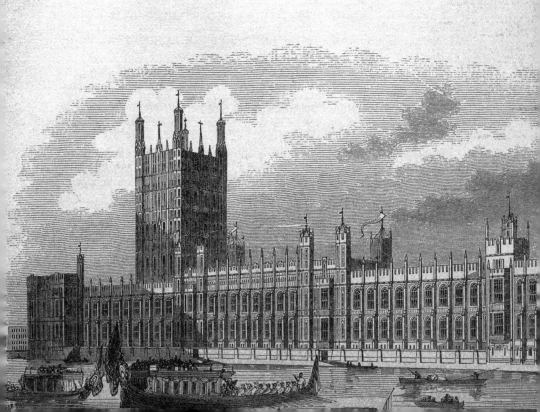

Impaciente, sentindo uma ponta de ciúme, encaminhou-se até a mesa onde ele e Jane estavam com os anfitriões e, já que não seria educado interromper a contradança, aguardou que a música terminasse e o par retornasse.

Quando a orquestra fez uma pausa e parou de tocar, George os esperava contendo a irritação. Ficou ainda mais nervoso ao ver que Jane, apoiada ao braço dele, conversava e ria com o estranho como se fossem velhos amigos. Um pouco ofegantes e encalorados, eles se aproximaram da mesa. Com expressão grave, George ergueu-se, empertigado, aguardando a apresentação. O anfitrião, que acompanhara a cena e conhecia muito bem o amigo, notou seu descontentamento a tempo de não permitir que se criasse um mal-estar e, gentilmente, fez as apresentações.

Peter Cushing — pois era ele! — e George trocaram um aperto de mão e algumas palavras convencionais. Mal-humorado, George perguntou:

— Mr. Cushing, já conhecia minha esposa?

James adiantou-se antes que Peter, sempre muito direto, contasse a verdade, entendendo que George estranhara que a sua esposa estivesse dançando com um desconhecido, o que não era costume na sociedade londrina, eminentemente tradicional e conservadora.

— George, fui eu que os apresentei. Peter é muito meu amigo e há algum tempo desejava que se conhecessem. E, finalmente, a oportunidade surgiu!

— Ah!... Então, se é amigo de James, sinto-me honrado em conhecê-lo. Curioso, mr. Cushing, é que, apesar de termos um grande amigo em comum, jamais o encontrei em outras festas!

Peter sorriu, entendendo aonde George queria chegar.

— A verdade, mr. Baker, é que quase não saio de casa, vivendo mais entre meus livros, plantas e animais.

Com certa ironia, George prosseguiu:

— Interessante, Mr. Cushing, que, dentre seus interesses, não tenha se referido à família. Dar-se-á que não tenha uma? Talvez uma esposa! Quem sabe Jane e mrs. Cushing poderiam ser amigas!

Peter sorriu novamente, inclinando-se, e considerou:

— Tem razão, mr. Baker. Tenho certeza de que Emily, minha esposa querida, adoraria conhecer mrs. Baker e certamente se dariam muito bem. Infelizmente, ela faleceu há alguns anos sem deixar-me filhos. Por isso, vivo acompanhado apenas de meus livros, minhas plantas e meus animais de estimação.

— Ah!... Lamento, mr. Cushing, ter tocado num assunto certamente muito doloroso para o senhor. Queira desculpar-me

— reconheceu George, acompanhando as palavras com leve inclinação de cabeça.

— Não se preocupe, mr. Baker. O tempo é remédio para todos os males e, agora, passados tantos anos, estou mais resignado. Tal a razão pela qual quase não deixo minha casa, onde fomos tão felizes juntos. Minha presença aqui, hoje, deve-se à insistência de James e Mildred, amigos muito caros ao meu coração.

Após essa explicação, um pouco desapontado diante das respostas do novo conhecido, George concordou:

— Sim, sim, com certeza. Entendo e lamento.

Em seguida, aproveitando o hiato que se fizera no diálogo, virou-se para o médico, ansioso por mudar de assunto:

— James! A festa está excelente, como sempre. Mildred é anfitriã como poucas.

— Agradeço-lhe, George, pela gentileza. Agora, vamos passar para a outra sala, onde será servida a ceia.

Logo depois, a anfitriã solicitou a atenção dos convidados para que se dirigissem à sala de jantar. Uma grande porta se abriu, deixando ver amplas e longas mesas arrumadas elegantemente para o repasto. Os cavalheiros, dando o braço às damas, dirigiram-se à outra sala, olhando admirados a ornamentação e o capricho das mesas, com toalhas do mais fino linho branco; as porcelanas, finíssimas, bem como os copos de cristal; eram todas peças bem antigas que Mildred recebera de herança dos seus pais.

As iguarias foram se sucedendo, largamente elogiadas pelos convivas, regadas com bebidas finas de safras antigas. Em seguida, vieram as sobremesas, para regalo de todos. Tudo isso entremeado de conversas amenas e alegres.

No fim da festa, George e Jane despediram-se de James e Mildred, bem como de Peter Cushing, ocasião em que, a despeito do ciúme, George procurou mostrar-se mais amável:

— Prazer em conhecê-lo, mr. Cushing. Será sempre bem-vindo em nossa casa, não é querida?

— Sim, sem dúvida — concordou Jane, ainda um pouco tensa.

— Se fazem questão, quem sabe um dia irei até lá com James?

— Ótima ideia! Boa noite!

Logo, George e Jane estavam acomodados na carruagem. Exaustos, reclinados no estofamento do banco, de olhos fechados eles ouviam o ruído continuado dos cascos dos cavalos nas pedras da rua, bem como a voz do cocheiro a estalar o chicote, conduzindo os animais.

— O que achou de Peter Cushing, querida?

— Creio que deve sofrer bastante. Viver sozinho não deve ser fácil.

— Tem razão. No entanto, enquanto vocês dançavam, ele estava bem risonho! Não me deu a impressão de ser infeliz.

— Querido, pelo que nos contou, mr. Cushing não é um infeliz. É alguém que aprendeu a aceitar as adversidades da existência, o que mostra que tem sabedoria. Quanto a estar risonho enquanto dançávamos, julgo que apenas tentou ser simpático com sua dama.

A carruagem parou, o porteiro abriu o grande portão e ela rodou lentamente pelo pátio do palacete até chegar à porta lateral. Desceram e, já na sala, foram abordados por Arthur, que lhes trazia uma bandeja com chá e biscoitos. Acomodaram-se numa pequena mesa e tomaram uma chávena[6] de delicioso chá inglês com biscoitinhos de nata. Em seguida, subiram as escadarias e se dirigiram aos seus aposentos.

---

6. Xícara de chá. (N.R.)

Na manhã seguinte, George despertou com o firme propósito de procurar James em seu consultório. Antes, porém, precisava ir até a empresa para tomar pé da situação, uma vez que se encontrava no meio de importantes negócios em via de concretização e necessitava inteirar-se das novidades. No fundo, ele desejava conversar com seu contato, o cavalheiro que no dia anterior o havia procurado no escritório e que recebera a incumbência de vigiar sua esposa e o cocheiro.

Não dormira bem e, por isso, acordou mais tarde do que de costume. Chegando ao escritório, o cavalheiro já o esperava. Mandou-o entrar imediatamente.

— E então? — perguntou, sentado atrás de sua grande mesa de mogno.

O homem revirou o chapéu nas mãos, constrangido:

— Nada descobri, milorde.

— Imprestável! Eu lhe pago bem para que me traga notícias!...

— Sei disso, milorde! Contudo, se eles não saíram, como eu poderia segui-los?

De temperamento colérico, George reagiu:

— Deveria, então, pelo menos, ter procurado descobrir alguma coisa de outra maneira. Passe-me "aquele" endereço.

O pobre homem, revirando as algibeiras, tirou um papelzinho amassado que entregou nas mãos de mr. Baker.

— Aqui está, milorde.

— Pode ir, está dispensado! Só me apareça aqui com informações!

— Sim, milorde!

George recostou a cabeça no espaldar da cadeira. Sentia-se cansado; uma dor de cabeça infernal pressionava-lhe as têmporas. Não conseguia se esquecer do cavalheiro que conhecera na festa de Mildred. As imagens dele dançando com Jane surgiam-lhe sem parar na mente. O sorriso deles, o olhar com que acompanhavam as palavras, o jeito carinhoso do desconhecido para com ela, tudo isso lhe causava estranho mal-estar. Sentia frio no estômago, um desconforto que não saberia descrever.

De repente, uma voz íntima lhe disse:

— *Tudo isso tem um nome: ciúme!*

"Que besteira! Por que eu teria ciúme desse homem?", pensou.

No entanto, a figura de Peter Cushing não lhe saía da cabeça. Resolveu que precisava livrar-se desse pesadelo. Tinha de pensar em outra coisa.

Nesse instante, lembrou-se do endereço que seu informante lhe entregara e que continuava em sua mão. Leu-o e decidiu-se. Ergueu-se rápido, pegou o chapéu e a bengala e desceu as escadarias rumo à saída do prédio. Martin conversava com alguém ali perto e, ao ver o patrão, veio prestamente.

— Leve-me a este endereço! — ordenou o patrão.

O cocheiro empalideceu, mas permaneceu calado. Abriu a portinhola da carruagem para milorde e, após subir à boleia, pôs o veículo em movimento. Algum tempo depois, chegaram ao local. George estranhou, visto que a região lhe era absolutamente desconhecida. O cocheiro ia manobrar a carruagem, estacionando diante da entrada, porém o patrão deu-lhe ordem para parar em outro local bem próximo.

— Conhece este lugar, Martin? — perguntou, observando-o discretamente.

— Ligeiramente, milorde. Já passei por aqui.

— Pois não me lembro de ter vindo por estes lados — constatou George, lançando um olhar pelas imediações.

— Mas o endereço é este, milorde — informou calmamente o cocheiro.

"Traidores! Miseráveis! Pensam que me enganam!", pensou, indignado.

Nesse momento, do outro lado da rua, exatamente daquela casa, alguém saía pela porta, acompanhado de um grande cão; caminhava pelo gramado, parando a cada passo para examinar as plantas, abaixando-se e sorrindo, ao mesmo tempo que afagava o animal.

George ficou lívido. O sangue pareceu gelar-lhe nas veias. Reconheceu imediatamente aquele homem. Sim! Era o mesmo que, desde a noite anterior, lhe tirara a paz de espírito!... De repente sentiu como se o sangue borbulhasse em suas veias, subindo-lhe à cabeça. Teve ímpeto de descer e agarrar aquele miserável pelo pescoço, jogando-lhe no rosto tudo o que pensava dele! Via-se chegando perto daquele maldito e enchendo-o de socos, ou pondo-lhe fim à vida com um golpe certeiro de espada. Afoito, já colocava os pés no degrauzinho para descer, quando algo o conteve, impedindo-o de fazer o que queria e despertando-lhe a consciência adormecida.

Não. Não desceria ao nível desse homem. Vingar-se-ia dele, sim, mas com classe. Sentia necessidade de saber toda a verdade, por pior que fosse. Primeiro, iria se informar como tudo acontecera. Sim, precisava buscar em sua casa vestígios, provas do relacionamento deles. Queria pegá-los em flagrante, para depois dar-lhes a sentença final.

Procurando conter-se, respirou fundo e retornou para o assento, escondendo-se na sombra. Certamente, o maldito Peter Cushing não o tinha notado. Como ordenara, Martin havia estacionado do outro lado da rua, debaixo de algumas grandes árvores, o que fez com que passassem despercebidos. Além disso, o "outro" estava sob a intensa claridade do sol, o que o impedia, mesmo se desejasse, ver quem estava à sombra.

Readquirindo o sangue-frio, George fez um sinal ao cocheiro e partiram. Ele pensava febrilmente, procurando a melhor saída. Não queria assustar Martin, para que este não se fechasse e ficasse tranquilo; para isso, precisava pensar num motivo para ter estado naquele endereço. Por outro lado, seu cocheiro não sabia que o patrão conhecia Peter Cushing, uma vez que, na noite anterior, ficara aguardando do lado de fora do palacete dos Stanford.

Ao chegarem, George desceu, ordenando a Martin que não comentasse com ninguém onde eles estiveram, e alegou com um sorriso:

— Soube que naquele endereço estão para vender algumas joias de grande valor. Se não estou enganado, pertenceram à falecida esposa do dono da casa. Assim, pretendo fazer uma surpresa à minha esposa no dia do seu aniversário.

— Parabéns pela ideia, milorde! Mas como soube disso?

— Ontem, na festa, um amigo deu-me essa informação, que é sigilosa. O proprietário está com dificuldades financeiras e por essa razão quer vendê-las. Mas, pede discrição, pois não deseja que toda a sociedade de Londres fique sabendo, entende?

— Sim, é justo. Milady ficará contente. Pode contar com meu silêncio — completou o cocheiro com um sorriso despreocupado.

George virou nos calcanhares e entrou no palacete. Se Martin tivesse visto sua expressão, não ficaria tão tranquilo. Mas como a explicação de milorde fora muito boa, ele a aceitou sem resquício de dúvida. Ao contrário, ficara feliz pela senhora, que era muito boa e que ele estimava.

Encontrando-se com Jane, que o esperava na sala, ele sorriu e conversaram normalmente. Lembrando da recepção da noite anterior, George comentou com bom humor:

— Simpático aquele amigo de James, não acha, querida?

— Pois a mim me pareceu que você não gostou dele, George — respondeu franca.

— Tem razão, Jane. No princípio, sim. Vê-lo dançando com você não me deixou satisfeito. Afinal, era um estranho, querida...

—... que me foi apresentado por James Stanford, nosso amigo.

— Sim, minha querida. Mas eu não sabia disso! Perdoe-me!...

Jane sorriu selando a paz conjugal.

— Está bem. Não se fala mais nisso. Após o almoço voltará para o escritório, querido?

— Não, Jane. Por quê?

— Tenho um compromisso às cinco. Não posso deixar de ir a esse chá.

— Está bem, querida. Pode ir com Martin. Pegarei um veículo de aluguel.

— Obrigada, querido! Com licença, preciso dar umas ordens na cozinha.

Jane levantou-se e saiu da sala. Sabendo-se sozinho, George deixou cair a máscara. Sentia-se arrasado, mas Jane não perderia por esperar. Pretendia segui-la. Queria ver se realmente ela iria a uma reunião com amigas.

11

Dominado pelas emoções

Saindo como se fosse para a empresa, George pegou uma carruagem de aluguel e, após algumas quadras, determinou ao cocheiro retornar e estacionar o veículo perto do palacete. O cocheiro, sem titubear, obedeceu prontamente.

— E agora, milorde? — indagou.

— Aguarde novas ordens.

— Sim, milorde.

Ali permaneceram por algum tempo até que George viu sua carruagem deixar o palacete com a esposa dentro. Nervoso, ordenou:

— Siga aquela carruagem!

Imediatamente o veículo se pôs em movimento; cheio de ódio, George acompanhou sua carruagem a certa distância. Martin deixou Jane no referido endereço e depois estacionou a carruagem em recanto aprazível, à sombra de algumas árvores, do outro lado da rua.

Ocultando-se para não ser reconhecido, George deu ordens ao cocheiro para diminuir a marcha de modo que o veículo de aluguel passasse lentamente defronte da casa e ele pudesse observar o que estava acontecendo.

Viu Jane tocar a sineta e Peter Cushing abrir a porta com um sorriso.

Passaram pela casa e prosseguiram mais um pouco, até George ordenar ao cocheiro que fizesse meia-volta e parasse a cerca de uma centena de jardas, para que continuasse observando a residência.

Cerca de duas horas depois, George viu Jane, a esposa "adúltera", deixar aquela "casa de perdição", Martin aproximar-se da carruagem e ajudá-la a subir. Ambos estavam satisfeitos, sorridentes, o que deixou o marido possesso.

Aquele período passado dentro da carruagem, à espera, foi terrível para George. Encolhido em um canto, sem testemunhas, deixou que as lágrimas lhe rolassem pelo rosto; passou em revista os anos de sua vida após o casamento com a doce Jane, a mulher de seus sonhos, a companheira perfeita e muito amada. A chegada de Helen, que viera inundar de luz e alegria seu lar; recordou-se até da fase pior, em que a filha querida saiu de sua proteção, desaparecendo no mundo e deixando um enorme vazio em seu coração. Tudo isso pôde suportar pela presença amorosa da esposa querida. Durante todos esses anos, Jane fora a companheira perfeita, anfitriã notável, mãe carinhosa e cheia de cuidados; só divergiam um pouco quanto à educação da filha amada, mas depois ele lhe deu razão por tudo o que acontecera. Em seus momentos de íntimo colóquio, falava-lhe sobre a companhia, as dificuldades que ele enfrentava, as conquistas que fizera, os lucros sempre maiores, os reveses. Para todas as ocasiões, ela tinha sempre uma palavra de ponderação, de incentivo, de consolo, ou de satisfação e orgulho pelo que ele realizava. Agora, porém, tudo isso terminara.

Cheio de ódio, ele admitiu para si mesmo que certamente seu casamento fora uma farsa, que a esposa nunca tivera sido esse anjo de candura que ele supunha; que talvez o tivesse traído sempre, rindo-se dele pelas costas.

"Não, não posso suportar mais essa situação. Não quero virar objeto de comentários dos amigos, dos empregados, de escárnio perante toda a sociedade de Londres. Não, isso jamais permitirei! Tenho de lavar minha honra com o sangue dos miseráveis que me traíram: Jane, a esposa traidora, e Peter Cushing, o ladrão de minha felicidade; e, para concluir, o empregado desleal que acobertara a leviandade da esposa" – remoía ele cheio de revolta. Respirou fundo e prosseguiu pensando.

Eles não ficarão impunes. Isso, supondo-se que a verdade está restrita a essas três pessoas. "Mas quem me garante que não existam outros mancomunados?", pensou.

Deu ordem ao cocheiro para retornar à sua casa lentamente. Queria dar um tempo para poder se acalmar de modo que ninguém notasse seu estado. Assim, antes de entrar, respirou fundo e levantou a cabeça. Atravessou o vestíbulo e o mordomo veio encontrá-lo, recolhendo o chapéu e a bengala. Arthur estranhou sua palidez.

— Perdão, milorde, aconteceu alguma coisa?
— Não. Estou bem.

Sem dar-lhe maior atenção, entrou na sala e viu Jane entretida na arrumação de um vaso de flores. Ela sorriu ao vê-lo, deixando o que estava fazendo e aproximando-se para fazer-lhe um carinho:

— Chegou mais tarde que de costume, querido! Algum problema no escritório?

George fitou-a. A esposa parecia-lhe a mesma de sempre. Talvez mais bela ainda: os olhos brilhavam de entusiasmo, as faces estavam coradas e na linda boca bailava um sorriso afetuoso.

"Como podem coexistir dentro dela duas pessoas tão diferentes? Uma capaz de trair, enganar, ferir. Outra, capaz de sorrir, fingir um amor que não sente, como se nada tivesse acontecido?", pensou surpreso.

Resmungou uma desculpa qualquer e, desvencilhando-se dela, subiu para seus aposentos, deixando-a perplexa, sem saber a que atribuir a reação intempestiva e indelicada do marido.

A partir daquele dia, a descoberta do que julgava ser uma traição da esposa mudou completamente George, que se tornou mal-humorado, insatisfeito e irascível com tudo e com todos.

Havia decidido procurar James Stanford logo no dia seguinte à festa de Mildred, porém desistiu. Nada daquilo que conversaram na festa lhe importava mais. Só conseguia pensar na "traição" da esposa. Em sua mente, criava imagens dos amantes, imaginava-os juntos, abraçados, trocando carícias e rindo-se dele.

Amargurado, afastara-se de Jane, tratando-a com frieza. Mal conversavam e, quando isso acontecia, por instâncias dela, ele respondia por monossílabos. Preocupada, Jane pediu-lhe uma explicação:

— Querido, aconteceu alguma coisa?

— Por que me pergunta?

— Deve ter acontecido algo muito sério. Você está tão estranho, mudado!

— Não. Eu continuo o mesmo.

— Como assim? Você está completamente diferente do homem que sempre foi: gentil, educado, terno, amoroso. Agora mal fala comigo! Mesmo assim, só fala quando lhe exijo uma resposta!

— São os negócios — resmungou mal-humorado.

— Meu amor, perdoe-me a insistência, mas não pode ser. Você nunca mudou comigo por mais preocupado que estivesse com a empresa. Abra seu coração, George! Se fiz algo que o desgostou, diga-me! Preciso saber! Não posso viver assim! Passo em revista todos os meus atos e nada encontro que pudesse tê-lo magoado, que o tivesse levado a afastar-se de mim... Por piedade! Diga-me o que está acontecendo!... — considerava ela, em lágrimas.

George, porém, fechava o jornal e deixava-a falando sozinha, em prantos, o coração apertado de aflição.

Jane pensou em ir à igreja falar com o sacerdote, mas, diante da amplitude de visão que adquirira com respeito à religião, entendeu que o padre, conquanto bem-intencionado, nada poderia fazer por ela. Então, resolveu procurar o dr. Stanford; ele, certamente, saberia o que estava acontecendo com seu esposo.

Dirigiu-se ao consultório do velho amigo, abrindo-lhe o coração e narrando-lhe as dificuldades que atravessavam no reduto doméstico, e acabou por concluir:

— Dr. Stanford, não sei o que está acontecendo com meu marido. Talvez o senhor possa ajudar, pois é o único grande amigo de George.

Como médico, ele ficou impressionado com a aparência de Jane: pálida, emagrecida e com lágrimas dolorosas e incontidas que lhe desciam pelo rosto. O velho amigo tomou a mão dela nas suas, procurando acalmá-la, enquanto lhe dizia:

— Milady, serene seu coração. Vou falar com George, informar-me sobre o que o está inquietando. No entanto, confesso-lhe, minha amiga, que desde o aniversário de Mildred não mais consegui conversar com ele. Todavia, fique tranquila. Tentarei.

— Agradeço-lhe, dr. Stanford. Deposito em suas mãos minhas esperanças. Se o senhor não conseguir, não sei mais a quem recorrer!

— Pois recorra a Deus, minha filha! Ele sempre tem muito a nos oferecer.

Ela abriu um sorriso melancólico:

— É verdade. Talvez esteja esquecendo-me de rezar o suficiente. Com tudo isso, parece que nossa casa foi varrida por uma onda de malefícios. Nossa filha não está bem e sempre entra em crise, mas George, antes tão preocupado com Helen, agora nem se incomoda.

— Lamento, minha filha. Irei conversar com ele, fazê-lo abrir-se comigo. Mas continue orando. É fundamental.

— Obrigada. Farei isso e aguardarei notícias suas.

Como ela estivesse ainda bastante abalada e em lágrimas, o médico sugeriu:

— Não julgo que seja recomendável a senhora sair daqui nesse estado. Converse um pouco com Mildred. Creio que lhe fará bem, uma vez que são amigas.

Docilmente ela concordou, sendo conduzida por ele para o interior do palacete, visto que o consultório ocupava algumas salas do lado esquerdo da construção e se comunicava com a residência. Então, ele abriu uma porta, e entraram num pequeno corredor; logo em seguida, outra porta, que deu acesso à residência. Mildred veio recebê-la, contente com a visita. James explicou-lhe a situação, deixando-a sob os cuidados da esposa.

Jane despediu-se do médico agradecida. Acomodada ao lado de Mildred, trocaram algumas palavras e, depois, a dona da casa segurou-lhe pesarosa a mão:

— Ignorava que estivesse com problemas, querida amiga.

Diante dessas palavras, respirando fundo, Jane abriu-lhe o coração:

— Ah! Querida Mildred! Vim tão esperançosa conversar com seu esposo, mas agora me sinto algo desanimada. Não sabia que George estava evitando o amigo de tantos anos! Sinal de que o problema é realmente grave.

E contou-lhe o que estava acontecendo entre ela e o esposo. Mildred ouviu-a e tentou tranquilizá-la afirmando que é normal os casais atravessarem períodos mais difíceis, e que ela e James também haviam tido problemas, que depois foram sanados. Concluiu afirmando:

— O importante é não nos deixarmos abater. Tudo passa, Jane.

Em seguida, desejando sair daquele clima de tristeza, Mildred procurou animá-la, contando-lhe histórias engraçadas e picantes que a fizeram sorrir. Tomaram chá com biscoitos, conversaram bastante e, ao sair do palacete dos Stanford, Jane estava com outro alento.

No dia seguinte, James Stanford apresentou-se na propriedade dos Baker, após mandar um bilhete para George afirmando que precisava conversar com ele.

George recebeu-o com cortesia, mas Stanford notou certa reserva nas atitudes do amigo. Decidido a enfrentar a situação, que lhe parecera inusitada, e após os cumprimentos de praxe, James perguntou:

— George, está estranho. Como está passando?

Percebendo que não poderia evitar o diálogo esclarecedor, George convidou-o a se dirigirem ao seu gabinete. Avisando o mordomo de que não queria ser incomodado, fechou a porta e sentou-se defronte do médico.

No início, o silêncio era quase palpável. Stanford voltou a perguntar:

— E então, George, como você está? Voltou a sentir aquele mal-estar?

O outro meneou a cabeça, respondendo laconicamente:

— Não.

— Então, o que está acontecendo, meu amigo?

O dono da casa olhou fixamente o visitante e sugeriu:

— Talvez você saiba melhor do que eu o que está acontecendo, James.

— Eu?!... Por que pensa assim?

Depois, lembrando da visita que Jane lhe fizera no dia anterior, prosseguiu:

— Se está se referindo à visita de sua esposa ontem ao meu consultório, afianço-lhe que nada conversamos de extraordinário.

George sorriu com ironia:

— Ignorava que Jane o tivesse procurado ontem no consultório. Não, não se trata disso.

— Então de que se trata, George?

— Estranho sua atitude, James. Deveria saber melhor do que eu. Afinal, foi você que os apresentou!

— Como assim?... A que se refere?

— Não se faça de ingênuo, doutor.

— Seja mais explícito, George! Não estou entendendo aonde quer chegar.

— Pois muito bem. Se assim o deseja... Creio que foi você que apresentou aquele homem, a quem chamava de "grande amigo", à minha esposa Jane.

Franzindo os sobrolhos, James buscava na mente a quem o amigo queria se referir, até que se lembrou. Batendo a mão à testa, indagou:

— Ah!... Refere-se a Peter Cushing?

— Exatamente. É ele o causador da desgraça que invadiu meu lar.

— Como assim? Explique-se melhor, George.

O dono da casa fechou a fisionomia, mostrando a tempestade que lhe assolava o íntimo. Em voz rouquenha, prosseguiu:

— Não adianta negar, James. Vi com meus próprios olhos. Não me envergonho de ter seguido minha esposa até aquele endereço, onde ela foi se encontrar com esse destruidor de lares, enquanto meu cocheiro aguardava que se consumasse a traição mais vergonhosa, mais terrível, que pôs um ponto final nas minhas esperanças de felicidade.

O médico percebeu o que havia acontecido e o drama que o amigo estava vivendo.

— George, não é o que você está pensando! Deixe-me explicar-lhe!

— Não quero explicações. Tudo está muito claro para mim! Mas aquele verme asqueroso vai pagar pelo meu sofrimento. Eles vão pagar! Jane não é aquela mulher em quem eu confiava cegamente e sofrerá também as consequências do seu crime.

O médico percebeu que seu amigo estava descontrolado, certamente sob o domínio das mesmas entidades que perturbavam sua filha querida.

— George! Asseguro-lhe que não existe traição! Acredite em mim, que sou seu amigo!...

Irado, George ergueu-se da cadeira com ímpeto e, de braço esticado e dedo em riste, apontou para o outro:

— Amigo? Tem coragem de afirmar que é meu amigo? Não quero mais vê-lo! Ponha-se daqui para fora e não apareça mais em minha casa! Entendeu?

Nesse momento, alertados pelos gritos — apesar da ordem que receberam —, Arthur e Jane entraram no escritório e ficaram parados, pasmos diante da cena, sem interferir.

Erguendo-se também, James não acreditou no que estava ouvindo. Via a expressão de ódio no rosto do outro, a voz completamente diferente, de entonação grosseira, viperina. Temia pela sanidade mental do amigo de tantos anos, mas achou melhor não insistir naquele momento. Precisava acalmá-lo, pois a cor avermelhada, quase violácea do rosto, o pescoço inchado, a transpiração abundante, eram sintomas de que o coração batia agitado e de que a pressão arterial estava elevada, o que poderia causar-lhe um ataque cardíaco.

Então, com voz serena, James disse:

— Está bem! Está bem, George! Acalme-se! Irei embora, não se preocupe. Procure tranquilizar-se... Sente-se...

Ante o mal-estar que o acometera, quase desfalecendo, George procurou a cadeira. Aquelas reações violentas, que ele nunca sentira, fizeram com que se aquietasse ao ouvir a voz serena do médico. Arthur o auxiliou a sentar-se, ao passo que Jane, com o olhar, inquiria o médico, sem entender o que estava acontecendo. James fez-lhe um gesto, serenando-a, como a dizer "depois conversaremos". Rapidamente, tirando de sua maleta preta um medicamento, abriu a boca de George e ministrou-lhe algumas gotas.

Logo as funções orgânicas foram voltando ao normal, e ele acabou por adormecer. O mordomo chamou mais dois empregados, que levaram o patrão para seus aposentos.

12
Tempestade familiar

Em seu leito, George dormia sob o efeito da medicação. Jane, acomodada numa cadeira ao lado dele, chorava intensamente, sem entender o que havia acontecido dentro do gabinete. Com a mão apertando um lencinho, angustiada, aguardava que os serviçais deixassem o quarto.

Enquanto isso, James Stanford, com as mãos na algibeira, diante da janela aberta, permanecia de pé a fitar a paisagem que se descortinava ao longe. No entanto, nada enxergava; sua mente permanecia presa no difícil diálogo que mantivera com o amigo.

— Deseja algo mais, milady? — perguntou Arthur antes de sair.

Jane fez um gesto negativo com a cabeça e o mordomo deixou o aposento, fechando a porta. A sós com o médico e mal contendo a impaciência, ela indagou:

— Dr. Stanford! Agora quero saber o que aconteceu dentro do escritório de meu marido para deixá-lo neste estado.

Respirando fundo, o médico saiu da janela e aproximou-se do leito. Sabia que teria de contar a verdade, mas temia fazê-lo. Ignorava qual seria a reação de Jane.

— Vamos, doutor! Estou esperando! Não me deixe mais tempo nesta angústia, neste desespero!...

— Sim, milady. Tem todo o direito de saber o que se passa na cabeça de seu esposo. No entanto, advirto-a: o que conversamos é muito grave. Peço-lhe, por gentileza, que releve se eu vier a constrangê-la de algum modo.

Apavorada diante daquela introdução, ela suplicou, trêmula, as mãos apertadas de encontro ao peito:

— Por Deus, dr. Stanford! Fale logo!...

O velho médico puxou uma cadeira, sentando-se próximo a ela. Depois, ganhando forças, passou a relatar-lhe o que tinha ouvido de George, sem omitir absolutamente nada. Jane ouvia de olhos arregalados, sem interrompê-lo uma única vez. Ao concluir, ele confessou-lhe:

— Milady, sinto-me culpado pela sua dor. Fui eu que lhe sugeri procurar Peter Cushing, tendo em vista sua necessidade de entender o que estava acontecendo com Helen. A senhora não deveria ter omitido a verdade de George.

Todavia, atingida muito duramente na sua honra, Jane não ouvia mais nada do que ele lhe dizia. Com os olhos esgazeados, fitava o vazio, enquanto mentalmente refletia sobre tudo o que ouvira:

"Então, George, o marido a quem sempre me dediquei de corpo e alma, a quem jurei fidelidade por toda a vida, me considera traidora dos mais nobres votos que fiz por ocasião do casamento, uma adúltera, capaz de tripudiar sobre os valores morais aprendidos desde tenra idade no recesso do lar, junto aos meus genitores! Vezes sem conta, eu lhe dei a oportunidade de falar sobre o que o estava atormentando, mas ele se negou! Por que não abriu seu coração a mim, como de hábito, ao surgir algum problema, questionando-me lealmente e resolvendo suas pendências?".

Jane enxugou as lágrimas e, amarfanhando o lencinho entre os dedos, continuou a pensar, em grande desespero:

"Como se atreveu George a rebaixar-me tanto no seu conceito, como se fora uma desconhecida qualquer, vulgar e sem princípios, capaz de colocar em risco a família para entregar-se a alguns momentos de ilusão, e não a companheira de vinte anos de existência em comum?!... Não, não aceito isso. Não mereço esse julgamento".

Levantou o busto, endireitando a coluna; ergueu a fronte altiva e enxugou os olhos, agora sem expressão. O médico, que a fitava preocupado, suplicou:

— Minha filha, diga alguma coisa. Desabafe, vai lhe fazer bem. Não se feche dentro de si mesma. Perdoe George! Diante das evidências, ele não poderia pensar em outra coisa. Seja complacente.

Jane olhou-o e respondeu em voz quase inaudível:

— Não posso, doutor. O que me pede é impossível. Por que ele não me perguntou diretamente o que desejava saber? Como esposa, porventura não mereço um tratamento justo?

— Sem dúvida, milady. No entanto, ponha-se no lugar dele! Para o homem, a honra é fundamental. Por outro lado, a senhora também poderia ter-lhe contado tudo, prevenindo males maiores.

— Dr. Stanford, o senhor julga, em sã consciência, que meu marido teria aceitado ver-me buscar recursos no Espiritismo para ajudar nossa filha? Se ele não acredita nem em Deus!...

— Sei disso, milady. No entanto, por mais que isso lhe repugnasse, saberia ele o que a senhora estava fazendo, ao contrário do que acabou acontecendo. Sentiu-se traído. E isso, para um homem, é terrível, dramático!...

— Eu sei, dr. Stanford, e posso até entender o que ele está sentindo. O que não aceito é que tenha me dado tão pouco valor, igualando-me a mulheres sem qualquer honra, desclassificadas!...

O médico olhou o relógio de parede, e ela notou. Por certo ele teria compromissos. Então, para finalizar, indagou:

— Doutor, não desejo prendê-lo por mais tempo. O que acontecerá agora? Como George irá acordar?

— Creio que, pelo menos fisicamente, despertará bem. É fundamental evitar cenas e discussões muito drásticas, pois a pressão arterial pode voltar a subir.

O médico ergueu-se e abriu os braços, como um gesto de desculpas por não poder ali permanecer.

— Bem. Lamento, milady, mas preciso ir embora. Várias consultas me aguardam hoje. No entanto, em caso de necessidade, basta me chamar e virei o mais rápido possível.

Estavam se despedindo quando ouviram um barulho de vozes e o mordomo entrou apressado:

— Miss Helen está em crise, milady! A enfermeira tentou de tudo, mas não sabe mais o que fazer!

Jane trocou um olhar com o médico e saíram ambos apressados, deixando Arthur a cuidar do patrão.

Nos aposentos da jovem estava a maior confusão. Do leito, ela quebrara tudo ao seu alcance, atirando os objetos de decoração nas paredes e nas pessoas, visto que, ao ouvir o barulho, outros criados acorreram ao local. Os travesseiros tinham sido rasgados, e o aposento, bem como os serviçais, se achavam cobertos por penas. Sentada no leito, a jovem gritava palavrões e impropérios com a mesma voz rouca, alarmando os presentes.

Como em outra oportunidade, Jane ajoelhou-se e o médico imitou-a, passando a orar e a pedir as bênçãos de Deus para aquela casa e para todas as pessoas que ali estavam, inclusive para as entidades espirituais ali presentes.

Aos poucos o ambiente foi serenando e, quando o silêncio tomou conta do aposento, eles abriram os olhos. Com surpresa, viram Helen aconchegada placidamente em suas cobertas. Adormecera.

Ao redor, os criados da casa estavam também ajoelhados, orando. Após ligeiro agradecimento ao Senhor pelo amparo recebido, a senhora ergueu-se, seguida pelos demais. Estavam todos aliviados e em lágrimas de gratidão.

O médico despediu-se e, diante da paz existente nos aposentos da filha, Jane retornou para junto do marido, enquanto as criadas limpavam o quarto. Pela sua experiência, ele igualmente estaria recuperado, uma vez que a causa que gerava a confusão era a mesma: os inimigos desencarnados.

George estava dormindo, sereno. Liberando o mordomo para que voltasse às suas obrigações, deixou o criado de quarto a vigiá-lo e foi para seus aposentos.

Em seu próprio ambiente, onde se sentia mais segura e em paz, pegou o exemplar de *The Gospel According to Spiritism*[7], que ela adquirira mediante remessa postal, sem o conhecimento do marido, e acomodou-se numa poltrona junto à janela, para relaxar, acalmando-se da agitação dos últimos acontecimentos. Leu algumas páginas e acabou adormecendo.

---

7. *O Evangelho Segundo o Espiritismo*, de Allan Kardec. (N.R.)

Acordou ao ouvir um barulho no quarto. Abrindo os olhos, viu o marido que andava de um lado para outro, impaciente.

— Ah! Finalmente despertou, milady!

Como escorregara um pouco ao dormir, ela aprumou-se na poltrona e perguntou:

— Sente-se melhor, George?

— Como posso me sentir bem, se descubro que minha esposa me traiu vergonhosamente? Se ela conspurcou a honra de meu lar, atirando meu nome honrado na lama?

Revoltada diante daquelas palavras, Jane ergueu-se; seu rosto estava vermelho de cólera e indignação, e seus olhos o fitaram com orgulhoso desdém, enquanto a boca pequena abria-se para rechaçar aquela afirmação:

— Não permito, milorde, que macule a honra de uma dama honesta! Se, durante vinte anos de convívio, o senhor julga a mulher que sempre jurou amar capaz de tamanha vilania, é porque não a conhece o suficiente. E desse modo, não merece mais o amor que ela sempre lhe dedicou. Se for isso o que pensa a meu respeito, liberte-me dos elos que ainda nos prendem e, de cabeça erguida, retornarei para a casa de meus pais, na província, senhor.

George, ao ouvi-la, parou de andar de um lado para outro e respondeu prepotente:

— Se a senhora pensa que poderá deixar este palacete, lançando meu nome ao descrédito da opinião pública, está muito enganada. Sou o chefe da família e a única pessoa a tomar decisões. A senhora não manda nada. Jamais permitirei que saia daqui! Não quero que ninguém saiba o que se passa no recesso desta casa. Portanto, a senhora permanecerá aqui dentro, como uma prisioneira, sem poder mais colocar os pés para fora dos limites desta propriedade. A não ser que seja em minha companhia e diante de situação de absoluta necessidade.

— Mas...

Jane tentou retrucar, porém George não permitiu:

— Cale-se! Não lhe dei o direito de falar nem de discutir minhas ordens. A partir de hoje, nossas relações estão cortadas. Não terá mais o direito aos meus carinhos, visto que não fez por merecê-los. Milady continuará nesta casa como se tudo continuasse da mesma forma. Para os criados, manterá sua posição de senhora e continuará dando as ordens. Mas é só.

Jane abaixou a cabeça, enquanto grossas lágrimas desciam-lhe pelo rosto. Sim, sei que George tem todos os direitos, embora nunca tenha exercido durante todo o período de relacionamento conjugal. Pertenço a ele, e pelos votos proferidos no altar, só a morte poderá me libertar. Caso fuja de casa, não terei como me manter, visto que perderei todos os direitos, e ele poderá me buscar onde estiver. Nem a casa de meus pais representará abrigo seguro, mesmo porque meu pai também sempre foi conservador e não me aceitará à revelia do esposo. Assim, diante das decisões unilaterais do meu marido, que sempre foi amoroso e cordato, acato-lhe o modo de pensar e nada poderei fazer.

Nesse momento, um pensamento cruzou-lhe a cabeça: E quanto à minha filha? Ficarei impedida de vê-la?

Erguendo a nobre fronte, com as faces molhadas, ela expôs sua preocupação num murmúrio.

Ao ver aqueles olhos súplices, a expressão de desespero, George pensou em sucumbir ao encanto daquela mulher por quem sempre nutrira intenso amor, porém se conteve, respondendo com voz firme:

— Quanto à Helen, tudo continuará do mesmo jeito. Não quero que nossos problemas atinjam a minha pobre filha.

Jane respirou aliviada, esperando o que mais o esposo teria para dizer.

— Isso é tudo, milady. Quando tiver novas ordens, será informada.

Após essas palavras, ele saiu do quarto empertigado e pisando duro, deixando-a sozinha com seus pensamentos. Ao vê-lo afastar-se sem uma palavra de comiseração, Jane entregou-se a lágrimas pungentes.

À hora da refeição, uma criada veio avisá-la de que milorde a aguardava na sala.

Jane não tinha vontade de comer; a tempestade conjugal deixara-a sem forças; sentia-se exausta, mas sabia que, se ele tinha mandado chamá-la, isso representava uma ordem, e assim não se atreveu a descumpri-la. A criada estranhou seu rosto marcado pela dor e pelas lágrimas.

— Milady, não está bem?

— Estava com dor de cabeça, mas já passou. Ajude-me a melhorar a aparência. Não quero que meu marido saiba que chorei.

Jane enxugou as lágrimas, lavou o rosto e depois se entregou aos cuidados de Sophie. A criada disfarçou os vestígios da tempestade íntima com pó de arroz, batom e um pouco de carmim nas faces para amenizar a palidez. Depois, ela afastou-se alguns passos, observando a senhora, e sorriu satisfeita com o resultado:

— Está linda, milady! Ninguém notará que andou chorando.

— Obrigada.

— Agora vá, milady! Milorde está impaciente.

Jane saiu de seus aposentos respirando fundo, tentando controlar o tremor das mãos e dos lábios. Na sala, George a aguardava. Recebeu-a com cortesia, oferecendo-lhe o braço para se dirigirem à sala de jantar, onde se manteve calado por algum tempo.

Durante a ceia, George dirigiu-lhe a palavra algumas vezes, contando-lhe fatos acontecidos no escritório, falando do tempo e de outras coisas. Somente quando ele lhe perguntou sobre a filha, Jane respondeu laconicamente:

— Helen está bem.

Após a ceia, era comum ficarem na sala. Enquanto Jane tocava alguma coisa ao piano, ele lia o jornal, fumando seu charuto predileto e tomando uma bebida.

Nessa noite, porém, ele disse que estava cansado e a convidou para subirem aos aposentos. Jane respirou aliviada. Não estava com ânimo para sentar-se ao piano e tocar as árias que ele mais apreciava; temia não conseguir segurar a emoção e cair de novo em pranto; assim, foi com alívio que o acompanhou.

A sós em seu quarto, jogou-se no leito e verteu sentido pranto. Quando a criada veio ajudá-la a trocar de roupa e a encontrou-a naquele estado, não resistiu mais:

— Milady, o que aconteceu para deixá-la nesse desespero? Se puder ajudá-la, tudo farei que esteja ao meu alcance!

— Quer realmente me ajudar, Sophie?

— Sim, senhora! Pode falar!

— Então, prometa-me que não comentará com ninguém que me viu chorar. Prometa-me!

— Sim, milady! Prometo solenemente.

— Obrigada, Sophie. É só disso o que eu preciso. Agora, traga-me aquele remédio que o dr. Stanford receitou para dor de cabeça.

— Sim, senhora. Após trocar-lhe as roupas, trarei as gotinhas.

Jane entregou-se nas mãos da criada, que a colocou no leito, após afofar os travesseiros. Depois, lhe deitou nos lábios as gotas prescritas pelo médico.

Em seguida, diminuiu a luz do ambiente, deixando apenas uma pequena candeia ao lado do leito e saiu do quarto.

Ao ver-se sozinha, Jane não segurou mais as lágrimas, que lhe correram abundantes pelo rosto. Sentia falta da presença do marido. Embora ambos tivessem aposentos diferentes, com porta de comunicação, como era de hábito na sociedade, nunca tinham dormido separados. Não obstante, agora ele permanecia em seus próprios aposentos, deixando-a sozinha, o que muito a magoava.

Naquela noite, Jane não conseguiu dormir, pensando em como seria sua vida após o rompimento com o marido.

13

Horizontes que se expandem

A partir desse dia, a vida no palacete mudou radicalmente. Jane não saiu mais de casa, passando a se dedicar mais às leituras e à convivência com a filha. Logo pela manhã, fazia seu desjejum antes de o marido acordar, evitando encontrá-lo. Em seguida, dirigia-se à cozinha e orientava a cozinheira a respeito dos quitutes a serem servidos naquele dia; depois encaminhava-se aos aposentos de Helen, sentava-se numa poltrona ao lado do leito e passava algumas horas com ela.

Quando a filha estava bem, conversavam, viam revistas e entretinham-se com outras coisas, até jogar gamão. Nos dias em que Helen estava pior e não queria conversar, simplesmente pegava um bordado ou um livro. Quando Jane percebia que a jovem estava agitada, nervosa, com olhar diferente, mostrando indício de crise próxima, ela elevava seu pensamento em oração, suplicando o amparo divino; depois abria *The Gospel According to Spiritism* e punha-se a ler as páginas cintilantes do Evangelho de Jesus, que tanto a consolavam, ajudando-a a entender a vida.

Com o passar dos meses, notou que a filha estava melhor. As crises haviam se espaçado e só muito raramente surgiam; e, quando isso acontecia, eram mais brandas.

A par disso, Jane notou que, algumas vezes em que Helen piorara, as crises coincidiam com a presença do pai, que vinha fazer-lhe visita ou informar-se da sua saúde.

Refletindo sobre isso e ligando uma coisa à outra, Jane entendeu que, provavelmente, as entidades espirituais eram ligadas a George, de quem elas pareciam não gostar.

Jane, por sua vez, durante aqueles meses mudara bastante. Mantinha-se mais serena, mais doce e mais terna; seu semblante mostrava-se agora mais delicado, com uma beleza quase etérea, mas no olhar denunciava tristeza indefinível.

Não teve mais notícias de Martin, o cocheiro e amigo devotado. Segundo soubera pelas conversas que corriam entre a criadagem, ele fora despedido sumariamente por seu marido naquele dia de tão triste recordação. Sentia falta de Martin, das visitas ao amigo Peter Cushing e das horas que passavam juntos, estudando a nova doutrina de Allan Kardec.

Ao se lembrar desses momentos, ela suspirava, pensando: "Ah! Se George soubesse quanto bem me fizeram aquelas tardes que ele abominava e o quanto aprendi com elas, mudaria seu modo de pensar. Infelizmente, porém, ele não compreendeu minha atitude, nem se interessou em saber a verdade, preferindo julgá-la, sem apelação. Quem sabe um dia?..."

Certa tarde, Sophie chegou à porta do quarto de Helen e disse:

— Milady, a cozinheira solicita sua presença. Rose está com uma dúvida a respeito da ceia.

Jane fechou o livro que estava lendo, lançou um último olhar para a filha que dormia tranquila e levantou-se, tomando a direção da cozinha. Ao chegar lá, foi logo perguntando à cozinheira qual era o problema. A boa mulher, sem dizer nada, indicou com os olhos a porta que dava para fora. Acompanhando-lhe o olhar, Jane viu alguém, que a claridade do sol não lhe permitiu identificar de pronto. Chegou mais perto e levou um susto:

— Violet! O que faz aqui? Se meu marido a encontra...

A pobre mulher desculpou-se, humilde:

— Perdoe-me, milady, mas tive de vir. Meu filho está desesperado por não ter notícias da senhora e por não saber o que está acontecendo!

Puxando a mulher para fora, de modo que pudessem conversar mais reservadamente, a senhora indagou:

— Como está Martin? Somente depois soube que ele fora despedido por meu marido e nada pude fazer para evitar!...

— Não se preocupe, milady. Meu filho está bem, porém muito preocupado com a senhora. Ele tem rondado as imediações, tentando obter notícias. Como nunca mais a viu, nem no jardim, julga que milorde a esteja mantendo prisioneira!

— Diga a Martin que estou bem. Apenas não posso sair do palacete, a não ser na companhia de meu esposo.

— Que tristeza, milady! A senhora é um anjo e ele a julga tão mal!...

— Violet, o que ele disse a Martin?

— Nada, senhora. Milorde não disse nada. Apenas dispensou meu filho do serviço, afirmando que precisava de alguém de sua confiança.

— Entendo... Mas... Estão precisando de alguma coisa? Martin conseguiu outro trabalho?

— Não, milady, porém fique tranquila. Temos recebido ajuda de mr. Cushing, ao qual somos muito gratos.

Nesse momento, Sophie apareceu na porta, aflita.

— Milady, Arthur está vindo para cá! Melhor que não a veja recebendo visita.

— Tem razão. Adeus, Violet. Quando puder, entrarei em contato com vocês. Obrigada.

Jane retornou à cozinha e posicionou-se perto do fogão, onde a cozinheira mexia uma panela. Ao vê-la, o mordomo avisou:

— Milady, a menina acordou e pede sua presença.

— Obrigada, Arthur. Estou terminando de dar algumas orientações a Rose.

Após a saída do mordomo, Jane pediu discrição às auxiliares. A cozinheira, limpando as mãos no avental, afirmou:

— Não se preocupe milady. Todos nós a temos em alta conta e jamais faríamos alguma coisa que pudesse prejudicá-la. Pode contar conosco.

— Agradeço-lhes — disse a senhora com um sorriso triste.

Deixando a cozinha, Jane dirigiu-se ao quarto da filha que, sentada no leito, a aguardava, alegando sentir sua falta.

— Pois então, agora estou aqui, minha querida.

Conversaram um pouco e, quando a menina se cansou, fechando os olhos, a mãe pegou o livro, retomando a leitura interrompida. Alguns minutos depois, Helen abriu os olhos e contemplou a mãe entretida na leitura. Pela primeira vez, interessou-se:

— Mamãe, que livro é esse que está lendo?

— É uma obra que trata do Evangelho de Jesus — respondeu Jane surpresa.

— Ah! Poderia ler em voz alta para mim?

— Claro, minha filha! Com prazer! — concordou, com um sorriso.

E, a partir desse dia, Jane começou a ler as imorredouras lições de Jesus, que tanto bem lhe faziam, assim como as mensagens adicionadas pelo autor da obra, mr. Allan Kardec, enviadas do Além-túmulo por espíritos e recebidas por médiuns de confiança, abordando temas alusivos às passagens evangélicas.

Ouvindo aquelas lições cintilantes de luz, a jovem ficava pensativa e punha-se a fazer perguntas, que a mãe respondia de boa vontade, contente em ver o interesse da filha.

"Mas como é que nunca pensei em ler em voz alta para que Helen também se edificasse com lições tão importantes, que tratam de temas sérios e de profunda significação para todos nós?...", pensava ela, perplexa.

E, com grande satisfação, via descortinar à sua frente um novo campo de trabalho, pleno de oportunidades para a elucidação daquela mente juvenil, que precisava interar-se das realidades do mundo espiritual, a fim de fortalecer-se contra o assédio das entidades vingadoras que com eles conviviam e que tanto a torturavam.

O peito de Jane encheu-se de amor e de gratidão aos bons espíritos que, com certeza, abriam seus olhos para auxiliá-la na educação da filha querida.

A partir daí, todas as manhãs, Jane começou a agir com Helen da mesma maneira que Peter Cushing tinha feito com ela. A diferença é que, com ela, Jane, o pesquisador analisara *O Livro dos Espíritos*, levando-a a entender a imortalidade da alma, a existência dos espíritos que preexistem e sobrevivem ao mundo corporal, à ligação dos espíritos com o mundo material, a comunicação que existe entre os dois planos da vida, e muito mais. Com a filha, porém, ela partiu das lições de Jesus, mostrando a correlação existente entre tudo o que o Mestre ensinou com a realidade espiritual.

Jane ia mais além. Aprendera com Peter Cushing que os fluidos magnéticos, aos quais Allan Kardec se dedicara a estudar, aplicados sobre o doente do corpo ou da alma, eram de valor significativo na recuperação do paciente ou, pelo menos, na melhoria das suas condições.

Então, a mãezinha começou a utilizar o que o estudioso mr. Allan Kardec denominou passe magnético. Após a leitura e as explicações necessárias, ela elevava seu pensamento a Deus e orava, impondo as mãos sobre a cabeça da filha querida. Sua mudança foi tamanha que, um mês depois, a mãe achou que a medicação poderia ser reduzida, de modo que Helen pudesse participar mais da vida da família. Aproveitando uma visita que Mildred lhe fizera certa tarde, mandou pela amiga um bilhete ao seu esposo, dr. Stanford, explicando-lhe a situação.

No dia seguinte, o médico dedicado apresentava-se no palacete para ver sua paciente em horário no qual George estaria no escritório. Ao entrar nos aposentos da jovem, pôde notar-lhe, pelo seu aspecto, uma grande mudança. Examinou-a e, ao terminar, afastou-se um pouco para conversar com a dona da casa.

— Milady, nossa querida Helen está ótima! Como conseguiu tal façanha?

E Jane lhe contou o que estava fazendo com a filha, as leituras, as explicações sobre os textos e, depois, para finalizar, a aplicação do passe magnético.

O médico ficou entusiasmado. Aproveitando o momento, Jane perguntou:

— E então, doutor, o senhor acha que Helen ainda precisa tomar dose tão pesada da medicação?
— Desde quando as crises deixaram de ocorrer?
— Há dois meses, precisamente.
O médico pensou um pouco e, em seguida, considerou:
— É extraordinário, milady! As mudanças se operaram tanto na parte mental quanto na orgânica. Como milady não ignora, o problema espiritual, com o tempo, passou a afetar também a parte orgânica, impondo restrições à menina, que foi obrigada a manter-se no leito. Vejo, no entanto, que Helen está a caminho da plena recuperação. Diante disso, julgo que podemos reduzir a quantidade das gotas que lhe são ministradas, sem prejuízo do bem-estar da paciente.

Combinaram que a diminuição seria feita aos poucos, para que o organismo, adaptado à substância medicamentosa por longo tempo não viesse a ter nenhuma reação indesejável. Além disso, dr. Stanford acrescentou um tônico reconstituinte para que o organismo da jovem, tão desgastado pela obsessão espiritual, se fortalecesse.

Então, a partir desse dia, cheia de novo ânimo, Jane passou a dar doses menores de medicação à filha, que reagiu de forma favorável, mostrando-se mais animada e passando a maior parte do tempo desperta e até desejando se levantar e sentar à mesa nas refeições, em companhia dos pais.

A felicidade de Jane ficou patente em seu olhar que agora brilhava de entusiasmo. George, na primeira vez que viu a filha sem camisola, bem-vestida e penteada, caminhando com a mãe para a sala de jantar, ficou perplexo.

Foi ao encontro da filha adorada, abraçando-a e mostrando sua alegria por vê-la tão bem. Para a jovem, caminhar, mesmo que poucos passos, depois de tanto tempo acamada, era cansativo.

Todavia, a satisfação de poder fazer a refeição junto aos pais, as duas pessoas que ela mais amava, era profundamente gratificante. Helen alimentou-se pouco e logo sentiu fadiga. Foi levada de retorno ao quarto, onde se deitou e dormiu o resto da tarde.

Contudo, para Jane, fora um triunfo, uma vitória longamente acalentada. Para George, que ignorava completamente o novo tratamento que a esposa iniciara com a filha, era um verdadeiro espanto. Ele estava atônito, mas feliz.

Como evitasse conversar com a esposa, não quis pedir-lhe explicações. Sentiu-se na verdade excluído, ao perceber que nada do que estava acontecendo lhe fora informado. Então, resolveu modificar seu horário e chegar sem ser notado.

Na manhã seguinte, saiu normalmente para o escritório, porém, no meio da manhã, retornou ao palacete. Ao vê-lo, o mordomo estranhou, mas George explicou:

— Preciso falar com minha filha, a quem fiz uma promessa.

Dirigiu-se aos aposentos da filha e ficou observando a cena sem ser notado.

Mãe e filha estavam entretidas na leitura de um livro. A cada passo, a jovem interrompia a mãe, pedindo uma explicação ou fazendo um comentário sobre o que fora lido. E, quando julgava importante, a própria Jane dava as orientações necessárias.

Assustado, George percebeu que estavam falando de assuntos ligados ao problema da filha. Em certo momento, a jovem quis saber:

— Mamãe, então toda a minha enfermidade está ligada a essas entidades?

A mãe pensou um pouco e considerou:

— Helen, não posso afirmar que tudo o que você enfrentou seja causado por esses espíritos. Como você teve a oportunidade de ouvir, eles se aproveitam das nossas imperfeições morais, minha filha. Então, grande parte de seus problemas foram causados por eles, sim, mas porque você trazia em si as condições para que eles pudessem agir. Foi isso que permitiu que tudo ocorresse. Entende?

— Mas... Então, por que me sinto fraca, sem forças e quase não consigo comer?

— A presença dessas entidades, a proximidade delas nos enfraquece porque elas sugam nossas energias. E, alimentando-se pouco, a tendência do organismo é sentir fraqueza.

— Ah!... Quer dizer que...

Nesse ponto, horrorizado, George afastou-se apressado. O assunto de que elas estavam falando era sobre esse "outro mundo" que ele sempre se recusara a admitir.

"Como Jane se atrevera, não apenas a querer se informar sobre esse tipo de assunto, mas também a fazer com que a filha, tão frágil, também se interessasse por ele? Como conseguira essas informações? Com quem? Preciso descobrir e acabar logo de uma vez com isso, antes que as coisas piorem de vez" — pensava ele, cheio de indignação.

Não queria ouvir mais nada. Tudo aquilo lhe fazia mal. Procurou seu gabinete, onde se trancou e começou a falar sozinho:

— Não estou em condições de conversar com Jane agora. Sinto-me agitado demais, contudo, assim que melhorar, vou cobrá-la por essa atitude sem sentido. Como ela se atreveu a trazer para dentro de minha casa essas ideias absurdas e macabras? Jamais aceitarei tal coisa! Jane vai me pagar por isso também. Já não chega ter espezinhado meu nome, arrastando-o na lama, e agora ligar-se com essa nova doutrina que só fala de morte e de pessoas que já morreram?!...

O mordomo, todavia, que estranhara o comportamento do patrão, ao voltar para casa logo após ter saído e com estranha expressão no rosto e no olhar, ficou atento. Assim, viu que ele se dirigira aos aposentos da filha, mas, curiosamente, não entrara, permanecendo todo o tempo na porta, como se à espreita do que falavam ou faziam a esposa e a filha. De repente, milorde saiu apressado, quase correndo, fechando-se no gabinete.

Preocupado, Arthur foi até lá e bateu, procurando mentalmente uma desculpa para o seu ato, porém o patrão não respondeu. O mordomo tentou abrir a porta; em vão, estava trancada por dentro.

Ainda mais aflito, Arthur dirigiu-se aos aposentos da jovem e, pedindo licença à senhora, disse-lhe que tinha urgência de lhe falar em particular.

— Do que se trata, Arthur?

— Preciso que venha comigo, milady.

Notando a aflição do mordomo, Jane sorriu para a filha, afirmando-lhe que prosseguiriam depois. Deu um beijo na jovem e saiu, acompanhando o mordomo.

Só então Arthur contou à senhora que o patrão havia voltado e tudo o mais que tinha acontecido, terminando por afirmar:

— Milady, o senhor não está bem. Trancou-se no gabinete e não atendeu quando bati.

Jane, que pelo relato do mordomo entendera a crise do esposo, correu até o escritório, seguida de perto por Arthur.

14

Refazendo caminhos

Jane e o mordomo, diante da porta fechada do gabinete de George, não sabiam o que fazer. A porta, de madeira grossa e pesada, não permitia um arrombamento, por mais forte que fosse o homem. Então, puseram-se a pensar em um modo de entrar no escritório, visto que milorde não respondia e não dava nenhum sinal de vida.

De súbito, o mordomo lembrou:

— Milady, se alguém for pelo lado de fora, acredito que poderá chegar até a janela, escalar a parede e usar a vegetação próxima.

— Tem razão, Arthur! Mas, quem faria isso?

— Penso que o filho de Rose é bastante ágil.

— Então vá procurá-lo, rápido!

— Sim, milady!

O mordomo dera alguns passos para cumprir a ordem, quando Jane ouviu um estalido da fechadura e da lingueta que corria. Em seguida, a porta se abriu.

— George! O que aconteceu? Estávamos preocupados com você!

Arthur parou. Ouviu que a senhora falava com o patrão e voltou.

Parado na porta, impassível, como se nada tivesse acontecido, George respondeu ironicamente:

— Eu é que pergunto: o que está acontecendo? Não posso mais ficar à vontade em meu gabinete, sem que alguém venha me importunar?

— Desculpe-me, milorde — gaguejou o mordomo, constrangido —, eu pensei... isto é... julguei que o senhor... não estivesse passando bem. Preocupado com sua saúde, chamei milady. Foi isso o que aconteceu.

Com ar arrogante, George fitou os dois à sua frente.

— Por essa vez passa. No futuro, não aceitarei mais intromissão de ninguém. Ouviram? Ninguém! Agora, afastem-se! Preciso voltar aos meus papéis.

Em seguida fechou a porta, ignorando tanto a esposa quanto o mordomo. Do lado de fora, eles trocaram um olhar de perplexidade. Compungido, Arthur desculpou-se:

— Milady, perdoe-me. Realmente julguei que o senhor estivesse passando por algum problema. Creio que me excedi.

— Não se preocupe, Arthur. Está tudo bem. Volte para seus afazeres — acalmou-o a senhora, retornando para junto da filha.

No entanto, Jane não tinha mais vontade de ler, de bordar ou de conversar. Felizmente, a filha havia adormecido e ela respirou aliviada. Assim, poderia refletir sobre o que acontecera sem ser interrompida:

"As coisas não estão se encaixando perfeitamente. Já havia notado, sim, que George não estava bem. Aquele silêncio dentro do gabinete me atingiu ali fora como uma ameaça, um perigo iminente. Não sei explicar o que se passou comigo. No entanto, "percebi" — sem saber de que modo isso se dava — que uma espécie de onda escura, parecendo fumaça, vinha ao meu encontro e ao de Arthur, que aguardávamos diante da porta fechada. Em virtude disso, estava me preparando para enfrentar uma borrasca, pois tinha a sensação de que George viria com tudo sobre nós".

"Todavia, nada disso aconteceu! Ele abriu a porta, pálido, mas contido, falando de maneira fria e irônica a princípio, para depois concluir com arrogância."

Jane contemplou a filha, que se ajeitava no leito procurando melhor posição, temendo que ela acordasse. Ao vê-la prosseguir no sono, voltou aos seus pensamentos:

"Havia algo de muito estranho na atitude dele, que, na ocasião, não consegui detectar. Mas agora percebo. O ar irônico. Era exatamente o ar irônico! Sim, isso mesmo! George poderia ter muitos defeitos, mas não era dado a ironias. O que ele desejava dizer fazia sem reservas".

Naquele instante, um arrepio percorreu-lhe o corpo da cabeça aos pés. A influenciação negativa, que o amparo dos bons Espíritos por meio da sua oração conseguira debelar na filha, agora estava atacando o esposo.

Uma onda de medo a invadiu, levando-a a se sentir desprotegida. De imediato, o socorro do Alto veio por intermédio de amigos espirituais que a envolveram com amor, o que lhe fez perceber a necessidade de orar. Novamente buscou Jesus em pensamento, suplicando-lhe socorro e proteção ante a nova ameaça de ataque das trevas.

A resposta não se fez esperar: logo começou a notar mudanças no ambiente junto a uma onda de bem-estar e confiança que, a princípio, envolvia o aposento da filha, depois se espalhava por todos os lugares da casa.

Jane não sabia dizer como isso se dava, mas a verdade é que ela possuía uma sensibilidade apurada para as coisas espirituais.

Dentro do gabinete, George estava mais calmo, sem conseguir explicar a mudança que se operara nele. Analisando agora a reação que tivera ao ver a esposa e a filha conversando sobre assuntos transcendentais, estranhou. Não era homem dado a sentimentos de cólera, de raiva. Ao contrário, sempre fora mais contido, brando, não obstante orgulhoso ao extremo. Ainda assim, suas fibras mais profundas agitavam-se diante da constatação: Jane trouxera as "novas ideias" para dentro do seu próprio lar, e isso ele não iria permitir jamais.

E foi o orgulho que lhe ditou o modo de proceder, vendo que ela ousara desafiar seus pontos de vista. Com a cabeça mais fria, resolveu: precisaria extirpar o mal pela raiz. Assim, deveria começar pela pessoa que, tinha certeza, influenciara com esses absurdos a mente da esposa.

Em vista disso, não teve dúvidas. Deixou o gabinete, pegou a bengala, o chapéu e saiu à via pública. Tomou uma carruagem de aluguel que passava e deu o endereço ao cocheiro, pedindo pressa. Alguns minutos depois, desceu em certo endereço muito conhecido: o consultório do dr. James Stanford.

Entrou na sala de espera e, aliviado, constatou que não havia nenhum paciente aguardando. Sentou-se e esperou. Não demorou muito, a porta se abriu, dando passagem a uma dama idosa que se despedia do médico com um sorriso.

— Então, adeus, doutor Stanford.

— Tenha um bom-dia, milady. E lembre-se: não se esqueça de tomar os remédios e nada de excessos!

A senhora saiu e o médico, surpreso, viu o amigo George Baker. Após meses sem se verem, sentiu grande satisfação por tê-lo em seu consultório, cumprimentando-o cordialmente:

— George, meu amigo! Espero que seja apenas uma visita de cortesia!

Quando a porta se abriu dando passagem à senhora, o visitante, erguendo-se e aguardando de pé, respondeu com expressão grave:

— Não estou doente, se é isso o que deseja. Também não se trata de uma visita de cortesia, pois não é o caso. Vim porque preciso falar-lhe sobre um assunto muito importante.

O médico imaginou a razão da presença do amigo: George ficara sabendo de sua ida ao palacete e, com certeza, não gostara. Não acompanhando o tom dado pelo interlocutor, conteve-se e, cerimoniosamente, estendeu o braço, convidando:

— Vamos entrar. Em meu gabinete poderemos conversar sossegados.

George entrou, acomodando-se diante de grande mesa, onde se espalhavam vários papéis. O médico sentou-se e, ao notar a expressão contrafeita do amigo, adiantou-se ao que julgara ser o motivo da visita:

— George, se está descontente por minha ida até seu palacete, devo dizer-lhe que fui atendendo ao chamado...

O outro ergueu as mãos, gesticulando:

— Não! Não se trata disso! Aliás, ignorava que tivesse ido à minha casa, caro doutor.

— Bem. Então, pode falar. Estou aqui para ouvi-lo.

— A verdade é que estou muito desgostoso, sim, com o que anda acontecendo em minha casa, e tenho certeza de que o senhor está metido nisso.

— Não sei a que se refere. Pode ser mais específico? — murmurou o médico, surpreso.

— Refiro-me às ideias absurdas que o senhor andou colocando na cabeça de minha esposa. Não contente em tentar me insuflar "coisas de outro mundo", que não aceitei, encontrou campo fértil em Jane, que é mais acessível, e que acabou por introduzir essas novidades em nosso reduto doméstico. E não se dê ao trabalho de negar! Hoje mesmo, ouvi minha esposa lendo essas obras espúrias para Helen, que aceitava — pobrezinha! —, sem saber os malefícios que irá enfrentar.

George continuou protestando, sem dar oportunidade ao médico de abrir a boca para defender-se. Falou das vezes em que vira o livro "amaldiçoado" nos aposentos de Jane, dentro da gaveta da mesa de cabeceira, mas se calara para não gerar mais atritos familiares; contou que, quando ele chegava da rua, surpreendeu Jane lendo o tal livro na sala íntima, e que ela rapidamente o escondeu sob uma almofada. Falou das vezes em que, inadvertidamente, encontrara jornais e revistas que tratavam do assunto maldito em móveis da casa.

Quando George, após despejar tantos impropérios, se cansou pelo próprio excesso, o médico finalmente, penalizado com o estado do amigo, pôde falar. Então, com voz serena, considerou:

— Caro George, respeito seu modo de pensar, embora não concorde com isso. Creio que precisa — antes de tomar qualquer atitude — procurar se informar, meu amigo. Sempre foi um homem interessado em filosofia, em ciência, e agora se mostra refratário a uma ciência nova que surge e que pode renovar nossas ideias? Não me parece atitude digna de você!

James parou de falar por alguns instantes, depois prosseguiu:

— Além disso, devo assegurar-lhe que não andei colocando ideias novas na cabeça de milady Jane. Sua esposa veio, sim, procurar-me buscando informações.

— Ah! Eu tinha certeza!...

Sem dar atenção à interrupção do amigo, prosseguiu:

— Queria saber onde encontrar respostas para suas perguntas. Lera num periódico certa notícia sobre o Além-túmulo e desejava procurar o jornalista, que apenas transcrevera o que ouvira de alguém. Diante da sua decisão de informar-se sobre o tema, me resguardei, pois não é da minha alçada. Dei-lhe, então, o endereço de alguém de minha inteira confiança. Tudo isso mrs. Jane fez com a esperança de ajudar a filha, nossa querida Helen. Isso posto, torno a afirmar-lhe: nada mais sei sobre esse assunto.

George, que ouvira atentamente as palavras do médico, solicitou:

— Passe-me, então, o tal endereço que deu à minha esposa.

— Farei mais do que isso, George. Eu mesmo o levarei até lá — disse o médico.

— Ótimo. E quando será?

— Se quiser, agora. Dei minha última consulta e nada mais tenho de urgente para fazer hoje.

— Muito bem. Então vamos!

Saíram do consultório e, já na via pública, pegaram uma carruagem de aluguel. James Stanford deu o endereço ao cocheiro e quinze minutos depois estavam chegando.

George, preocupado com seus problemas, pensava que logo ficaria sabendo quem era o embusteiro que andara enchendo a cabeça de sua esposa com bobagens. Mentalmente via-se derramando sua raiva sobre o desconhecido, com tudo o que gostaria de lhe dizer. Assim, não prestou atenção quando o dr. Stanford deu o endereço ao cocheiro e muito menos no trajeto que faziam. Quando o veículo parou, ouviu Stanford lhe dizer:

— Chegamos.

George desceu também e, ao perceber onde estava, levou um choque: defronte daquela casa maldita onde vira sua esposa entrar para se encontrar com o amante!

— Como? Por que me traz a este endereço? — rugiu, afrontado.

James Stanford segurou-o pelo braço, acalmando-o:

— Fique tranquilo, George. Tudo se esclarecerá.

Com o sangue subindo à cabeça, o coração batendo forte e as mãos trêmulas, ele acompanhou o médico. Pesava-lhe sobremaneira o fato de ter de entrar naquela casa, cuja lembrança de tanta humilhação e sofrimento lhe custaram, além da perda da felicidade doméstica. Assim, foi com grande tensão que George olhou para as jardineiras floridas, caminhou pela pequena calçada de pedras e viu a curiosa sineta: uma pequena boca de leão, da qual pendia uma corrente. Stanford a puxou e logo alguém abriu a porta.

Ao ver diante de si aquele que odiava com todas as forças do seu coração, George teve impulso de avançar sobre ele e socá-lo até deixá-lo estendido no chão, morto. No entanto, o médico segurou-o pelo braço, adivinhando o que lhe passava pela cabeça.

Com o mesmo sorriso de sempre, Peter Cushing recebeu-os, entre admirado e satisfeito.

— Sejam bem-vindos à minha casa! Entrem, sentem-se!

George, uma vez que não poderia matá-lo, como era seu desejo, conteve-se, permanecendo mudo enquanto observava o ambiente. Peter trocou algumas palavras com o médico, depois pareceu lembrar-se:

— Aceitam um chá?

— Com prazer! Seu chá é sempre ótimo! — exclamou Stanford com um sorriso.

George olhava para tudo, buscando algo que se casasse com a ideia que fazia daquele lugar que considerava "um ninho de amor". No entanto, o primor dos móveis, dos objetos, os vasos de flores, tudo mostrava a presença de uma mão delicada e feminina.

— Vamos para a outra sala, onde mantenho sempre uma mesa arrumada para receber minhas visitas — convidou com delicadeza.

O dono da casa os conduziu até uma pequena e encantadora sala. A parede do fundo, arredondada e toda de vidro, permitia ver um jardim primoroso. Armários brancos decorados com delicados enfeites mostravam igualmente a presença de mão feminina. As reflexões de George foram idênticas às de Jane quando ali entrara pela primeira vez. Acomodados em torno da mesa, ele finalmente abriu a boca:

— E sua esposa, mr. Cushing, não vem tomar chá conosco? — questionou George, esquecido de que ela falecera fazia alguns anos.

O anfitrião sorriu enquanto transportava, em pequena bandeja, mais duas xícaras e o bule de chá fumegante. Colocando tudo sobre a mesa, respondeu:

— Infelizmente não, milorde. Minha esposa faleceu há alguns anos.

— Ah, é verdade! Peço-lhe desculpas. Mas o senhor deve ter uma empregada excelente, a julgar pela delicadeza dos detalhes da sua moradia: as flores, o jardim, a decoração dos ambientes...

Peter Cushing trocou um olhar com o médico e ambos sorriram:

— Não, mr. Baker. Não tenho ninguém que me ajude, a não ser uma bondosa senhora que, vez por outra, vem fazer uma faxina geral na casa.

— Mas então, quem cuida de tudo?... — perguntou George intrigado.

— Eu cuido de tudo. Na verdade, mantenho a casa como foi deixada por minha esposa, Emily. Tudo o que veem aqui é fruto de sua delicadeza e bom gosto — esclareceu Peter, passando os olhos úmidos em derredor.

Surpreso, o visitante não pôde deixar de perceber a emoção que tomou conta do dono da casa ao se referir à esposa. Estranhou. Não se coadunava com o que pensava dele. Desde que seguira a esposa e a vira entrar naquele endereço, somente saindo horas depois, chegara à conclusão de que fora miseravelmente traído por ela. Então, em seus momentos de devaneio, imaginava a casa como o local de encontros amorosos, propício e decorado para o envolvimento do casal. Mas nada ali lembrava, nem de longe, um lugar para encontros clandestinos.

James, que não o perdia de vista, notou que o amigo estava perplexo. Ao ouvir as palavras de Peter, entremeadas pela emoção, levou a mão ao braço dele, mostrando-se solidário na dor, enquanto explicava a George:

— Peter Cushing e a esposa sempre foram muito unidos. Sou testemunha disso, pois convivi com eles e posso assegurar que jamais vi um casal mais apaixonado!

Diante disso, George sentiu-se obrigado a desculpar-se por ter trazido à baila um assunto doloroso para o dono da casa. Refeito, Peter tranquilizou-o:

— Não se preocupe, George. — De súbito, mudou de tom, perguntando: — Permite que eu o chame assim? Aqui em casa, gosto de abolir a etiqueta e chamar os visitantes pelo primeiro nome, pedindo-lhes que façam o mesmo. Creio que isso aproxima as pessoas e facilita a nossa amizade.

— Sem dúvida, Peter.

— Obrigado. Bem, como ia dizendo, apesar do tempo transcorrido, minha querida Emily continua a me amar e estamos sempre juntos. A morte não nos separou. Ao contrário, nosso amor continua mais forte, e somos mais unidos ainda.

George levou um choque, sentindo-se gelar. Novamente, o assunto que ele tanto detestava surgia em uma conversa, deixando-o constrangido. Sem saber o que dizer, procurando se controlar, abaixou a cabeça e pegou a xícara de chá, que levou aos lábios, sorvendo um gole; depois a depositou no pires e comentou, desviando o assunto:

— Delicioso o seu chá. Entretanto, não consegui identificar o sabor, sutil e delicado.

Peter sorriu:

— Eu mesmo misturo as ervas, acrescentando pitadas de frutas. Gosto de variar no sabor. Sou amante de chás e pesquiso bastante. Sabe que, pelas suas propriedades, os chás podem ser utilizados como medicamentos, George?

O outro ficou surpreso, confessando seu desconhecimento.

— Pois é verdade. Existem chás para acalmar os humores, melhorar a pressão, auxiliar na digestão, erguer o ânimo e muito mais.

Assim, por horas eles ficaram conversando e trocando ideias. George esquecera-se completamente da terrível disposição com que chegara àquela casa.

15

Convite

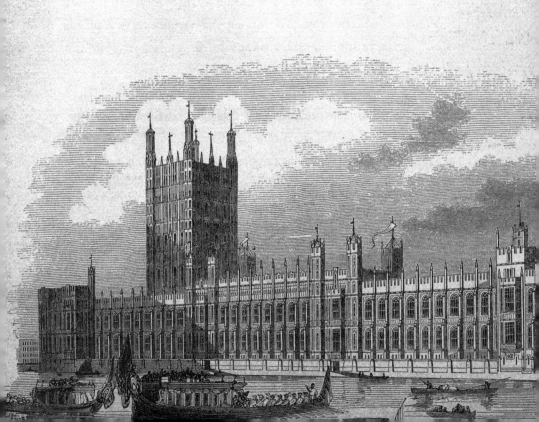

George Baker despediu-se de Peter Cushing com outra impressão a seu respeito. Agradeceu a acolhida e prometeu voltar para falarem mais a respeito das plantas e dos chás.

O dono da casa, sorridente, colocou-se à disposição dele para o que desejasse e ratificou o convite:

— Venha quando quiser, George. Como afirmei antes, minha casa está sempre aberta aos amigos.

— Voltarei. Obrigado.

Logo a carruagem retornava pelo mesmo trajeto. Durante o percurso, George mantinha-se ensimesmado, e o médico julgou melhor deixá-lo entregue a si mesmo. A reflexão auxilia o entendimento, aclara as ideias e modifica a disposição, fazendo com que se veja tudo sob um novo ângulo.

Ao chegar à sua residência, James Stanford desceu e despediu-se do amigo, que prosseguiria rumo ao seu palacete. Quando George chegou, Jane pulou da cadeira, tensa, preocupada em saber como o esposo estava se sentindo. Aliviada, reconheceu que ele se mostrava melhor, mais calmo, e a expressão voltara ao normal.

Como o relacionamento entre eles fosse civilizado, mas distante, Jane voltou a sentar-se, retomando o bordado e mantendo os olhos baixos. Assim, não percebeu que o esposo a olhava de maneira diferente, mais delicada, até pesaroso pelo mau juízo que fizera dela.

Sensível, Jane sentira sobre si o olhar do marido, seu interesse, e isso a abalara, deixando-a trêmula e desconcertada, como se ele a estivesse examinando, procurando descortinar seus mais íntimos pensamentos. Incomodada, pediu licença, alegando precisar vestir-se para a ceia.

Ao trocarem um olhar, Jane sentiu como se ele quisesse dizer-lhe alguma coisa. Foi um instante só. Logo, os olhos de George se nublaram e ele retomou a posição costumeira.

"O que será que aconteceu com George? Ele está diferente!", indagava-se, enquanto subia as escadarias.

Esse olhar fugidio fez com que desejasse se arrumar melhor, ficar mais bonita, agora que o esposo voltava a observá-la com interesse, o que não acontecia havia meses.

Assim, chamou a criada para ajudá-la a vestir-se. Escolheu um belo traje, o preferido de George. Seus cabelos foram penteados com primor, após o que colocou pó no rosto e ligeiro carmim nas faces e nos lábios, terminando por borrifar um tantinho de perfume atrás das orelhas. Olhou-se no grande espelho oval. Sentiu-se bela e sorriu.

Desceu as escadarias de cabeça erguida, confiante. O esposo veio esperá-la, oferecendo-lhe o braço para conduzi-la à sala de jantar. Durante a ceia, trocaram algumas frases protocolares, falando sobre a excelência das iguarias. Em dado momento, pareceu-lhe que ele quisesse dizer algo.

— Jane! Eu...

Ela levantou a cabeça, olhando-o esperançosa, porém George estacou. Jane incentivou-o:

— Quer dizer-me alguma coisa, George?

— Não. Bobagem.

Jane ainda insistiu, mas o marido manteve-se calado. A expressão voltara a ser impenetrável, a mesma dos últimos meses.

Intimamente, George gostaria de contar à esposa que fora visitar Peter Cushing, que haviam conversado e que ele se sentia mais tranquilo e confiante. No entanto, julgava-se necessitado de maiores explicações, que da primeira vez não pôde obter, até em virtude da presença de James Stanford. Apesar de não ignorar que o médico conhecia seu drama conjugal, sentia pudor de tocar em assunto tão íntimo diante de outro que não fosse o diretamente interessado. Certamente, ele acabaria por relatar ao seu grande amigo de tantos anos o resultado de suas investigações, porém sentia necessidade de resolver a questão antes de qualquer outra coisa.

"Amanhã irei novamente à casa de Peter Cushing e abrirei o jogo com ele! Afinal, preciso saber o que tanto conversava com minha esposa", decidiu.

Aquela noite encerrou-se sem incidentes. No dia seguinte, pela manhã, George fez o seu desjejum e, sem ver Jane, que ainda não se levantara, saiu. Pegou um veículo de aluguel e dirigiu-se ao endereço da véspera. Tocou a campainha e logo alguém surgiu pelo lado esquerdo da casa, vindo dos fundos. Era Peter Cushing que, com as mãos sujas de terra, ao ver George Baker, o cumprimentou com expressão alegre:

— Bom dia! Seja bem-vindo, George! Não repare no meu estado; estava cuidando das minhas plantas. Venha! Venha! Enquanto termino o serviço, conversamos.

— Bom dia, Peter! Peço-lhe desculpas por vir tão cedo, mas precisava falar-lhe. Espero não estar sendo inconveniente. Na verdade, deveria ter mandado um portador, marcando uma hora, mas...

O dono da casa interrompeu-o, com um gesto de boas-vindas:

— De modo algum, George. Para mim, qualquer hora é boa para trocar ideias. Venha por aqui, mas cuidado com os espinhos! Buganvílias são plantas lindas, porém têm muitos espinhos — alertou-o.

Caminharam por uma espécie de corredor bem largo, ladeado por essas plantas, de cores variadas. De um lado, ficava a casa; do outro, havia um muro alto, que calculou tivesse uns oito pés[8] de altura, que fazia divisa com a propriedade vizinha e quase coberto pela vegetação. Após umas vinte jardas, chegaram a um grande jardim onde canteiros de rododendros[9] se misturavam a glicínias; em outro, roseiras e tulipas floridas se harmonizavam, ao passo que violetas de cor azul, rosa, branca e lilás cobriam o solo. Caminhos de pedras contornavam os canteiros de maneira graciosa e inesperada. À sombra de árvores altas e floridos arbustos de murta, bancos de pedra convidavam ao descanso e à contemplação. Mais além, uma pérgula encantadora, entremeada

---

8. Unidade de medida do sistema anglo-saxão, equivalente, no sistema métrico decimal, a cerca de 30,48 cm. (N.R.)
9. Arbusto, nativo da região temperada do hemisfério norte, muito cultivado pela excepcional beleza das grandes flores purpúreas ou alvas. (N.R.)

de rosas trepadeiras, servia não apenas de repouso, mas também de refúgio às orgulhosas e delicadas orquídeas, que ali encontravam o ambiente ideal para crescer e florescer.

George não pôde deixar de exclamar:

— Magnífico! Soberbo!...

Peter sorriu, levando as costas da mão à testa para enxugar gotículas de suor que estavam prestes a cair, e, com expressão corada e satisfeita, considerou:

— Gosto de ver a reação das pessoas diante de meu esforço. Significa que consegui meu intento. Sabe, George, as emanações de prazer, de alegria, de satisfação e de admiração manifestadas neste recanto são como forças vivas que ajudam a seiva das plantas, dando-lhes mais energia e vigor.

Um tanto surpreso, George questionou:

— Como assim? Talvez eu não tenha entendido bem suas palavras. Terá o amigo querido dizer que nossas reações atingem as plantas?

— Não apenas as reações boas como também as más, sim! Tive oportunidade de perceber que, na presença de palavras negativas, ofensivas, rancorosas, as plantas se ressentem e fenecem — esclareceu o dono da casa.

George meneou a cabeça, com expressão de incredulidade, mas embora não acreditasse nessas ideias, absolutamente não queria ofender o outro:

— Peter, mas plantas... são apenas plantas! Não têm sensibilidade para apresentar reações, emoções, sentimentos!...

O jardineiro fitou o visitante com expressão de quem compreendia a sua incredulidade e aduziu:

— Realmente, é esse o conhecimento que nossa sociedade tem hoje. Entretanto, afirmo-lhe, meu amigo, que tenho percebido coisas com relação às plantas que só no futuro serão reconhecidas.

Mas, deixemos esse assunto de lado, George. Não foi para ouvir-me falar de plantas que veio até aqui, não é? Vamos entrar! Vou lavar-me e depois tomaremos um chá com biscoitos de mel e laranja que fiz.

Conversando, eles contornaram a construção e entraram pela porta envidraçada que dava para a sala de refeições. George acomodou-se à mesa, enquanto Peter, pedindo desculpa, foi até seus aposentos, voltando um quarto de hora depois, de banho tomado, cabelos penteados e com outro traje, já que o de antes era usado apenas para trabalhar. Colocou água para ferver e, enquanto isso, arrumava a mesa e trazia a vasilha com os biscoitos. Fez um chá de melissa com erva-doce e, finalmente, sentou-se. Serviu a visita, depois a si mesmo, provando com satisfação. George elogiou:

— Seu chá é muito bom, Peter. E esses biscoitinhos de mel com laranja são esplêndidos! Ah! Se eu tivesse a receita dessa maravilha! Certamente minha esposa mandaria a cozinheira fazer todos os dias!...

Peter sorriu discretamente. Entendeu que George queria introduzir o assunto que o incomodava e colaborou:

— Fico contente que tenha gostado. Milady Jane também os aprecia bastante.

George corou ao ouvir essas palavras, que denotavam uma relação que não era do seu conhecimento. No entanto, fiel ao seu propósito, aproveitou a deixa para abordar com civilidade o problema que o angustiava.

— É verdade. Fiquei sabendo que minha esposa veio aqui algumas vezes e confesso-lhe que fiquei incomodado. Sabe perfeitamente, Peter, que não é costume uma dama visitar cavalheiros desacompanhada do esposo. Tanto mais que, essa dama, jamais informou seu marido de tais visitas e o motivo delas.

O anfitrião, que o olhava firme e sereno, aproveitou a pausa que ele fizera, para dar as necessárias explicações:

— Peço-lhes desculpas, meu caro, se de alguma forma sentiu-se mal com essa situação. Todavia, milady procurou-me buscando socorro para sua filha, miss Helen. Afirmou-me, categoricamente, que o esposo não deveria saber, uma vez que ele era contra os recursos que ela pretendia utilizar, e que, por outro lado, sabia que eu poderia ajudá-la.

George respirou profundamente, concordando:

— Jane disse a verdade. Não concordo com "essas novas ideias" sobre a vida em outro mundo e coisas que tais. Parecem-me verdadeiros absurdos que fogem à lógica e a todo o conhecimento que se adquiriu até agora. Prefiro reservar-me, a aceitar essas... loucuras!

Peter ouviu calado, tomou mais um gole de chá, depois indagou mansamente:

— Já leu algo a respeito dessa nova doutrina, George? Conhece o seu autor?

— Não. Nunca — respondeu George taxativo.

O dono da casa sorriu de leve e considerou:

— Pois teria muito a ganhar se tomasse conhecimento da Doutrina Espírita, que trata de assuntos sérios, de maneira profunda, que não fogem à lógica. A propósito, gostaria de conhecer uma reunião espírita? Creio que se surpreenderá.

Com gesto de cabeça, George recusou:

— Não. Lamento, mas não tenho nenhum interesse por esse assunto.

— Tem medo? Se for por isso...

George agitou-se na cadeira, diante dessas palavras, respondendo de forma incisiva:

— Claro que não!

Como Peter continuasse a fitá-lo com expressão enigmática e meio sorridente, esperando uma resposta, acabou por concordar:

— Está bem. Aceito seu convite. Mas não pense que vai mudar minha opinião a esse respeito.

— Com certeza. Encare-a apenas como uma experiência. Fique tranquilo. A próxima reunião será daqui a dois dias. Passarei para buscá-lo no início da noite.

Impaciente, George levantou-se afirmando ter assuntos urgentes para resolver. Agradeceu a atenção do anfitrião e despediu-se, quase que às pressas. Peter acompanhou-o até a porta desejando-lhe um bom-dia.

Na rua, George fez um sinal para o cocheiro, que o aguardava à sombra e imediatamente trouxe a carruagem. Abrindo a porta, jogou-se no assento, aliviado. O condutor perguntou o endereço, que o passageiro não havia dado, e partiu.

Com o veículo em movimento, George relaxou um pouco e sua respiração voltou quase que ao normal. No fundo, estava descontente consigo mesmo por ter concordado em participar daquela malfadada reunião na qual ele absolutamente não sabia o que iria acontecer. Um medo terrível do desconhecido o invadiu. "Por que aceitei o convite? Por que me senti pressionado por Peter, que nitidamente jogou com seus brios, desejando me desafiar?"

Reclinou a cabeça no encosto do banco, refletindo: "O que fazer? Estou em uma situação muito difícil! Se não for à tal reunião, Peter me julgará um medroso. Se for, não sei o que pode acontecer, o que me deixa apavorado. E se eu alegar uma indisposição, ou talvez outro compromisso? Não! Peter pensará que fugi do problema. E se alegar a presença de visitas? Ou que Jane está adoentada? Ou, melhor ainda, que Helen não está bem?".

George pesou todas as possibilidades de fugir ao compromisso e nenhuma das alternativas lhe pareceu convincente. Assim, levou um susto quando o cocheiro abriu a portinhola.

— O que aconteceu? — indagou assustado.
— Chegamos, milorde.
— Ah!...

Aliviado, George desceu, pagou o condutor e encaminhou-se para seu palacete. A cabeça, contudo, continuava procurando uma solução para o difícil problema. Assim, passou o resto do dia atormentado.

À noite, já deitado em seu leito, pensou: "Afinal, ainda terei dois dias inteiros e muita coisa poderá acontecer nesse tempo: um temporal, um compromisso inadiável, uma enfermidade... até um incêndio!".

O desespero de George era tamanho que, por orgulho, nem refletia nos absurdos que estava desejando que acontecessem para evitar a tal reunião, quando a única saída fácil e sem dor seria, simplesmente, mandar um portador a Peter Cushing com um bilhete afirmando: "Agradeço-lhe o convite, mas não vou à reunião". Simples assim, já que o orgulho o impedia de dizer a verdade: "Tenho medo".

George cobriu-se bem e, virando-se de lado, fechou os olhos tentando dormir. No entanto, o assunto não lhe saía da mente. Conseguiu cochilar quando as primeiras claridades de um novo dia entraram pela sua janela. Cansado de ficar no leito, levantou-se; desanimado, soltou um suspiro e deixou os aposentos. Tudo era mais simples quando ele e Jane dormiam juntos. Ela teria notado sua preocupação e perguntaria o que estava acontecendo para fazê-lo perder o sono. Então, abraçados, ele teria lhe contado seu problema e ela o ajudaria a resolvê-lo. Infelizmente agora não podia fazer isso.

Irritado, desceu as escadarias buscando o jardim. Estava com fome, mas ainda era muito cedo e o desjejum não estava pronto. Sentou-se no banco de sua preferência, respirando o ar frio da manhã. Com a mente em desalinho, atormentado com seu problema, nem percebeu que estava tremendo de frio.

De repente, sentiu que alguém colocava um sobretudo de lã em seus ombros. Um calorzinho gostoso o invadiu e virou-se para ver quem estava ali.

— Milorde, tomei a liberdade de trazer-lhe um agasalho, pois temi que adoecesse. Nesta época já está bastante frio, especialmente pela manhã.

— Obrigado, Arthur. Fez bem. Estava mesmo com frio. O que faz acordado a esta hora?

— Precisava realizar uma tarefa no jardim, que só poderia ser feita antes de o Sol aparecer, milorde.

— Ah! Sente-se aqui comigo e conte-me! O que era assim tão importante?

— Nada tão importante, milorde. Apenas algumas sementes que, acredita-se, para que germinem, devem ser plantadas antes do nascer do Sol. Foi o que fiz. E, milorde, o que o fez despertar tão cedo?

George manteve os olhos fitando um ponto qualquer ao longe sem responder. Depois de alguns minutos em que parecia nem ter escutado, perguntou:

— Arthur, se alguém lhe fizesse um convite que você aceitasse, contra sua vontade, o que faria para livrar-se do compromisso?

O mordomo pensou um pouco e respondeu grave:

— Milorde, julgo que diria a verdade — olhou para o senhor e vendo sua expressão, prosseguiu: — Se não fosse possível, arrumaria uma desculpa.

George concordou:

— É o que estou tentando fazer.

— Espero que consiga, milorde. A propósito, creio que a cozinheira já colocou a mesa e julgo que milorde pensará melhor após o desjejum.

George assentiu e ambos levantaram-se, caminhando para a sala de refeições. Mais refeito após comer alguma coisa, ele se arrumou e foi para o escritório.

16

A reunião

No escritório George passou o tempo envolvido no trabalho e acabou esquecendo aquilo que tanto o preocupava. O dia transcorreu rapidamente e, apenas à noite, à hora de dormir, lembrou-se do problema. Todavia, estava tão cansado por não ter dormido na noite anterior e por ter trabalhado o dia inteiro resolvendo questões difíceis que se deitou e adormeceu de imediato.

Na manhã seguinte, no escritório, surgiu uma questão de suma importância envolvendo mercadorias retidas num porto, e o dia passou sem que ele notasse. O problema o absorvera de tal modo que nem foi almoçar com a esposa.

À tarde, retornou ao palacete, exausto, e preparava-se para o jantar e para ter uma noite tranquila, já pensando em dormir cedo, quando tocou a sineta. Arthur foi atender à porta e viu-se diante de um cavalheiro desconhecido.

— Mr. Baker me aguarda.

Surpreso, uma vez que não havia sido comunicado que teriam um convidado, o mordomo perguntou:

— A quem devo anunciar, senhor?

— Peter Cushing.

— Faça o favor de entrar, mr. Cushing. Deseja tomar algo? — ofereceu, enquanto o encaminhava até a sala, onde o desconhecido se acomodou.

— Não, obrigado.

— Então, com sua licença. Comunicarei milorde.

Arthur saiu e, subindo as escadarias, dirigiu-se aos aposentos do patrão. Ao ser informado da presença de mr. Cushing, que o aguardava, levou a mão à cabeça.

— Como fui esquecer?!... É hoje o dia da tal reunião! — murmurou mais para si mesmo, praguejando.

Pela expressão do patrão, o mordomo percebeu que tinha relação com a insônia dele na madrugada em que o encontrara no jardim. Lembrou-se da pergunta que ele lhe fizera, nitidamente desejando livrar-se do problema, e sugeriu:

— Milorde, deseja que despeça a visita alegando um mal-estar súbito?

George fitou seu fiel mordomo com ar compungido:

— Não, Arthur. Agradeço-lhe, porém não posso esquivar-me agora desse compromisso. Terei de comparecer à tal reunião! Que remédio?

Como ainda estivesse vestido, pediu que Arthur avisasse a mr. Cushing que desceria em seguida. Depois, sentou-se no leito e procurou encontrar forças para enfrentar a situação. Respirou fundo, tentando acalmar-se e controlar a irritação, além de reduzir as batidas apressadas do coração. Alguns minutos depois, um pouco melhor, caminhou para a porta.

Ao ver o amigo descendo as escadarias, Peter Cushing ergueu-se para os cumprimentos. Após trocarem algumas frases protocolares, George murmurou, como se estivesse indo para o sacrifício:

— Vamos? Estou pronto.

Os dois cavalheiros deixaram o palacete, diante do qual aguardava uma carruagem de aluguel que Peter Cushing deixara esperando. Após dar o endereço ao cocheiro, Peter reclinou-se no assento, procurando conversar com George. No entanto, o outro respondia por monossílabos. Peter notou que George estava tenso, um tanto nervoso, sem vontade de conversar, e achou melhor respeitar-lhe a vontade.

Após cerca de meia hora, o veículo reduziu a marcha e parou. Desceram. Olhando em torno, George viu que estavam diante de uma construção de quatro andares, que deveria ser de apartamentos. Subiram as escadarias e, no último andar, entrando por um corredor com várias portas, pararam diante de uma delas, a última. Peter bateu de leve e logo apareceu alguém. Era uma senhora bem-vestida, de aparência distinta e cordial, que os cumprimentou sorridente, estendendo a mão delicada.

— Mr. Cushing! Trouxe um iniciante pelo que vejo. Sejam bem-vindos! — disse olhando para o desconhecido.

— Mrs. Anderson, boa noite. Apresento-lhe mr. Baker, um amigo que veio conhecer nossa reunião.

George estendeu a mão, cumprimentando a dama:

— Muito prazer, mrs. Anderson. Espero não atrapalhar.

A senhora abriu um grande sorriso, afirmando:

— De modo algum irá atrapalhar, mr. Baker. Se nosso amigo Peter Cushing o trouxe, é porque julgou que seria conveniente. Aqui, acreditamos que tudo acontece quando deve acontecer. Vamos entrar!

Preocupado, George esperava encontrar objetos de bruxaria, caveiras e outras coisas aterrorizantes. Mas não apenas isso: imaginava como seriam os participantes da tal reunião, acreditando-os com aparências estranhas, exóticas e, com certeza, pertencentes à classe mais baixa da população londrina.

Adentrando a sala não muito espaçosa, viu várias pessoas presentes, das quais duas ele conhecia bem. A primeira, James Stanford, seu amigo, que se apressou em vir cumprimentá-lo. A segunda, um cavalheiro com quem mantinha negócios, muito rico, ligado à realeza e que gozava do respeito e da consideração da melhor sociedade de Londres. Este, igualmente, ao vê-lo, apressou-se em vir apertar-lhe a mão. Os demais, da mesma forma, pareciam pessoas sérias e respeitáveis.

Apresentado a todos, não teve tempo de conversar, pois o dono da casa, Lewis Anderson, convidou os presentes a tomarem seus assentos. As cadeiras, com estofo de veludo mostarda, colocadas em círculo, apenas com pequena abertura, facilitava a visão de todos. Antes de iniciar a reunião propriamente dita, mr. Anderson solicitou a uma senhora ainda jovem, vestida de maneira simples, mas distinta, indicando-lhe com a mão:

— Mrs. Patterson, por gentileza, dirija-se à sua poltrona.

Somente então, George viu essa senhora, na qual ainda não reparara. A dama encaminhou-se a um canto da sala, onde se via uma cortina, que ele acreditava ocultar uma janela, e que ficava exatamente no local em que o círculo se abria. O anfitrião, com gesto firme, abriu a cortina deixando ver uma parede limpa ao fundo e, quase encostada à parede, uma poltrona cercada por correntes, o que o deixou perplexo. "Por que isso? Qual a necessidade de correntes naquele ambiente?", questionou George mentalmente.

No entanto, o anfitrião, em seguida, solicitando à senhora que se acomodasse na poltrona, explicou:

— Senhoras! Senhores! No exercício de nossas experiências transcendentais, temos por hábito certos cuidados para se evitarem fraudes de qualquer gênero. Então, mrs. Caroline Patterson, a sensitiva, ficará acorrentada à poltrona e presa com cadeados, e as chaves, como de hábito, serão encerradas no cofre, cuja chave, por sua vez, será guardada em meu bolso.

Após essas explicações, que George acompanhou muito assustado, entendendo que eram dirigidas particularmente a ele, por ser o único a estar ali pela primeira vez, procedeu-se aos cuidados de praxe. Mrs. Caroline Patterson ficou sem poder se mover, com o corpo e os pulsos amarrados. O responsável pela reunião fechou a cortina e, de onde estavam, através do tecido, leve e vaporoso, todos podiam confirmar a presença da dama. George entendeu que a poltrona da sensitiva fechava o círculo, conquanto separada dos demais pela cortina.

A iluminação foi reduzida, e o coração de George passou a bater mais apressado, temeroso do que ia acontecer e penalizado pela situação da senhora, mantida acorrentada, visto que a impressão era de que ela mal podia respirar. Após essa providência, todos ficaram em silêncio, aguardando o que o mundo espiritual teria lhes reservado para aquela noite.

A senhora Rosemary Anderson sentou-se à extrema esquerda de George, mas visível, próxima de uma pequena mesa redonda na qual havia folhas de papel e um lápis, que George não percebera. De repente, a dama começou a escrever apressadamente. No silêncio e na penumbra do ambiente, só se ouvia o barulho do papel e do lápis correndo sobre ele, firme e rápido, ao impulso da mão dela. Após alguns minutos, Rosemary parou. Com um suspiro, deixou o lápis, que caiu sobre a mesa com o barulho característico. Pareceu voltar ao normal e a reunião prosseguiu.

Na penumbra, George não perdia de vista a dama acorrentada.

De repente, o ambiente mudou, e ele notou que algo diferente estava acontecendo. Olhando para a sensitiva, George percebeu uma movimentação estranha por detrás da cortina: prestando atenção, viu que começou a formar-se algo semelhante a névoa esbranquiçada, que parecia sair de alguns pontos do corpo da senhora; essa névoa foi se condensando de baixo para cima, até que tomou a forma de um corpo humano. *Espantoso!*

Sem entender o que e como estava acontecendo, ele viu esse vulto sair do cubículo, abrir a cortina, e agora se fazer visível a todos os presentes. Houve um "oh!" de espanto, saído de todas as bocas.

Era um cavalheiro vestido com traje antigo, mais propriamente uma armadura. Empunhava uma espada e parecia ter vindo do passado, de séculos anteriores, diretamente para a reunião. Diante do assombro de todos, ele caminhou lentamente pelos presentes, examinando a cada um. Ao chegar diante de George, ele parou e, apoiando as mãos no cabo da espada, fitou-o com ódio e disse com voz cavernosa:

— *Está chegando a hora! Não escaparás de nós. Pagarás caro por tudo o que fizeste ao meu povo! Maldito sejas por toda a eternidade!...*

Após essas palavras, que todos acompanhavam estarrecidos, o espírito pareceu ir perdendo as forças, como que se esgotando. Foi ficando cada vez menos nítido, menos real, de cima para baixo, até que a névoa se dispersou aos poucos no assoalho.

Enquanto isso, a sensitiva gemia dolorosamente, acorrentada à sua poltrona.

Mr. Anderson imediatamente pediu a todos os presentes que se acalmassem, para poderem prosseguir a reunião.

Sumamente perturbado, George teria se levantado em seguida e deixado o apartamento, se pudesse. No entanto, estava travado: as pernas não lhe obedeciam e sentia-se sem forças. Uma coisa, porém, não pôde deixar de perceber: a dama continuava presa às correntes. Afinal, o que teria acontecido ali, naquela sala?... De que zona infernal teria saído aquele ser para vir acusá-lo daquela maneira? Alguém que ele não conhecia, nunca vira, e vestido de forma tão estranha?

Não conseguiu mais prestar atenção a nada. Aliás, nada mais aconteceu. Como estavam todos impressionados com o que eles chamavam de "fenômeno de materialização", a reunião foi encerrada. Acesas as luzes, tudo voltou ao normal. Os demais, satisfeitos e bastante alvoraçados, comentavam o fato como extraordinário, referindo-se aos detalhes do fenômeno.

George despediu-se, agradecendo aos anfitriões a hospitalidade, ocasião em que Mr. Anderson apertou-lhe a mão, reverente:

— Mr. Baker, acredite, nós tivemos nesta noite uma das maiores provas da imortalidade da alma. Obrigado por sua presença. Volte quando quiser, será sempre bem-vindo.

A senhora Anderson aproximou-se e, com gesto discreto, colocou nas mãos de George um papel dobrado.

— É para milorde. Leia com atenção.

George inclinou-se, calado, e saiu acompanhado de Peter Cushing. Tomaram um veículo de aluguel que, providencialmente, passava naquele instante. Exausto, George recostou a cabeça no banco e fechou os olhos. Chegando ao palacete, desceu.

Deu dois passos em direção a casa, mas parou. Girou nos calcanhares e, fixando os olhos em Peter, que o observava da janela, disse:

— Nunca mais me convide!

Virou-se e continuou caminhando em direção ao portão. Entrou. Arthur o aguardava solícito.

— Como foi a reunião, milorde?

— Péssima.

— Ah! Deseja algo, milorde?

Já se encaminhando para a escada, ele respondeu:

— Não.

De repente, mudou de ideia:

— Pensando melhor, leve-me uma dose de algo bem forte.

— Sim, milorde.

George subiu para seus aposentos e deixou-se cair sobre o leito. Logo Arthur bateu levemente à porta e entrou. Trazia uma bandeja com uma garrafa e um copo.

— Milorde, trouxe-lhe uma bebida — disse, servindo-o.

— Pode se recolher, Arthur. Deixe a garrafa.

— Algo mais que eu possa fazer, milorde?

— Não. Quero ficar só.

— Boa noite, milorde.

Após a saída do mordomo, George tomou todo o conteúdo do copo, contra seu hábito, pois não era dado a bebidas. Ainda insatisfeito, pois continuava pensando na trágica figura que aparecera, encheu o copo de novo... de novo... e de novo...

Na manhã seguinte, despertou com a cabeça pesada. Sentia-se péssimo. Estranhou ter deitado com a roupa que usara na véspera. Na boca, um gosto acre, azedo, horrível! De repente, viu a garrafa caída sobre o leito e lembrou:

"Esvaziei uma garrafa de bebida alcoólica! Não é à toa que amanheci sentindo-me tão mal".

Puxou a sineta para chamar seu criado de quarto. Logo uma cara assustada surgiu no vão da porta.

— Milorde, logo cedo estive aqui, mas como o senhor estava dormindo achei melhor não despertá-lo.

— Fez bem. Algum recado?

— Sim, milorde. Do escritório já vieram duas vezes desejando falar com o senhor.

— Que horas são?

— Dezesseis horas, milorde.

— O quê?

— Sim, milorde. São dezesseis horas e dez minutos.

— Meu Deus! Perdi o dia inteiro! E agora? Prepare meu banho, rápido!

Enquanto isso, George tentou levantar-se e não conseguiu. A cabeça rodou, e ele caiu de volta ao leito.

— Ajude-me! Preciso levantar-me! — gritou.

O criado correu para socorrê-lo, mas não adiantou. Colocou o senhor de pé, mas ele não conseguia firmar as pernas e só não caiu no chão porque o criado o segurou, colocando-o de novo no leito.

17
Desdobramentos da reunião

Nesse momento, Jane entrou nos aposentos do esposo.

Informada pelo mordomo das condições em que o patrão chegara à noite, e como, contra seus hábitos, não tivesse levantado para ir ao escritório, deixou que ele descansasse um pouco mais. Deveria estar precisando. Todavia, após o tempo decorrido, resolveu ir vê-lo. Encontrou o criado parado, sem saber o que fazer, e perguntou o que estava acontecendo.

— Milorde deseja tomar banho, mas não consegue ficar de pé, milady.

Preocupada, Jane ordenou ao criado que procedesse à higiene do marido ali mesmo, no leito. Sentando-se na sala íntima, pegou uma revista e pôs-se a folheá-la com o pensamento longe:

"O que teria acontecido com George para estar nesse estado? Bebeu, isso é evidente. Mas por quê? Conheço-o bem. É pessoa fiel aos seus hábitos e não costuma se embriagar. O fato de ter ingerido uma garrafa inteira de bebida e de não ter ido trabalhar indica que não está bem. O que faço?".

Interrompendo-lhe os pensamentos, o criado avisou-a de que tinha terminado. Jane agradeceu e retornou ao quarto. Recostado nos travesseiros, George mostrava outro aspecto, parecendo bem melhor.

— Como está, George? — indagou solícita.

— Melhor, obrigado.

— Creio que precisa se alimentar, George. Vou mandar trazer-lhe algo leve.

Ele agradeceu com um gesto de cabeça e continuou calado; não tinha vontade de falar com ninguém.

Sentada numa cadeira ao lado do leito, Jane o observava. Após alguns minutos, cansada daquele silêncio de ambas as partes, considerou:

— Não sei o que aconteceu, George, mas sinto-o muito abalado e sem querer tocar no assunto. Se mudar de ideia, saiba que estarei sempre disposta a ouvi-lo e, se possível, ajudá-lo.

Ele respirou fundo e balançou a cabeça, concordando:

— Sei que posso contar com você, Jane. Mas, tem razão, agora ainda não é o momento. Preciso de tempo.

Eles trocaram um olhar, e ela notou que ele estava com vontade de falar, mas não conseguia, talvez até pelo medo que ela enxergou no fundo de seus olhos.

— George, não sei o que o deixou tão abalado, mas confie. Tudo ficará bem.

Nesse momento, interrompida pela criada que entrou com a bandeja, Jane ergueu-se, ajudando-o a se servir. Enquanto colocava o chá na xícara, atenta à quantidade de creme de que ele gostava, o criado de quarto aproximou-se e disse:

— Com licença, milorde. Encontrei esta folha no bolso da roupa que vestiu ontem. Onde a coloco?

— Na mesa de cabeceira, Arnon.

George tomou seu chá com pãezinhos salgados e biscoitos doces. Como a criada trouxera uma xícara a mais, Jane lhe fez companhia. Sentada ao lado do leito, ela falou sobre amenidades e contou-lhe coisas engraçadas, procurando animá-lo. Depois, como George demonstrasse cansaço, Jane despediu-se dele e saiu para que ele pudesse repousar.

Contente por estar mais perto de sua amada, já que o relacionamento entre eles alterou-se favoravelmente, George escorregou entre as cobertas e mergulhou novamente em sono benéfico. Despertou mais refeito e, ao estender a mão para tocar a sineta chamando o criado, viu a folha de papel sobre a mesinha.

Sentou-se no leito com o olhar fixo no papel. Reconheceu-o. Era o mesmo que recebera das mãos de mrs. Rosemary Anderson. Sentindo medo, não se animou a abri-lo. Contudo, vez por outra, seus olhos eram atraídos por aquela folha.

"O que pode conter aquele papel?", pensou.

Após algum tempo, a curiosidade foi maior. Abriu-o e as letras pareciam saltar ao seu encontro. Após respirar fundo, ele leu:

Querido filho George.

Tenho estado sempre contigo, embora não percebas minha presença. Procuro amparar-te quando posso, porém, muitas vezes, sinto-me impotente diante da situação. Procura ajuda, meu filho! Confia em Deus!

Tudo o que estás passando nesta existência tem relação com fatos ocorridos no passado, quando muito erraste, comprome-

tendo-te perante o próximo, perante ti mesmo e perante as Leis Divinas. É chegada a hora de reparar os danos que semeaste. Os problemas que enfrentas hoje em teu lar são prova do que te digo. As entidades espirituais que te perturbam, falando pela minha querida neta Helen, são irmãos nossos e querem apenas justiça. Assim, controla teu orgulho, teu ceticismo e procura entender as leis da vida, emanadas de Deus, que, acredites ou não, é o Senhor do Universo e Criador de todas as coisas.

E aprende de uma vez por todas: dinheiro não é o mais importante na vida. Auxilia nossa querida Jane, que tem sido valorosa na busca da solução para o problema tão grave que ambos enfrentais.

Tua mãe, Helen, manda-te lembranças e, a teu benefício, roga-te recordares das orações que fazia contigo ao pé do leito quando tu eras criança.

Recebe nosso abraço carinhoso e a nossa bênção.

Do pai que continua a amar-te hoje e que continuará a amar-te sempre.

(ass.) Andrew Baker

Com mãos trêmulas, George terminou a leitura da carta. Estava parado, incapaz de acreditar naquilo que tinha sob seus olhos. Todavia, a missiva fora muito clara. Não havia erros. E ninguém naquele grupo de pessoas, com exceção de James Stanford, conhecia os problemas que vivenciavam com a filha. Peter Cushing saberia em parte, mas não em detalhes, como não saberia nada quanto aos seus genitores, que viveram sempre na província, até a morte.

Naquele momento, Jane voltou aos aposentos do marido, preocupada em saber se ele havia despertado, e deparou com

George sentado no leito, estático, tendo uma folha de papel nas mãos e uma expressão apavorada no rosto.

Aproximou-se dele, inquieta, e notou que ele não percebera sua presença. Tocou-lhe o braço delicadamente e com voz suave indagou:

— Querido, o que houve?

Ouvindo aquela voz tão doce e tão querida, que parecia um oásis de paz para quem, como ele, sentia-se atravessando um inferno de dúvidas, lentamente virou a cabeça e olhou-a. Havia tanto amor e preocupação naqueles olhos que George não resistiu mais. Ergueu os braços e enlaçou-a, aconchegando-a ao coração e pondo-se a chorar como criança indefesa.

Ela apertou-o mais de encontro a si e aguardou, sentindo que naquele momento era só do que ele precisava. Assim, embalou-o nos braços com infinita ternura, como se o fizesse com uma criança.

Após algum tempo, ele se refez. Enxugou o rosto e, virando-se para a esposa, disse com voz embargada:

— Peço-lhe perdão, minha querida.

— Perdão?... E por que, George?

— Por não ter acreditado em você.

— Ah!... Juro-lhe que entre...

Ele colocou a mão nos lábios dela, impedindo-a de prosseguir:

— Não! Não diga nada! Não era sobre isso que pedia o seu perdão, embora também deva pedi-lo, uma vez que cheguei a duvidar de você.

— Então?...

— É por não ter acreditado em você a respeito de outro assunto.

E, sem dizer nada, estendeu-lhe a carta para que a lesse.

À medida que seus olhos percorriam aquelas linhas, Jane mostrava-se estupefata. Ao chegar ao fim e ver a assinatura, deixou que as lágrimas lhe caíssem pelo rosto, emocionada. Era a letra do sogro, sem dúvida alguma!

Trocou um olhar com o marido e devolveu a carta, incapaz de falar. Ele entendeu. Jane queria saber como tal missiva chegara-lhe às mãos.

— Querida, temos muito a esclarecer. A conversa será longa, mas quero que saiba de tudo. Não omitirei nada. Mas só para desfazer uma dúvida minha: algum dia comentou com Peter Cushing sobre meus pais?

— Não! E por que o faria? Não entendo!...

— Obrigado! Obrigado! Esqueça, querida! Isso faz parte de tudo o que precisamos esclarecer.

Então, Jane puxou a cadeira, procurando uma posição mais confortável e sentou-se para ouvir o que o marido tinha para lhe dizer. Assim, ficou sabendo das dúvidas dele a respeito de suas saídas com Martin, que o fizeram contratar alguém para segui-los e, desse modo ele fora informado sobre o endereço de Peter Cushing, onde ela permanecia várias horas do dia, no horário da tarde.

— Mas nada havia entre nós de repreensível, George!

— Querida Jane, hoje eu sei disso, mas àquela época sofri muito por julgá-la infiel a mim. Mas não me interrompa. Preciso contar-lhe tudo, e quanto mais rápido, melhor. Senão, será mais difícil.

— Entendo. Prossiga, George.

— Tudo piorou no dia da recepção de Mildred. Lembra-se? Fiquei com ciúme ao vê-la dançando com um desconhecido. Depois, soube que era ele o cavalheiro da casa desconhecida que você visitava durante as tardes. Procurei James Stanford certo de que fora ele quem lhe fornecera o endereço daquele que considerava meu rival. O amigo James, querendo esclarecer a situação, fez questão de acompanhar-me até o tal endereço. Conversando com mr. Cushing, entendi que estava enganado a respeito dele, mas ainda assim persistia uma dúvida sobre a qual eu não queria falar na frente de James. Então, procurei mr. Cushing no dia seguinte, conversamos bastante e questionei-o claramente sobre os motivos da visita de minha esposa à casa dele. Contou-me que sua busca era por informações a respeito da Doutrina Espírita como recurso para ajudar nossa filha Helen. Acalmei meu coração e estava disposto a mudar em relação a você, querida, mas não encontrava coragem para fazê-lo. Como mr. Cushing me convidara para assistir a uma reunião, acabei indo ontem, em companhia dele. Foi terrível! Assustador! Nem sei como contar-lhe o que aconteceu!

Como George tivesse parado de falar, ela perguntou:

— E essa mensagem foi recebida na tal reunião?

— Sim! Mas só me animei a lê-la hoje. Quando você entrou no quarto, acabara de tomar conhecimento do seu conteúdo.

Jane sorriu mais animada:

— Ah, querido! Mas então nem tudo foi tão terrível! Teve seu lado bom!

— É. Pensando assim...

— Não ficou contente, George? Recebeu uma carta de seu pai, que você sempre amou tanto e não está feliz? — estranhou ela, franzindo os sobrolhos.

— Será que posso confiar nesta carta? Será realmente de meu pai?

Jane pegou a carta nas mãos e indagou:

— Existe algo no que está escrito que possa não ser verdadeiro?

— Não.

— Então, George. Note as semelhanças na letra, na assinatura. Não tenho dúvida de que seja do seu pai!... Veja! É a mesma letra firme, alta e um tanto inclinada para a direita!

— Mas tenho dúvidas. Dentre os participantes da reunião, havia dois conhecidos nossos: James Stanford e Peter Cushing.

— E qual o problema?

— Será que qualquer um dos dois não poderia ter passado as informações para a médium, mrs. Anderson?

— Quanto a isso, George, é fácil de verificar. Basta pedir explicações aos dois. Creio que não irão estranhar sua dúvida. Aliás, esta carta, que comprova a escrita mediúnica, relaciona-se a um ramo novo do conhecimento, o Espiritismo, que tem por meta a busca da verdade. Tudo tem de ser muito claro. Se houver qualquer desconfiança, deve-se rejeitar o fenômeno, entendeu?

— Se você pensa assim...

— Não sou eu que penso assim, George. É a Doutrina Espírita. Procure ler a obra básica por excelência, *O Livro dos Espíritos*, de Allan Kardec, e se surpreenderá.

— Você parece saber bastante sobre o assunto, querida. Então, ajude-me.

Jane abraçou o marido com profundo amor e gratidão:

— George, querido, percebeu que já está aceitando colocar em sua vida a sugestão de seu pai? Não entendeu? Já deixou o orgulho de lado e pediu minha ajuda!

— É verdade! — disse ele reconhecendo a mudança. — Então, quero buscar socorro para minha família. Nossa filha sofre há tantos anos, sem solução! James, nosso maior amigo, acenou-me com a possibilidade de buscar ajuda na nova doutrina que trata do Além-túmulo, mas não aceitei. Agora, após muito sofrimento, que não precisaríamos ter experimentado, descubro que tenho uma mulher maravilhosa ao meu lado e a quem nunca dei o devido valor.

— Ah! Nunca me deu o devido valor?

— Você sabe do que estou falando, querida. Seus olhos se abriram para essa nova realidade muito antes. Vejo agora que tentou o tempo todo encontrar um caminho para ajudar nossa filha — caminho que nunca enxerguei —, lutando com todas as forças até contra mim, seu esposo, que deveria ter sido o primeiro a ajudá-la e incentivá-la. Assim, torno a perguntar: você me perdoa?

Jane fitou-o com infinito amor e, abraçando-o, questionou:

— Ainda tem dúvida? Eu o amo muito, para sempre.

— Eu também a amo.

Eles se beijaram e depois Jane afastou-se dele, afirmando:

— Querido, acho que precisamos começar a agir. Você quer dirimir suas dúvidas em relação à carta que recebeu. É justo. Então, creio que devemos procurar nossos amigos.

— Sabe, Jane, isso agora não tem tanta importância. Parece que estou mais acessível às novas ideias. Mesmo porque, o fato de saber que meu pai e minha mãe estão vivos e perto de nós, é algo de extraordinário, surpreendente e muito estimulante.

George tinha uma expressão alegre no rosto. Depois, permaneceu pensativo por alguns segundos e acabou concordando:

— Acho que você tem razão. Vamos procurar nossos amigos. Ninguém viu a carta, pois ela me foi entregue por mrs. Rosemary ao término da reunião e tenho certeza de que não houve tempo de alguém vê-la, quanto mais ler seu conteúdo. Será importante saber o que eles pensam sobre tudo o que aconteceu ontem. Na verdade, querida, eu só lhe relatei a parte boa.

Ambos estavam animados e, após tomar essa decisão, resolveram fazer uma refeição, pois estava na hora do jantar.

Assim, sem a etiqueta de costume, desceram como estavam vestidos. De braços dados, com sorriso no rosto, conversavam como havia muito os criados não viam. Arthur recebeu-os com ar satisfeito:

— Vejo que milorde se recuperou totalmente!

— É verdade, Arthur. Sinto-me ótimo!

Após a refeição, eles se recolheram e ficaram conversando até tarde. Jane explicava-lhe por alto o que era a Doutrina Espírita, estimulando-o a ler a obra a que se referira.

Era tarde da noite quando conseguiram adormecer, cansados de tanto trocar ideias e de tantas emoções vividas.

Tudo estava em paz, com a bênção de Deus!

18

Decisões

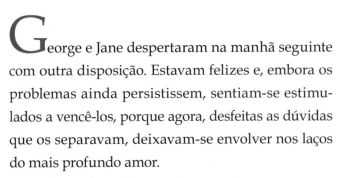

George e Jane despertaram na manhã seguinte com outra disposição. Estavam felizes e, embora os problemas ainda persistissem, sentiam-se estimulados a vencê-los, porque agora, desfeitas as dúvidas que os separavam, deixavam-se envolver nos laços do mais profundo amor.

Antes de qualquer coisa, equacionaram as providências a ser tomadas naquele dia. Ficou resolvido que George iria até a empresa verificar como estavam as atividades, uma vez que para lá não fora no dia anterior, enquanto Jane permaneceria com a filha. Depois, iriam procurar James Stanford para conversar sobre o que acontecera e, conforme o tempo permitisse, iriam ver Peter Cushing, com idêntico objetivo, para analisarem as impressões de cada um sobre a reunião.

Assim, com ânimo renovado, fizeram o desjejum em clima de alegria e, em seguida, George despediu-se da esposa com um beijo. Jane, por sua vez, passou aos criados as ordens para o dia e dirigiu-se aos aposentos da filha, que ainda dormia tranquilamente. Sentou-se, leu um trecho do Evangelho e orou, agradecendo a Jesus pela etapa de vida que estavam começando, em que tudo lhes parecia sorrir, com bom ânimo, disposição e esperança de que a situação se estabilizasse. Jane aplicou um passe magnético em Helen, que despertou suavemente, de forma natural. Vendo a mãezinha ao lado, a jovem sorriu.

— Mamãe! Acordei tão bem hoje, feliz mesmo! Sinto que meu dia será ótimo.

A mãezinha aproximou-se dela, abraçando-a com imenso carinho:

— Sem dúvida, minha filha. Este dia representa um marco em nossa existência, pode crer. A felicidade voltará a habitar nossa casa, querida Helen. Todavia, temos de preservar este novo estado de espírito, não nos deixando envolver por sentimentos negativos. E então? Quer tomar agora o seu desjejum?

Helen pulou do leito afirmando que gostaria de fazer a refeição na sala. Lucy trouxe-lhe um roupão, que vestiu sobre a camisola, e Jane a acompanhou à sala. Conversaram sobre trivialidades, riram com as histórias de Lucy e, quando Rose apresentou-se para falar com a senhora, pois estava faltando um dos ingredientes para a iguaria escolhida, a menina pediu-lhe que fizesse peixe assado na manteiga, que ela desejava comer, com o que a mãe concordou, satisfeita. Era a primeira vez que a filha expressava sua vontade.

— Rose, então deixe a carne de vitela e peça a Arthur que providencie o peixe.

— Sim, senhora.

Retornando aos seus aposentos, a jovem vestiu-se convenientemente e foram dar uma volta pelo jardim, onde passaram a manhã, de maneira tranquila e agradável.

À hora do almoço, George voltou e ficou muito surpreso ao ver a filha querida tão bem. Fizeram a refeição em clima de descontração e bem-estar. Logo após, Helen sentiu necessidade de descansar e voltou para o quarto. Após acomodá-la no leito, o casal saiu, tomando o rumo da casa de James Stanford, a quem tinham avisado, por meio de um serviçal, da visita que pretendiam lhe fazer.

Ao chegarem, foram recebidos por Mildred, que os acolheu com extrema gentileza e alegria. Como havia algum tempo não se encontravam, as mulheres tinham muito o que conversar e ficaram entretidas, enquanto George folheava uma revista. Logo o médico entrou na sala, após terminar uma consulta, abraçando o amigo.

Como o casal desejasse falar com o médico, e não soubessem se Mildred compartilhava as crenças do marido, pediram desculpas a Mildred, que os liberou, fazendo com que eles prometessem retornar, após a consulta, para tomar um chá em sua companhia, com o que eles concordaram plenamente.

No consultório, o médico colocou-se à disposição dos amigos, aguardando, pois não sabia o que desejavam com ele. Imaginava que poderia ser sobre a reunião, que certamente teria causado forte impressão em George, neófito em encontros do gênero e que costumavam impressionar mesmo os mais preparados.

George pigarreou, preparando-se para falar:

— Amigo James, viemos aqui para saber o que pensa sobre a reunião à qual compareci.

O médico balançou a cabeça e respondeu:

— Caro George, confesso-lhe que fiquei surpreso por vê-lo naquele local. Imagino que tenha ficado bastante chocado, uma vez que não tem conhecimentos sobre o assunto nem preparo para esse tipo de atividade. Ignorava que Peter Cushing o tivesse convidado, porém me senti satisfeito ao ver que se propôs a conhecer os fatos.

— James, na verdade, mr. Cushing quase me obrigou a comparecer à tal reunião. Quanto à impressão, realmente não esperava por tudo o que ali aconteceu, visto não ter noção de como as coisas se processam nesse novo campo. Especialmente, aquela entidade... espírito... alma do outro mundo... nem sei que nome daria "àquilo"!

Jane virou-se para o marido, arregalando os olhos, surpresa. James Stanford notou pelo seu olhar que ela desconhecia o que tinha acontecido, e pediu:

— George, conte à Jane o que aconteceu naquela noite.

Respirando fundo, George concordou:

— Tem razão. Pretendia contar a Jane, mas não havia surgido a ocasião adequada. Querida, um espírito materializou-se. Trajava uma armadura e seu aspecto era apavorante. Caminhou lentamente pela sala, depois, ao chegar perto de mim, parou; e, olhando-me com ódio, acusou-me por atos anteriormente cometidos contra ele. Reconheço que foi chocante para mim e imagino a impressão que ele tenha causado nos demais. Confesso que fiquei apavorado!

— Querido, isso você não me contou — murmurou Jane atônita.

— Lembra-se de que lhe falei que a reunião foi terrível, assustadora?

— Oh, sim! Só contou-me a parte boa — respondeu ela.

— Exatamente.

Como nesse momento fosse Stanford a ficar surpreso, George esclareceu:

— Meu amigo, naquela noite, depois da reunião, não tivemos oportunidade de conversar. Enquanto os participantes se despediam, mrs. Anderson entregou-me discretamente uma folha de papel. Somente no dia seguinte pude inteirar-me do seu conteúdo. Trouxe-a para que a leia, já que conheceu meus pais. Aqui está, James — enquanto falava, tirou a folha de dentro do bolso do casaco e passou-a ao médico.

Imediatamente, com os olhos brilhando de entusiasmo diante de algo que comprovava a realidade da vida após a morte, Stanford leu a carta. Ao terminar, considerou cheio de admiração:

— Que belo presente recebeu, George! Deixa patente a personalidade de seu pai e a preocupação com o filho, sempre presente enquanto encarnado.

George concordou, com reservas, indagando:

— Perdoe-me a pergunta, James, mas porventura teria comentado com algum dos presentes à reunião a respeito de meu pai?

O médico sorriu diante da posição de incredulidade do seu jovem amigo e, devolvendo a carta, considerou:

— Não, George, jamais conversei com alguém — dentro ou fora daquela sala — falando sobre seu pai, a quem tenho a honra de considerar como amigo. No entanto, bastaria que observasse melhor a carta para saber que é realmente de Andrew Baker, seu pai. Observe a letra!

Surpreso, George pegou a folha de papel e voltou a analisar a letra com que tinha sido grafada. "Sim! Como não notei antes? Agora, com mais cuidado, percebo, além daqueles citados por Jane, outros traços característicos, especialmente nas letras maiúsculas, fora detalhes típicos dele, como a puxada no fim da palavra".

Deixou cair os braços e suplicou:

— Perdoe-me, James. Releve o meu desconhecimento sobre esse novo tipo de fenômeno que jamais pensei existir!

— Compreendo, amigo, e nada tenho que perdoar. Descanse. Fico feliz ao ver que está mudando rapidamente, a ponto de comparecer a esse tipo de reunião. Com sua inteligência e perspicácia, poderá ser grandemente beneficiado com os conhecimentos do Espiritismo.

Logo após, George voltou a conversa para a materialização do seu inimigo, querendo saber quem seria ele e o que fazer nesse caso. Stanford alertou-o para o fato de que todos os homens são irmãos, visto que só Deus é o Criador do Universo e Pai de todas as criaturas:

— E, se existe alguém que se considera seu inimigo, é porque certamente você, George, o teria prejudicado no passado, em outra vida. Assim, esse espírito precisa ser ajudado para sair do sofrimento e buscar a luz.

— Mas se não o conheço, James! Como posso ajudá-lo?

— Você o conhece, sim. Ele tem convivido em sua casa, atormentado sua filha, sua mulher e a você mesmo.

Naquele momento, George comentou sobre a voz que ele ouvia e que "parecia falar dentro de sua cabeça", que tanto medo lhe causava e que ele reconheceu sendo a mesma que falava por intermédio da filha. Atônito, ele fitou o médico, que confirmou:

— Exatamente, George. Ele tem sido seu companheiro por muitos anos, sem que você percebesse. Destrambelhou seu lar, fazendo com que Helen deixasse seu convívio, retornando completamente desequilibrada e necessitada de socorro.

Somente então, George percebeu a amplitude das ações dos espíritos, que ele teimava em não reconhecer, julgando se tratar de simples problema orgânico. Extremamente abalado, abaixou a cabeça, sentindo-se culpado por tudo o que a filha sofrera.

Todavia, Stanford considerou que nada acontece sem que exista uma razão e, certamente, a presença desse espírito vingador em sua vida e em sua casa tinha a finalidade de ajudá-lo. Que George não o visse como um inimigo, mas como alguém que fora sua vítima no passado e que agora merecia uma reparação. Que ele procurasse estudar a nova doutrina e aos poucos iria entender todos os meandros desse drama do passado e encontrar meios de socorrê-lo, transformando-o em amigo.

George prometeu que iria informar-se mais sobre a vida após a morte. Stanford, julgando que as informações recebidas pelo amigo naquele dia eram suficientes para fazê-lo refletir, James olhou o relógio, lembrando que era o horário do chá e que Mildred deveria estar esperando.

Levou-os para a sala, onde a esposa estava com a mesa posta. Sentados em torno da mesa, finamente aparelhada para o chá, espaireceram a cabeça, conversando sobre amenidades. O tempo passou rápido e de maneira agradável.

O prazer da companhia dos amigos fez com que George e Jane se esquecessem de tudo o mais. Olhando de novo o relógio, George assustou-se, pois haviam deixado a filha em casa, e ele, agora, ao tomar conhecimento da situação, temia que algo acontecesse com ela quando não estivessem presentes, ao que Stanford esclareceu:

— Caro George, você precisará se informar melhor sobre como funcionam as relações entre o mundo material e o mundo invisível ou espiritual. Uma coisa, no entanto, é fundamental para todos nós, e especialmente nesses casos: a elevação do pensamento através da oração e o equilíbrio dos sentimentos. Você irá perceber que os desencarnados agem aproveitando-se das nossas dificuldades, descontroles íntimos, sentimentos negativos, entre outras coisas. Então, procure manter-se bem e sua filha também ficará bem. Mas tudo isso você poderá descobrir lendo *O Livro dos Espíritos* e *O Evangelho Segundo o Espiritismo*, no que Jane muito poderá auxiliá-lo.

— Agradeço-lhe, querido amigo. Confesso que já me sinto bem melhor e mais tranquilo. A conversa que tivemos foi bastante esclarecedora. No entanto, como me seria impossível mudar de repente, tenho de ir devagar, tentando entender e adaptar-me a essas novas ideias; sobretudo refletir bastante a respeito de todas as informações que tenho recebido.

— É natural, George. Mesmo porque, o professor Allan Kardec afirma que nada devemos aceitar sem uma análise criteriosa, a qual nos permitirá, à luz da razão, separar a verdade da impostura, recusando toda e qualquer falsidade.

George, após ouvir essas palavras, olhou para James, grandemente impressionado. Até há pouco, acreditava que, tal como acontecia na Igreja, deveria aceitar tudo sem contestação. Assim, a nova doutrina começava a crescer no seu conceito.

Desse modo, foi com gratidão que George e Jane se despediram dos amigos, prometendo revê-los logo. E George lembrou:

— Para comemorar o aniversário de Helen, pretendemos fazer um jantar, ao qual vocês não podem faltar. Assim que ficar tudo resolvido, mandaremos o convite. Para nós, que sofremos tanto nestes últimos anos com o estado de saúde de nossa filha, a sua plena recuperação, que está a caminho, é fato digno de ser comemorado.

— Sem dúvida, George. Se me permitir, pretendo fazer-lhe uma visita. Não de médico, mas de amigo. Quero ver como está Helen.

— Quando quiser, caro James. Só nos dará prazer.

— E não se esqueça de levar Mildred. Sinto falta de minha amiga! — acrescentou Jane.

No retorno para casa, George manteve-se calado e pensativo, o que Jane respeitou. Sabia, por experiência própria, como as informações novas sobre o mundo espiritual afetam a mente das pessoas, e seu marido, pela resistência que sempre demonstrara, pelo caráter íntegro, mas descrente das noções religiosas, a certamente dificuldades bem maiores de adaptação.

chegarem ao palacete, cansados, dirigiram-se antes para o quarto da filha; queriam saber como ela passara a tarde. Foram informados por Lucy que ela estivera bem, lera e bordara, mantendo-se alegre e bem-disposta, e agora estava cochilando. Mais serenos, procuraram seus aposentos, onde puderam relaxar um pouco. Enquanto George recostava-se no leito, Jane sentou-se numa poltrona e, após reclinar a cabeça, fechou os olhos, agradecendo a Deus pela tarde que tiveram. George levantou-se um pouco, apoiando-se nos braços e, fitando a esposa, pediu:

— Querida, você me ajudará a entender melhor o Espiritismo?

— Claro, meu querido. Você sabe que pode contar comigo — disse, abrindo os olhos preguiçosamente.

Resolveram aproveitar o período após o jantar para, todas as noites, estudar um pouco. Como normalmente ficavam em casa após a ceia, o horário seria ideal, salvo quando surgisse algum compromisso ao qual fossem obrigados a comparecer. Na verdade, o casal Baker recebia inúmeros convites enviados pelos amigos, dos quais eles declinavam delicadamente com uma desculpa, até em virtude do problema de saúde da filha. Dessa forma, era raro saírem, visto apreciarem mais a intimidade do lar. Então, para selar o acordo, George disse:

— Ótimo. Começaremos hoje mesmo. E amanhã, como deixei tudo encaminhado no escritório, logo cedo iremos à casa de Peter Cushing.

Jane concordou, sonolenta. Ao vê-la naquele estado, George sorriu e levantou-se, ajudando-a a deitar-se no leito, onde ficaria mais bem acomodada para dormir. Depois, ele deitou-se novamente. De olhos fechados, sua mente continuava ativa, pulsante. Tudo era muito novo e instigante para ele, que não conseguia parar de pensar.

Logo, também se entregou ao sono, que surgiu devagarzinho.

Quando a criada veio para ajudar Jane a se vestir para o jantar, bateu na porta delicadamente, mas não obteve resposta. Então, entrou no aposento, encontrando os dois adormecidos. Fechou novamente a porta e afastou-se sorridente.

"Afinal, parece que a divergência entre os patrões foi resolvida. Ainda bem!...", pensou contente.

19

Mudanças íntimas

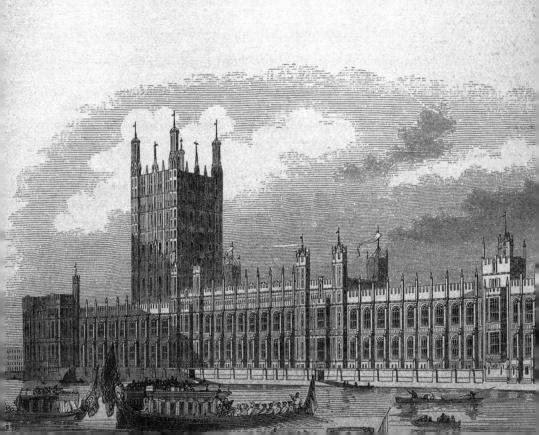

A partir desse dia, tudo começou a caminhar de forma mais tranquila. Na manhã seguinte, Jane e George foram à residência de Peter Cushing, que os recebeu com satisfação. No entanto, ao chegar lá, George, que tinha tantos questionamentos, considerou que não precisava de mais nada. Reconhecia-se sereno, as dúvidas haviam desaparecido. A conversa com James acalmara seus receios e, mesmo com relação à carta que recebera do pai, não havia o que perguntar. Concluiu que não precisaria questioná-lo, pois agora o fato de saber se Peter teria ou não conhecido seu pai, ou comentado sobre ele com alguém, já não tinha razão de ser. Então, limitou-se a dizer:

— Caro Peter! Confesso-lhe que não gostei na ocasião, de me sentir quase que obrigado a acompanhá-lo àquela reunião. Todavia, reconheço agora que ela me foi muito positiva; especialmente pela carta que mrs. Anderson me entregou ao término da função.

O dono da casa mostrou-se surpreso, mas se absteve de fazer qualquer pergunta, uma vez que certamente era algo particular. Notando a perplexidade do amigo e também sua discrição, George confirmou:

— Sim, é verdade, Peter. Mrs. Rosemary entregou-me discretamente uma folha de papel dobrada, que acredito nenhum dos presentes tenha percebido. Era uma carta. A missiva veio na hora certa e, pela grande importância, representou muito para mim. Não tenho dúvida quanto à veracidade da assinatura do remetente.

Enquanto assim falava, George retirou o papel dobrado que trazia no bolso interno do casaco e estendeu a mão para que Peter o lesse. Em dúvida, este indagou:

— Tem certeza, George? Deve ser algo muito pessoal!...

— É pessoal. Mas tenho certeza de que entenderá.

Então, Peter ajeitou-se na poltrona e, com infinito respeito, abriu a folha, lendo o conteúdo. À medida que corria os olhos pela página, podia-se notar que eles brilhavam de entusiasmo. Ao terminar, declarou emocionado.

— Esta mensagem é de grande valor, amigo. Poucas pessoas já receberam algo do gênero, enviado por algum familiar desencarnado. Demonstra, sem sombra de dúvida, que o senhor seu pai está preocupado com você. Mas, sobretudo, ele confia que saberá reconhecer a importância do momento e trabalhar para resolver a situação, aproveitando os conhecimentos que poderá adquirir.

— Foi o que pensei. No início, confesso-lhe que duvidei que a carta fosse de meu pai. No entanto, minha esposa, e depois James Stanford, fizeram-me analisar a letra com que fora grafada e não pude deixar de reconhecer que os traços são de meu saudoso pai.

— Esse é um acontecimento raro e de grande valor, meu amigo. Parabéns! O que pretende fazer agora?

— Bem. Vamos, Jane e eu, começar a estudar o Espiritismo.

— Sábia decisão. Sei de seus problemas familiares, George, e no conhecimento das relações que se estabelecem entre os mundos visível e invisível está a solução que tanto deseja. Coloco-me à sua disposição para o que precisar. No entanto, sua esposa possui informações suficientes para que possam vencer.

— Obrigado, amigo. Não dispenso sua ajuda, pois sei que vamos precisar. Após ver aquela entidade materializada à minha frente, acusando-me sabe Deus de que, tenho certeza de que a luta não será fácil.

— O importante é manter o equilíbrio das emoções, dos sentimentos, e a ligação com Deus.

George e Jane mais uma vez agradeceram a bondade do novo amigo e despediram-se, retornando ao palacete.

Naquela tarde, James Stanford e Mildred foram visitá-los, como haviam prometido, gerando momentos de intensa alegria para todos. O médico examinou a paciente, fez-lhe algumas perguntas e reconheceu que, fisicamente, estava curada. Mildred ficou contente em conversar com a jovem, que fazia muito tempo não via, tão bem, alegre e falante. A moça recebeu muitos elogios pelos bordados e outros trabalhos de mão que estava fazendo. Mais tarde, tomaram chá, acompanhado de guloseimas preparadas com carinho por Rose, passando horas de alegre convívio. Foi com tristeza que se despediram do casal amigo.

Nos dias seguintes o ambiente se manteve sempre bom, e Helen melhorava a olhos vistos. Com tantos bons prognósticos, resolveram marcar o jantar de seu aniversário. Convidariam poucos amigos, apenas os mais chegados, para comemorarem a data tão importante, especialmente agora que a filha estava bem. Assim, escolheram o cardápio, as bebidas, as sobremesas. Os convites foram enviados com uma semana de antecedência. Ao todo seriam duas dezenas de convidados.

Alguns dias antes, o palacete já estava sendo preparado cuidadosamente para a ocasião. Varriam-se os pisos, enceravam-se os assoalhos, as cortinas lavadas e recolocadas nas janelas, a prataria limpa e polida, bem como as porcelanas, os cristais e os talheres. Na cozinha, Rose e as auxiliares preparavam as iguarias e os doces que seriam servidos.

George e Jane estavam sobremaneira felizes. Mais unidos do que nunca, sempre que possível, visitavam Peter Cushing e o casal Stanford, ansiosos para falar sobre os novos conhecimentos e tirar dúvidas acerca do Espiritismo.

Certa tarde, eles acabavam de entrar num veículo de aluguel, quando, olhando pelo postigo[10] distraidamente, Jane reconheceu Martin, o antigo cocheiro, nas imediações do palacete. Ao notar os ocupantes da carruagem e temendo ser visto pelo casal, ele se escondeu atrás de uma árvore. Jane sentiu que não poderia deixar passar a ocasião de falar com o marido.

— George, acabei de ver Martin. Não acha que ele nos foi fiel e merece uma ajuda? Afinal, sempre foi um excelente empregado!

George balançou a cabeça, concordando:

— Tenho pensado nisso, querida. Mesmo porque sinto muita falta dele. Até agora não consegui outro para ocupar a vaga. Diga-me onde ele está.

Jane explicou e George pediu ao cocheiro que retornasse. Quando o veículo parou, ele desceu e passou a procurá-lo no meio

---

10. Nesse caso, pequena janela, que permitia observar sem abrir. (N.R.)

do povo. A rua estava movimentada àquele horário, e Martin se escondia, uma vez que não sabia da intenção do antigo patrão. Observando da carruagem, Jane o viu e desceu incontinenti. Aproximando-se, sem que ele notasse, tocou-lhe delicadamente o braço:

— Martin!

O rapaz virou-se, assustado ao reconhecer a voz:

— Milady Jane!

— Não fuja. Precisamos falar com você.

— Mas milorde...

— Não se preocupe. Venha!

Nesse momento, George fez meia-volta, aborrecido por não ter encontrado o antigo cocheiro. Nesse instante, viu a esposa que conversava com Martin. Aproximou-se e cumprimentou-o, desculpando-se do juízo que fizera dele. Mostrando dignidade e caráter, o moço respondeu com firmeza:

— Milorde não apenas me julgou mal, mas também à milady Jane, que sempre foi uma santa mulher.

George inclinou-se, concordando:

— Tem toda razão, Martin. Reconheço meu erro e quero me reabilitar. Aceita ser meu cocheiro novamente?

Diante daquela atitude de humildade que nunca pensara em ver naquele homem orgulhoso, ciente da sua posição, o rapaz não pôde deixar de responder, satisfeito:

— Sim. Se milorde Baker voltou a confiar em mim, aceito.

Jane estava muito contente, uma vez que se sentia responsável pelo que tinha acontecido com ele e preocupada com as dificuldades que ele e Violet passaram durante aquele tempo.

— Como está sua mãe, Martin? — indagou ela.

O rapaz pensou um pouco, deu uma olhada rápida para o patrão, avaliando a conveniência de falar a verdade ou não, e, diante da expressão tranquila da senhora, respondeu:

— Minha mãe está bem, milady. Mas pediu-me que, se possível lhe falasse... Não sei se devo...

George ouvia curioso, sem saber a que se referiam.

— Pode falar, Martin. Meu marido saberá compreender.

— Milady, minha mãe mandou dizer-lhe que estão preparando alguma coisa contra a menina Helen.

— Mas o que, Martin? Para quando?

— Ela não sabe, mas está com o coração apertado, posso lhe assegurar, milady.

— O que significa isso, Jane? O que tem a mãe de Martin a ver conosco? — quis saber George.

— Querido, Violet, a mãe de Martin, tem o dom de sentir e de ver os espíritos. Percebeu que estão preparando alguma coisa contra nós, mais especificamente contra Helen. Pelo mal-estar que ela sente, deve ser algum perigo!...

Naquele momento, George lembrou-se da reunião. A imagem do inimigo materializado voltou-lhe à mente, acusando-o e prometendo vingar-se. Trêmulo, virou-se para Martin e ordenou:

— Leve-nos até sua mãe, Martin. Agora!

— Sim, milorde. Minha mãe está em casa.

Dirigiram-se para a carruagem de aluguel, que aguardava. Martin sentou-se na boleia e deu o endereço para o cocheiro, que saiu esporeando os cavalos. Meia hora depois chegaram ao local.

Desceram. George examinava tudo com olhos críticos. Não conhecia aquele lugar. Após caminharem alguns minutos, chegaram a uma pequena casa. Antes de convidá-los a entrar, Martin pediu licença para avisar à mãe que teriam visitas, explicando:

— Não quero que ela se assuste, milorde.

Logo viram uma mulher que assomava à porta. Ao ver o antigo patrão de seu filho, ela pareceu assustar-se. Depois, diante da senhora que a contemplava com belo sorriso no semblante, tranquilizou-se, inclinando-se reverente:

— Milorde! Milady! Sejam bem-vindos ao nosso humilde lar. Entrem. Não reparem na pobreza em que vivemos, por gentileza.

Estavam em um aposento que deveria ser a sala, e que, pela posição do Sol, naquele momento estava na penumbra. Caminhando à frente, Violet levou-os até uma varanda, nos fundos da construção, e que se mostrou local mais claro e aprazível. Era aberta, com lindos vasos de flores e algumas cadeiras, que a dona da casa indicou-lhes para que se sentassem; depois ela e o filho aguardaram que dissessem a que vieram. Então, George dirigiu-se à mulher:

— Martin disse-nos que está tendo sensação de perigo, como se algo fosse acontecer com minha família. Isso é verdadeiro?

— Sim, milorde! Tenho muito apreço por milady Jane e, quando me lembro dela, um grande mal-estar me envolve. Sinto o peito opresso, o coração bate forte e descontrolado... Enfim, uma imensa angústia toma conta de mim.

— E o que faz quando isso acontece?

— Eu rezo, milorde. É só o que posso fazer! Rezo pedindo ao Senhor proteção para o palacete, para milady e para a menina Helen.

— Entendo. Violet, parece que você tem facilidade para perceber fantasmas, isto é, aqueles que já morreram. Pode vê-los também?

— Sim, milorde. Como vejo o senhor agora!

— Ah! E como os vê ao pensar em minha família?

A pobre mulher ficou arrepiada de medo, olhando para os lados, como se estivesse vendo algo que os demais não viam. Depois, informou:

— Vejo várias sombras escuras que andam por todo lado. Uma delas, porém, se apresenta mais nitidamente. É um cavalheiro antigo, usa uma armadura e tem uma espada na mão; sua voz é rouquenha e de seus olhos saem como chispas de fogo. Guarda muito ódio no coração e deseja vingar-se.

Sim, George lembrava perfeitamente a imagem do cavalheiro, que permanecera indelével em sua mente, bem como sua voz cavernosa e rouquenha a dizer: *"Está chegando a hora. Não escaparás de nós. Pagarás caro por tudo o que fizeste ao meu povo! Maldito sejas por toda a eternidade!..".*

George inclinou o corpo para a frente, impressionado com a descrição que ela fizera do espírito, e desejando mais detalhes, perguntou:

— Sabe o nome dele, Violet?

A mulher ficou em silêncio, como se tentasse descobrir, após o que respondeu:

— Não. Mas ele diz que milorde sabe.

— Percebe mais alguma coisa, Violet?

— Não, milorde.

Parecendo sair daquele estado, Violet colocou as mãos no rosto, depois olhou as pessoas que ali estavam, com expressão já diferente, normal. Em seguida, informou:

— Milorde, sinto que algo acontecerá... e não deve demorar. Não entendo direito, mas parece que vão se aproveitar de uma ocasião especial!...

— Será no jantar de comemoração do aniversário de Helen?!... — lembrou Jane, preocupada, fitando Violet.

— Não sei dizer. Mas é possível, milady!

— O que fazer? Os convites já foram enviados e falta apenas uma semana! — questionou Jane, aflita, torcendo as mãos.

George, de sobrecenho franzido, indagou à dona da casa:

— Tem certeza, Violet, de que será nesse dia?

— Não, milorde. Nada posso afirmar de concreto.

— Então, querida, por que nos preocuparmos? — ponderou, fitando a esposa.

Jane retribuiu o olhar com expressão de dúvida e aflição. Respirou fundo e abaixou a cabeça.

Como nada mais tivessem para fazer ali, agradeceram à dona da casa pelas informações que lhes prestara, rogando-lhe que, se algo mais conseguisse descobrir, que lhes avisasse. Quanto a Martin, ficou de arrumar seus pertences e, tão rápido quanto possível, comparecer ao palacete.

Durante o trajeto de volta, ambos permaneceram calados, tensos com tudo o que ouviram de Violet. Entraram em casa, dirigindo-se aos aposentos da filha para saber como ela estava. A criada se apressou a dizer que Helen estava muito bem: bordara, lera e até se alimentara.

Como estivesse na hora do chá, refizeram-se das emoções da tarde tomando uma xícara de chá, acompanhada por uma deliciosa torta de maçãs, que muito apreciavam. Como Arthur estivesse perto, eles evitaram tocar no assunto que tanto os atormentava.

Ao terminar, George deu o braço à esposa e, antes de sair da sala, parou, comunicando ao mordomo:

— A propósito, Arthur, Martin voltará a ser nosso cocheiro. Mande preparar o quarto que era dele.

— Excelente notícia, milorde! Farei isso imediatamente.

O casal subiu para seus aposentos. Queriam ficar a sós para poder conversar sobre o que acontecera naquela tarde. Fechada a porta, sentaram-se na sala íntima e, com a cabeça reclinada no encosto da poltrona, deram-se a oportunidade de relaxar um pouco. Após alguns minutos, Jane murmurou:

— Querido, a descrição de Violet foi terrível. Teria sido a entidade materializada que falou com você na reunião?

— Confere. Exatamente igual ao espírito que vi materializado.

Jane ergueu a cabeça para olhar o marido:

— Então, deve ter sido deveras impressionante!

— Muito mais! Não foi apenas a aparência dele que me impressionou, querida. Foi muito mais! Os sentimentos dele, a raiva, o ódio, o desejo de vingança estampado em seus olhos... tudo isso me atingiu de forma real, como se fosse uma massa compacta, uma nuvem maligna pesada, que me atingiu por dentro, entende?

— Sem dúvida. Os pensamentos são forças que atingem o alvo, tanto para quem os emite quanto para quem os recebe, se não estiver devidamente preparado.

— Como assim, Jane?

— Quando a pessoa está escudada na fé em Deus, na força da oração e dos bons sentimentos, dificilmente será atingida pela carga negativa que lhe possa ser desfechada por outrem.

George recostou novamente a cabeça, murmurando:

— Então, recebi com toda a força as emanações negativas do espírito, pois estava muito irritado, contrariado por estar ali! Faz sentido, uma vez que em nada eu acreditava e, em virtude disso, também não era dado a igrejas e orações.

— Só que não estamos falando aqui de igrejas, meu querido. Você poderia nunca ter frequentado uma igreja e ter sentimentos bons e elevados. No seu caso, o problema era de descrença mesmo, e irritação, que é péssima conselheira! — retrucou ela firme.

— Tem razão, querida. Dou a mão à palmatória. Agora irei me reabilitar, pode ter certeza. A propósito, e quanto ao suposto perigo que pode estar pairando sobre nossa cabeça? Acha que tem a ver com o jantar de Helen?

Jane pensou um pouco, depois considerou:

— É possível. Pelo menos, se os inimigos espirituais quiserem nos fazer passar por algum vexame, não há ocasião melhor. Estaremos com visitas e o escândalo será grande! Na manhã seguinte, toda Londres saberá o que aconteceu.

Ele ergueu-se novamente, olhando-a assombrado:

— Acha mesmo, Jane? E o que podemos fazer para evitar?

— Vamos ponderar. Em primeiro lugar, esse perigo é apenas uma hipótese; se nos escorarmos nas leituras, nas orações, mantendo o equilíbrio e o coração em paz, mesmo que seja da vontade deles, pode não acontecer. Afinal, temos de confiar nos amigos espirituais.

— E em segundo lugar — tornou ele —, Violet pode estar enganada e não existir perigo algum?

— Também é possível. Mas, mesmo se algo acontecer, como afirmei antes, se estivermos firmes, escorados na fé, poderemos resolver a situação, como temos feito de outras vezes!...

George ficou calado, pensativo. Jane tinha razão. Agora, com a visão mais dilatada pelo conhecimento espírita, ele podia entender melhor a situação. Compreendia que aquele espírito era apenas alguém que fora muito ferido por ele e que não conseguira perdoar-lhe. No início, sentiu imensa indignação: afinal, não se lembrava de nada, e, durante sua existência, nunca fizera nada para prejudicar alguém... salvo nos negócios, quando desejava levar vantagem sobre o fornecedor ou o comprador. Agora, porém, analisando melhor, no fundo sentia muita compaixão por essa alma sofredora.

De olhos fechados, George orou. E a prece foi por seu inimigo do passado.

20

O grande dia

F altavam poucos dias para o jantar. Tão entretidos estavam com a organização do evento que George e Jane nem se deram conta do tempo.

Foram dias muito felizes. A jovem Helen sentia-se radiante de felicidade! Havia muitos anos que não comemoravam seu natalício por várias razões. Antes, em virtude do seu desaparecimento, fato que deixara seus pais verdadeiramente enlouquecidos de preocupação; depois, por causa do seu problema de saúde.

Agora, porém, Helen aproveitava cada momento, cada detalhe da festa, escolhendo o que desejava, a começar pelos convites, o vestido de gala, as flores e a ornamentação do salão, as iguarias e os doces a serem servidos, e tudo o mais que dissesse respeito ao evento. Para alívio dos pais, ela preferira festa discreta, com poucos convidados; temiam que a filha se lembrasse de convidar seus amigos de outrora. No entanto, para grande alívio deles, a própria Helen mostrou-se contrária à ideia, uma vez que nunca mais nenhum deles voltara a procurá-la nem para saber como estava. Desse modo, tudo corria sem sobressaltos.

A modista veio fazer a prova dos trajes da aniversariante e da mãe. Jane vestiu a roupa, que caiu magnificamente bem no corpo esbelto e elegante. Enquanto isso, a criada foi chamar Helen, que acabara de se levantar e se espreguiçava ainda. Ao saber que a aguardavam, a jovem correu para se ajeitar, pois a modista já estava impaciente. Entrou com o semblante iluminado por lindo sorriso, rodopiando pela sala:

— Bom dia, miss Jenny! Que linda manhã, não é mesmo?

Imperturbável, a dama a cumprimentou secamente. Aliás, tudo nela era seco: muito magra, vestia um costume de *tweed*, marrom e branco, acompanhado de um chapeuzinho engraçado no mesmo tom marrom, sob o qual escondia cabelos grisalhos, amarrados em um coque na nuca. Empertigada, via-se que aquele alarido todo a aborrecia, pois era comedida, circunspecta, mal-humorada. Mas mantinha-se calada, temendo desagradar a jovem e rica herdeira. Afinal, mostrando o vestido, ela disse sisuda:

— Miss Helen, aconselharia que experimentasse o traje com a presteza possível, pois tenho urgência de retornar ao ateliê, onde outros trabalhos me aguardam.

— Sim, miss Jenny! Irei vesti-lo agora mesmo! Mamãe não tarda, pois quer acompanhar a prova.

A criada de quarto ajudou a jovem a colocar o traje novo, cujo talhe ficou perfeito. Diante de um grande espelho, Helen, corada de animação, virava-se de um lado para outro. Ao ver a mãe, que chegava, perguntou entusiasmada:

— Não ficou lindo o vestido, mamãe?

Jane examinava de todos os ângulos com olhos entendidos, apreciando a roupa:

— Sim, querida! Está lindo! Talvez uns pequenos ajustes sejam necessários, como apertar um pouco mais a cintura, diminuir o ombro...

Prontamente miss Jenny, sem uma palavra, pegou os alfinetes e começou a marcar as correções. Depois, Jane novamente observou o traje com olhos experimentados e deu o veredito:

— Está perfeito!

A modista suspirou. Afinal poderia ir embora! Recolheu a roupa, colocando-a na caixa e, despedindo-se prometeu:

— Milady, no fim do dia os trajes serão entregues.

E, para alegria geral, miss Jenny partiu, levando seu mau humor.

Nesse dia Helen esteve particularmente feliz. Agora falante, conversava com todos da casa, desde as auxiliares de cozinha até o jardineiro. Sentia-se muito contente em ver Martin, agora sempre presente no palacete. Era ele quem a conduzia ao comércio para escolher suas roupas, objetos de toucador, chapéus ou os ornatos para os cabelos. Sempre junto com a mãe, ela se divertia bastante com ele nos passeios pelos parques reais da cidade.

Martin sentia um carinho especial pela jovem, lembrando-se da madrugada em que acompanhara milorde George até o endereço onde ela estava abrigada, em quarto miserável, estendida em um leito paupérrimo, quase à morte. Recordava-se de quando milorde a trouxe para casa, quase sem esperança de vê-la recuperada. Depois, as crises que ela enfrentara, preocupando e horrorizando a todos no palacete. Ver Helen assim, sorridente, animada, falante, era algo que ele jamais sonhara. Agora, ela era uma jovem encantadora, gentil, amorosa, delicada com todos. Martin não conseguia parar de olhar para ela. Um dia, num dos parques, Helen saiu perseguindo um pequeno esquilo que surgira, enquanto Jane ficou sentada num banco aguardando que ela voltasse. Acompanhando-a com os olhos, a mãe murmurou:

— Martin, você poderia imaginar que Helen, algum dia, estivesse tão bem assim?

— Não, milady. Não consigo conter minha admiração ao vê-la com saúde e tão alegre; parece completamente curada!

Jane contemplou a filha, que dava gargalhadas, correndo atrás do animalzinho, e pensou em tudo o que Violet lhes dissera. A ameaça de um perigo iminente era uma sombra que lhe toldava o olhar. No entanto, procurou tirar da mente as ideias infelizes, considerando mentalmente que tudo corria bem e nada justificava suas apreensões. E repassou ao cocheiro e amigo o que lhe vinha à cabeça. Martin não respondeu de pronto: ficou pensativo, depois, ponderou:

— Milady tem razão, está tudo aparentemente bem. No entanto, devemos cuidar da vigilância e da oração constantes, como nos alerta o Mestre, manter a confiança em Deus e enfrentar o que vier com coragem e firmeza.

Jane virou-se para olhá-lo, inquieta:

— Martin! Falou de um modo que mostra bastante preocupação. Se você tem algum pressentimento, diga, meu amigo!

— Não, milady. Apenas me lembro das palavras que minha mãe proferiu naquele dia. Mas é bobagem! Nada vai acontecer... — respondeu ele, para tranquilizá-la.

Vendo a filha que retornava esfogueada pelo esforço, sorridente e animada, Jane respirou aliviada e sorriu concordando:

— Isso mesmo, Martin, nada vai acontecer!

Como a hora estivesse avançada, voltaram para o palacete, enquanto Helen contava as peripécias para pegar o animalzinho, que sempre lhe escapava. Alegres e falantes entraram em casa. George as esperava, pois voltara mais cedo da empresa.

Agora que a filha estava bem, atravessando o melhor período da sua vida, ele sempre tinha pressa para voltar ao lar, delegando a funcionário de confiança decisões e atitudes que antes eram prerrogativa unicamente sua. Assim, mais livre, dedicava-se à família, passando momentos agradabilíssimos com as duas mulheres da sua vida.

Jantaram em clima de grande euforia e logo, cansados, se recolheram. O evento seria no dia seguinte, e estava tudo em ordem. Antes de adormecer, Jane elevou o pensamento a Deus, agradecendo pelo dia e pela paz que desfrutavam, após o longo período de tempestades, e suplicando também para que nada prejudicasse a alegria de Helen, que após tanto sofrimento merecia ser feliz.

Após essa oração, olhou para George, que ressonava ao seu lado. Virando-se, puxou as cobertas e dormiu serena.

A manhã surgiu esplêndida. Abrindo os olhos, Jane olhou a claridade que se infiltrava pelos vidros das janelas e pulou do leito, assustada. George àquela hora já deveria estar a caminho do escritório. Tocou a sineta e a criada logo apareceu com uma bandeja:

— Bom dia, milady. Trouxe-lhe o desjejum.

— Sophie! Dormi muito! Milorde já saiu?

— Sim, milady.

— Minha filha?

— Ainda não despertou, milady. Está tudo em ordem lá embaixo; todos estão envolvidos em suas tarefas — completou, certa de que a senhora iria perguntar.

— Ah! Então, tomarei meu desjejum — disse mais tranquila, sentando-se no leito enquanto a criada depositava-lhe a bandeja no colo.

Na bandeja, que na verdade era uma mesinha de pernas curtas, havia leite, chá, pãezinhos salgados temperados com especiarias e biscoitos doces com nozes, além de geleia de *apricot*. Enquanto a senhora fazia a refeição, a criada aproveitou para escolher a roupa que seria usada pela patroa e, em seguida, preparou-lhe o banho. Logo, Jane descia as escadarias satisfeita.

Após vistoriar tudo o que estava sendo feito, dirigiu-se aos aposentos da filha. Acordou-a com um beijo cheio de ternura. Espreguiçando-se, a jovem sorriu e abraçou a mãezinha:

— Bom dia, mamãe! Que lindo Sol brilha lá fora!

— Meus parabéns, querida. Hoje é a data mais importante da nossa vida: o dia em que você veio ao mundo!

E Jane contou à filha como tudo acontecera: a inquietação do pai, que fumava um charuto atrás do outro, até ouvir o vagido do recém-nascido. Correu para o quarto, nervoso, aflito, mas muito feliz! Era você que chegava para enriquecer nossas vidas, minha filha!

Emocionada, Helen pegou a mão da mãe:

— Mamãe, agradeço a Deus todos os dias por ter-me dado os melhores pais do mundo! Nem que eu tivesse escolhido a dedo, teria encontrado outros melhores. Obrigada por tudo! Pela paciência, pela tolerância diante das minhas loucuras... Por terem se preocupado comigo, não obstante tê-los abandonado.

E, depois, por terem me socorrido em momento tão difícil da minha vida. A senhora não imagina o que passei, mamãe...

Era a primeira vez que Helen se referia àquele período negro da sua vida, o que mostrava uma mudança importante. Talvez agora ela pudesse se abrir. Mãe e filha se abraçaram em lágrimas, felizes por estarem juntas.

George chegou e encontrou-as assim, enlaçadas. Notou que algo diferente pairava no ar e, aproximando-se, uniu-se a elas, envolvendo-as num grande abraço.

Após alguns minutos, Helen murmurou:

— Preciso que me ouçam.

Os pais se afastaram um pouco, olhando-a, surpresos. Helen estava séria, mas serena.

— Papai! Mamãe! Creio que chegou o momento de saberem o que aconteceu comigo durante o período em que passei distante desta casa. Sentem-se, por favor! Nossa conversa será longa.

Havia duas poltronas ao lado do leito e eles se acomodaram. George ainda tentou falar, mas Helen o interrompeu:

— Papai, preciso contar-lhes tudo. Ouçam, apenas, e não me interrompam. Temo não ter forças para continuar.

Então, a jovem começou a falar lembrando fatos acontecidos havia muito:

— Meus pais não ignoram como eu estava àquela época, minhas atitudes, meus excessos, enfim, tudo o que marcou meus últimos tempos aqui neste lar. Mamãe até procurava ajudar-me, alertando-me sobre meus erros; no entanto, papai dava-me forças para que eu continuasse nos desatinos, afirmando que eu era jovem e que deveria aproveitar o tempo.

George abaixou a cabeça, sabendo que se conduzira errado, porém Helen prosseguiu:

— Não o estou acusando de nada, papai, apenas lembrando fatos. Depois, cada vez me sentindo mais dona de minha vida, só fui piorando. Bebia muito e era dada a excessos de todo gênero. Até que um dia conheci um rapaz e fiquei fascinada por ele, pois era tudo o que eu desejava ser: dona do meu nariz, não precisar mais seguir regras, fazer o que quisesse. Começamos a namorar e fiquei cada vez mais apaixonada, até que ele me abandonou. Procurei por Steve, mas ele havia desaparecido. Até então, eu acreditava que ele fosse de família de posses. Na verdade, Steve roubava, vendia o produto do roubo e, com isso, nos mantínhamos. No período em que estivemos juntos, Steve, pelo menos, não me deixava faltar nada. Quando ele fugiu, por ter sido descoberto e não querer enfrentar a justiça, eu fiquei sozinha e sem ter meios para sobreviver. Assim, fui despejada da casa onde estava e fiquei na rua, dormindo em qualquer beco e sujeita a todos os perigos.

Helen fez uma pausa, respirou fundo e prosseguiu:

— Eu já conhecia um rapazinho que era amigo de Steve. Era muito pobre, mas de bom coração. Ao saber que eu estava na rua, esse rapaz, Oliver, procurou-me e ofereceu-me ficar em um cômodo que ele alugava. Agradeci, mas disse que não poderia ficar no mesmo quarto. Oliver afiançou-me que não tinha cogitado isso; ao contrário, queria que eu ficasse sozinha no quarto, e que ele se arranjaria de alguma maneira. Confesso que fiquei tocada com a generosidade dele. Aceitei e fui para lá, onde o senhor me encontrou naquela madrugada, papai...

Helen parou de falar novamente, com os olhos fixos num ponto qualquer ao longe, e prosseguiu:

— Foi o melhor amigo que alguém poderia ter encontrado. Cercava-me de cuidados, suportava minhas crises de mau humor e mantinha-se firme. Quando a falta da bebida me deixava enlouquecida, disposta a tudo, quebrando o que visse pela frente, Oliver permanecia ao meu lado, calado, mas firme. No entanto, outro problema apareceu: fiquei doente. A falta de condições, de cuidados, a má alimentação e os excessos que eu já cometera me jogaram no leito, com problema nos pulmões. Com dedicação excepcional, Oliver tudo fazia para conseguir remédios, pedindo aqui e ali, mas a situação só piorava. Até que um dia, ele me procurou muito preocupado, afirmando-me que daria um jeito para que eu não sofresse mais. Abraçou-me com amor e nunca mais o vi. Não sei quanto tempo se passou, mas, de repente, no meio dos meus delírios, vi que alguém me chamava. Era o senhor, papai!

Helen parou de falar e concluiu, fitando os pais que a ouviam, perplexos e condoídos pela situação da filha querida:

— Daí por diante, sabem de tudo o que aconteceu.

O pai e a mãe a abraçaram, comovidos. Aquele relato respondia a uma série de questionamentos que eles mantinham no íntimo. Agora, mais tranquilos por saberem a verdade, choraram com ela por tudo o que passara e tudo o que sofrera.

Levantando a cabeça, George murmurou entre lágrimas:

— Filha querida, mas por que não voltou para sua casa, seu lar?...

— Não tive coragem, papai. Depois de descer tão baixo, depois de tudo o que tinha feito, sentia uma imensa vergonha. Nem sei como ficaram sabendo onde eu estava!

Era a primeira vez que ele tocaria no assunto. Então, George contou-lhe:

— Numa madrugada muito fria, acordei com a sineta da porta soando. Como não parasse de tocar, desci para saber o que estava acontecendo. Então, deparei com um rapazinho que me entregou um bilhete, dizendo apenas "Milorde, sua filha está neste endereço. Busque-a enquanto há tempo". Li o bilhete com o endereço e, quando ergui a cabeça para obter mais informações, o rapazinho já tinha desaparecido. Nunca mais o vi.

— Com certeza era Oliver, que, conhecendo a gravidade da minha situação e sem ter meios para ajudar-me, preferiu que eu voltasse para minha família. Essa atitude é típica dele. Ele tem uma personalidade muito especial. Apesar de viver nas ruas, tem caráter, é gentil, generoso, educado... e gosta muito de mim.

— Sou muito grato a ele, minha filha, pois trouxe você de volta ao nosso lar. E gostaria de poder agradecer-lhe. Sabe como encontrá-lo?

— A única referência é o quarto onde eu morava.

— Vou mandar Martin procurá-lo, filha. Fique descansada.

Jane, que se mantivera calada ouvindo o diálogo entre pai e filha, abraçou-a com um sorriso:

— Querida Helen, agora que abriu seu coração e que não tem mais segredos para nós, fique tranquila. Hoje é o dia do seu aniversário! Desejamos que seja o mais feliz de todos da sua vida. Então, levante-se para tomar sua primeira refeição, pois teremos um dia cheio!...

— Tem razão, mamãe. Pretendo aproveitar este dia inteirinho! — E, assim, Helen pulou do leito e entregou-se às mãos da criada, que lhe vestiu o penhoar para dirigir-se à sala, pois ela fazia questão de tomar o desjejum na mesa.

Jane sorria ao vê-la tão animada. Todavia, algo a incomodava por dentro. Apesar da alegria de Helen, a mãe detectara uma leve sombra a encobrir-lhe o brilho dos olhos.

"Bobagem!", pensou. "Isso não é nada!"

21

A festa

O dia passou em morna tranquilidade para Helen, apesar da febril atividade dos serviçais, que ultimavam os preparativos. A aniversariante quis conferir todos os detalhes da festa, ainda que Jane lhe garantisse que estava tudo em ordem.

Após o almoço, Helen recolheu-se aos seus aposentos para repousar. Queria estar o mais bela possível à noite, quando chegassem os convidados. No fim da tarde, despertou serena, com um sorriso no semblante, que a fazia ainda mais adorável. Espreguiçou-se e tocou a sineta. Logo a criada veio atendê-la.

— Lucy, é hora de me arrumar!
— Sim, Helen. Levante-se, então!

A criada de tantos anos, que a amava como se fosse sua própria filha, bem-humorada vestiu-a, começando pelas anáguas. Depois, colocou o espartilho, que amarrou puxando bem os cordões.

— Ai! Assim não consigo nem respirar, Lucy!...

— É preciso, menina Helen, para que seu talhe fique ainda mais elegante.

Em seguida, com cuidado, ajudou-a a vestir o traje novo, que lhe assentou admiravelmente bem.

— Veja Helen, que formosura!...

A jovem olhava-se no grande espelho à sua frente, encantada. Diligente, a criada prosseguiu:

— Agora ajeitarei seus cabelos.

Helen se acomodou no banquinho diante da penteadeira, onde havia uma pequena mesa estreita e comprida, com gavetas; sobre ela, objetos de toucador, pentes, escovas, caixas com joias, cremes e tudo o mais de que as jovens gostam. Com grande habilidade, Lucy penteou-lhe a dourada cabeleira cacheada, prendendo com alfinetes de brilhantes algumas mechas de cada lado. Em seguida, cuidadosamente, passou-lhe um pouco de pó de arroz no rosto para tirar o brilho e um tantinho de carmim nos lábios e nas faces, que ficaram coradas. Depois, afastou-se um pouco para contemplar seu trabalho.

— Ah! Agora está perfeita, menina Helen! Só falta calçar os sapatos e escolher um leque do seu agrado!

Lucy abaixou-se e calçou-lhes os sapatinhos recapeados de cetim rosa. Só então permitiu que a jovem se levantasse para se ver no espelho.

— Lucy, será que me acharão bonita? — indagou Helen indecisa.

— Sem dúvida, menina Helen! Será a jovem mais bela da festa, pode acreditar!

Helen estava realmente linda. O vestido de tafetá rosa tinha um decote discreto e mangas curtas e bufantes, com acabamento de renda branca, sobre a qual pequenos e graciosos buquês de delicadas flores rosadas, no tom do vestido, davam um toque gracioso. O corpete descia bem justo marcando-lhe o talhe elegante até a cintura, depois se abria numa ampla saia rodada e entremeada por rendas brancas, sob a qual viam-se os sapatinhos de cetim rosa, completando o traje. Nas mãos, Helen levava um belo leque que fora de sua avó paterna, de madrepérola com detalhes de ouro e cujo tecido mostrava suave paisagem.

Satisfeita, Helen sorriu para a criada, que lhe afiançou:

— Tudo será perfeito hoje, miss Helen. Feliz aniversário!...

A jovem respirou profundamente e saiu pela porta que Lucy abrira. Chegando à sala, viu seus pais, que a esperavam. Aproximaram-se encantados com a filha, que parecia uma princesa de contos de fada.

— Filha, nossa Lucy fez um bom trabalho. Você está muito linda! — cumprimentou-a a mãe, dando-lhe um carinhoso abraço.

— Será que os convidados demoram a chegar, mamãe?

— Ainda é um pouco cedo, minha filha. Esperemos!

Logo, porém, Arthur, que aguardava na porta, entrou empertigado anunciando:

— Dr. Stanford e esposa!

Satisfeitos, os três ergueram-se para dar as boas-vindas aos amigos, e Helen recebeu os cumprimentos dos recém-chegados. Em clima de muita alegria, puseram-se a conversar. O médico olhava para Helen, emocionado, lembrando-se do tempo em que ela estivera enferma, quase sem esperança de recuperação:

— Helen, você está maravilhosa! — elogiou-a o médico e, depois, virando-se para o pai dela, comentou: — Meu caro George, prepare-se! Vão chover candidatos à mão de nossa querida Helen.

A aniversariante sorriu, balançando a cabeça negativamente:

— Dr. Stanford, não estou interessada em casamento por enquanto.

— Ah! Isso é porque não foi ainda picada pela flechinha do amor, minha querida!

Sabendo agora que a filha ainda trazia feridas não cicatrizadas do período em que permanecera fora de casa, Jane preferiu evitar que ela sofresse ainda mais e interferiu na conversa, mudando de assunto:

— Nossa Helen ainda é muito jovem para pensar em casamento. Mas vamos tomar alguma coisa?

Fez um gesto com a mão e um criado muito bem-vestido aproximou-se com uma bandeja. Todos servidos, eles prosseguiram conversando, enquanto outros convidados chegavam. Aos poucos a sala estava cheia, e Helen se esforçava para atender a cada um, mostrando-se sorridente, simpática e equilibrada.

Alguns, que há muitos anos não a viam, estavam surpresos e comentavam em surdina com os mais próximos. O mesmo aconteceu com duas matronas, uma delas, delgada, com um traje verde-musgo, cujo modelo lhe acentuava a magreza, e um chapeuzinho engraçado; de maneira discreta, confidenciavam entre si:

— Afinal, o que terá tido Helen para passar tanto tempo segregada do nosso convívio? Porque a verdade é que eu fazia questão de visitar meu primo George, porém a menina nunca aparecia. George e Jane alegavam um problema qualquer e não conseguíamos ver nossa priminha Helen, lembra-se, Charlotte? — dizia, fingindo abanar-se com o leque, mas na realidade disfarçando para que os mais próximos não notassem seu comentário.

A interpelada, matrona avantajada, com um traje roxo berrante, com as faces excessivamente pintadas, trazia um chapéu terminado com um pássaro, que mal equilibrava na cabeça; revirou os olhinhos estalando os lábios:

— Tem toda razão, Victoria! Lembra-se de que, vez por outra, eu a acompanhava? Nunca conseguimos ver Helen. Mas, verdade seja dita, minha querida: Jane sempre nos recebeu muito bem, como uma perfeita anfitriã!...

A outra lançou um olhar fulminante para a companheira, murmurando entredentes:

— Sempre pensando no estômago! Mais importante do que uma mesa farta, Charlotte, é que os primos nos mantiveram excluídas do palacete, mesmo sendo suas únicas primas aqui em Londres! Não lhe parece?

Charlotte fez um muxoxo engraçado, como de hábito, quando não sabia o que responder; depois, devolveu a alfinetada:

— Victoria, eu bem me lembro. Você era a primeira a servir-se, e, diante da mesa primorosa, um verdadeiro banquete, seus olhinhos brilhavam de emoção. Portanto, não se faça de superior, prima.

A outra se sentiu ofendida diante do comentário, porém fez questão de ignorá-lo. Lançou um olhar em torno, como se não tivesse ouvido, e acenou, murmurando:

— Ah! Nossa querida Jane aproxima-se, Charlotte. — Depois, em voz alta, com um grande sorriso: — Prima Jane, a festa está excelente! Nossa Helen deve estar muito feliz! E como você está adorável com esse traje!... Perfeita!...

Jane abraçou-as e concordou:

— Sem dúvida, prima Victoria! Minha filha está satisfeita por ter os amigos aqui em nossa casa. E concordo com você, Helen está encantadora!

— Graças a Deus! Depois de algum tempo afastada dos amigos e dos parentes, ficamos extremamente felizes ao recebermos o convite para o aniversário de nossa Helen. Afinal, prima Jane, qual o motivo que levou Helen a afastar-se de nós, seus parentes mais chegados e que tanto a amamos?...

A anfitriã apertou as mãos, um tanto trêmulas diante da curiosidade da prima, fato que não passou despercebido da gorda matrona, que sorriu candidamente. Jane murmurou uma desculpa e, vendo ao longe um casal que a procurava, desculpou-se com um sorriso:

— Lamento, primas, mas tenho de ausentar-me e sei que entendem perfeitamente. Como anfitriã, devo receber uns amigos que acabaram de chegar. Com licença.

Jane afastou-se aliviada, pensando: "Ufa! Sempre as mesmas! Procurando motivo para comentários, que tanto gostam. Ainda bem que consegui livrar-me delas".

Arthur fez-lhe um sinal de que tudo estava pronto e Jane convidou os presentes para se dirigirem à outra sala, cuja porta abrira-se de par em par. Os cavalheiros deram o braço a suas damas e encaminharam-se ao local preparado. A mesa estava posta de maneira primorosa. Em cada lugar havia um cartão com o nome dos convivas. À cabeceira, George, tendo de um lado Jane, e do outro, Helen.

Logo as iguarias começaram a chegar, trazidas por criados em uniformes de gala. Os pratos eram muito elogiados, tanto pela aparência quanto pelo sabor, e eram acompanhados por bebidas finas de safras antigas. Enquanto comiam, os presentes diziam frivolidades, contavam histórias picantes da alta sociedade, repassavam as últimas novidades, comentavam as notícias e teciam críticas ao governo, em tom mais baixo, evidentemente. Ao término, vieram os doces, que, pela variedade e beleza, fizeram a alegria de todos. Depois, foram convidados a saborear licor na sala ao lado, onde teriam condição de continuar conversando e se deliciando com as peças musicais que pianista e violinista executavam para alegrar o ambiente.

Assim, todos bem-humorados, satisfeitos, retornaram à outra sala. Nesse momento, Helen dirigiu-se para perto do piano, pedindo licença para dizer algumas palavras. A música cessou. A aniversariante posicionou-se, apoiada ao piano, e lançou um olhar em torno, abarcando a todos que ali estavam aguardando o que ela iria dizer. Depois, Helen sorriu de leve e começou a falar:

— Queridos amigos e familiares! Desejo agradecer a presença de todos, neste dia tão importante para mim, quando completo dezoito anos. Mas não poderia deixar de agradecer especialmente aos meus pais, George e Jane, pelo amor que sempre me dedicaram e pelo amparo de toda uma vida. Neste momento, sou tomada de grande emoção e gostaria de dar um abraço em ambos!

George e Jane trocaram um olhar comovido e, dando-se as mãos, andaram alguns passos acercando-se da filha querida com imenso carinho. Todavia, à medida que se aproximavam, notaram que o olhar e a expressão de Helen estavam se modificando, tornando-se diferentes, mas eles prosseguiram, julgando que só poderia ser um engano. Ao chegarem mais perto, se preparavam para abraçá-la, quando se abriu um sorriso de galhofa no belo semblante da filha, e seu olhar os fuzilava de ódio mal contido.

— *Miseráveis! Pensam que podem me vencer? Agora quero que todos saibam quem é você, a quem chamam de George Baker, e pelo qual têm tanta consideração!*

Os convidados estavam perplexos e assustados. A voz da doce Helen transformou-se em uma voz rouquenha e cavernosa, que destilava veneno e impropérios. O rosto, antes suave e meigo, mudou por completo, tomando uma expressão torturada e diabólica.

Sob o impacto, todos ouviam trêmulos e de olhos arregalados, enquanto um grande mal-estar os dominava. Entre os convidados, somente Peter Cushing e dr. Stanford perceberam o que estava acontecendo. Cushing, saindo daquele impacto, viu que precisava fazer alguma coisa e abriu caminho entre as pessoas que lhe impediam a passagem, aproximando-se, enquanto a mesma atitude tomava o médico. Naquele instante, Martin, que se mantivera preocupado e que acompanhava toda a festa escondido, visto não ser convidado, invadiu a sala encaminhando-se para perto de Helen, para tentar ajudá-la.

Chegando também próximo da jovem, com expressão firme, sem medo, Cushing disse:

— Seja você quem for, afaste-se em nome de Deus!

— *Quem é você para me dar ordens? Aqui mando eu e sou obedecido* — gritou a entidade com sua voz rouquenha.

— Em nome de Deus, afaste-se! — continuou Cushing, que, enquanto falava, colocou a mão sobre a cabeça dela.

Nesse tempo, Stanford e Martin, ali perto, oravam pedindo o amparo do Senhor e ajudando Cushing em sua ação. Ao ver-se assim cercado, o espírito foi obrigado a se afastar pelas emanações da oração. A expressão de Helen voltou ao normal, mostrando apenas intensa palidez; de súbito, ela fechou os olhos e seu corpo desabou nos braços de Peter Cushing, que, ao perceber-lhe o estado, amparou-a prestamente, sustentando-a e impedindo que caísse no chão. Desfalecera.

George e Jane, cientes do que acontecera, respiraram aliviados. Os presentes, que se mantinham estáticos, saíram daquele estado, enquanto um murmúrio começou a surgir do meio deles. Desejavam saber o que tinha acontecido, faziam perguntas. Dr. Stanford fez um gesto, acalmando-os, e informou:

— Senhoras e senhores! A festa acabou. Creio ser melhor que todos se afastem agora. A menina Helen precisa de atendimento médico. Obrigado pela presença!

O mordomo ali presente, que permanecia pálido, mas firme, foi encaminhando os convidados para a saída, com gentileza. Logo, a sala estava vazia, só permanecendo os mais chegados. No entanto, os criados, que viram e ouviram tudo, acostumados a ver esses fenômenos acontecerem no palacete, discretamente observaram os acontecimentos.

Em seus braços, Cushing levou Helen para seus aposentos, visto que ela continuava desacordada. O médico, que os seguiu, examinou-a. Seus batimentos cardíacos estavam fracos e mal se ouvia a respiração. O rosto apresentava palidez cadavérica e a temperatura despencara. Preocupado, o médico ordenou:

— Tragam acolchoados. Precisamos aquecê-la! Tragam também um pouco de vinho! Preciso recuperar-lhe a temperatura e os batimentos cardíacos.

No entanto, nada adiantou. Helen continuava do mesmo jeito. Peter sugeriu:

— Vamos orar. Como seu estado foi causado por fenômeno espiritual, somente a oração poderá ajudá-la eficazmente.

Então, todos se puseram a orar, suplicando a Deus que amparasse a jovem, não permitindo às entidades desencarnadas prejudicarem Helen.

Permaneceram assim, reunidos em oração, por uma hora. Ao cabo desse tempo, ela começou a apresentar melhoras. Sua respiração voltou ao normal, assim como a temperatura e os batimentos cardíacos. Logo Helen abriu os olhos, assustada por ver que estava deitada em seu leito, tendo todos ao seu redor.

— Papai! Mamãe! O que aconteceu?

Eles se aproximaram, emocionados ao ver a filha acordada e bem melhor.

— Nada sério, minha querida. Acho que você comeu algo que lhe fez mal, mas dr. Stanford deu-lhe um remédio e agora está bem. Fique tranquila.

— Estou com sono — reclamou.

— Pois durma, minha querida! — E à criada que se mantinha tensa à porta ordenou: — Lucy, fique com ela! Se precisar de algo, estaremos na sala com os amigos.

A criada aproximou-se, sorridente, contendo o estado nervoso e se preparando para tirar-lhe o traje de festa.

Ao sair ainda ouviram Helen perguntar:

— Lucy, e os convidados?

— Não se lembra, menina Helen? A festa estava já no fim e todos foram embora, comentando a beleza da aniversariante e a maravilha das iguarias e dos doces deliciosos... Ah! Os doces! Todos adoraram!

— Antes assim. Temi ter dado algum vexame durante a festa — disse ela, ao tempo em que se virava para o lado e fechava os olhos, entregando-se ao sono benéfico.

Após a saída dos convidados, acomodados confortavelmente na sala, os mais íntimos conversavam. Peter Cushing estava preocupado após analisar o ocorrido pelas informações que tinha sobre o caso, passadas por Jane.

— Meus amigos, a situação é bastante séria. A jovem Helen tem sensibilidade aguçada em relação ao mundo espiritual. Mais do que isso, ela tem uma mediunidade inconsciente.

— E o que significa isso? — indagou George apreensivo.

— Significa que Helen não sabe o que acontece durante o transe mediúnico. Os espíritos falam através dela, mas ela não sabe o que foi dito.

— Peter, afirmou que é sério! Em que sentido? — tornou a indagar o pai aflito.

— Veja bem, George. Trata-se de uma situação em que a médium não sabe o que diz ou o que faz. Assim, ficamos na mão das entidades espirituais. Não acontece o mesmo quando o médium já sabe o que está acontecendo com ele, tem informações sobre o processo mediúnico e coloca sua vontade em ação, ajudando no controle dos fenômenos. Percebe a diferença?

George balançou a cabeça afirmativamente. Sim, compreendia, e estava assustado!

Nesse momento, Jane interferiu no diálogo, considerando:

— Eu confio no poder da oração. Viram como funcionou? Vejam bem, se mantivermos Helen serena, equilibrada, satisfeita, nada acontecerá. Durante esse tempo todo ao lado dela, tenho procurado incutir pensamentos bons, positivos e de paz na mente de minha filha. E fazia um bom tempo que ela não sentia nada! Então, temos de ter esperança e procurar fazer o melhor.

Peter Cushing olhou-a e sorriu:

— Concordo com você, Jane. Fez um excelente trabalho com Helen e conseguiu maravilhas. No entanto, estamos lidando com espíritos vingativos, violentos, agressivos, que sabem como agir, e que agora querem vencer a todo custo! Temos de nos prevenir.

— O que sugere, Peter? — indagou o médico, que ouvia atento.

— Tenho lidado com muitos casos assim e confirmado que as reuniões de diálogo com as entidades funcionam muito bem e são bastante úteis. Proponho que nos reunamos para conversar com essas entidades. Para isso, temos de contar com médiuns eficientes, que saibam o que estão fazendo. Jane disse-me uma vez que conhece uma médium excelente, Violet, mãe de Martin.

O rapaz, que ouvia tudo, sem fazer parte do grupo, interferiu:

— Minha mãe está pronta para o que for necessário. Posso falar com ela.

— Obrigado, Martin. Muito bem. É um bom começo. Todos nós podemos fazer parte do grupo — considerou Cushing.

James Stanford, preocupado, indagou:

— Concordo que é uma boa decisão. E onde nos reuniremos?

Peter pensou um pouco e respondeu:

— Bem. O local ideal seria minha casa, visto que teríamos privacidade. No entanto, estaríamos longe de Helen e sem saber o que poderia estar acontecendo com a menina. Isso é preocupante.

Todos ficaram pensativos, refletindo na melhor decisão. Jane foi a primeira a falar:

— Peter, conheço minha filha. Em situações normais, ela é ótima companheira, além de ter conhecimentos sobre o Espiritismo. Temos conversado bastante e sei que ela, muitas vezes, vê as entidades que a influenciam. E se conversássemos com ela, explicando-lhe direitinho o que ela deve saber? Creio que lhe devemos isso! E, provavelmente, ela poderá até nos ser útil!

— Não sei se seria bom para nossa filha, Jane, ela já tem sofrido tanto! Submetê-la a mais essa situação não seria arriscado? — aduziu George.

— Talvez não, amigo George. De qualquer maneira, não podemos impedi-la de passar por essa situação que vem vivenciando há longo tempo! Ela tem sofrido, sim, mas, fora das crises, mostra-se uma pessoa normal, mesmo porque Helen não tem conhecimento do que se passa com ela. Tive oportunidade de vê-la bem, conversando conosco e, de repente, muda completamente e torna-se outra pessoa. Acabado o fenômeno, algumas vezes volta ao normal, como se nada tivesse acontecido. Então, acredito que o problema possa estar mais em nós do que propriamente nela. De qualquer forma, acho que devemos consultar o Codificador, Allan Kardec.

Todos concordaram que seria a melhor alternativa.

22

A verdade vem à tona

Após a noite da festa do aniversário, que abalou a todos — convidados e familiares —, Helen teve seus estados físico e mental alterados, retornando ao leito sem expectativa de melhoras.

Novamente, dr. Stanford visitava-a com regularidade, prescrevendo-lhe chás e tisanas, gotas calmantes e cuidados com a alimentação, visto que ela enfraquecia cada vez mais.

Sumamente preocupado com o estado da filha querida, o pai questionou Peter Cushing sobre a possibilidade de pedirem ajuda ao grupo de ciência experimental do qual participara levado pelo próprio Cushing. O amigo respirou fundo e respondeu:

— Caro George, lamento não podermos utilizar o referido grupo, que experiências tão impressionantes realiza, constatando a existência do mundo espiritual por meio de fenômenos de efeitos físicos e de materialização. Todavia, nosso interesse é outro, meu amigo: queremos ajudar sua filha, presa de entidades maléficas que desejam destruir a ela e a família. Precisamos usar outros recursos, outras táticas, para conseguir o que desejamos.

— Entendo perfeitamente, Cushing. Se assim é, então iremos agir, pois não suporto mais ver minha Helen definhando dia a dia!... — respondeu George com expressão angustiada.

— Tem toda razão, George. Não podemos perder mais tempo. Vamos pesquisar no *The Medium's Book*[11], o extraordinário guia dos médiuns e dos evocadores, que estuda com muita competência as relações entre encarnados e desencarnados e suas consequências, mostrando-nos os meios de vencer as dificuldades e os tropeços com que se pode deparar na prática mediúnica.

A preocupação dos pais de Helen era evidente. Haviam emagrecido, estavam pálidos, tensos, em posição de alerta, sem saber o que poderia acontecer, e sofrendo ao ver a filha querida naquele estado. Ao ouvirem a decisão de Peter Cushing, respiraram mais aliviados, sabendo que alguma coisa seria feita em caráter de urgência.

Analisando a obra, e tendo em vista o estado da jovem, eles resolveram posicionar-se de forma a auxiliá-la decisivamente, confiante no auxílio dos Amigos Invisíveis. Dessa forma, passaram a reunir-se no gabinete de George, orando e rogando a Deus pela moça enferma, enquanto Lucy, a criada de quarto, e a mãe velavam ao seu lado em atitude de oração.

Na primeira noite, o grupo foi constituído por James e Mildred Stanford, Peter Cushing, Martin, Violet, sua mãe, e George,

---

11. O Livro dos Médiuns. (N.R.)

o dono da casa. Posicionados em círculo e acomodados em confortáveis cadeiras de braço, estofadas, os participantes estavam um tanto ansiosos, pois não sabiam o que poderia acontecer. Antes de dar início, Cushing explicou como iria transcorrer a reunião:

— Nosso objetivo é conseguir contato com as entidades que perturbam a jovem Helen. Iniciaremos com uma oração, conforme orienta mr. Allan Kardec, e aguardaremos.

Com a concordância de todos, ele fez a oração inicial e, em seguida, conclamou as entidades presentes para que se manifestassem através da médium Violet. Fez-se um silêncio tenso, enquanto aguardavam alguma iniciativa dos desencarnados. Naquele dia nada aconteceu. Nem no outro, nem no outro.

Mildred e James Stanford achavam que era melhor parar com a tentativa, pois tudo levava a crer que daquela forma não conseguiriam resultados. Os demais foram concordes em prosseguir com os trabalhos.

Após duas semanas, estavam a ponto de desistir, quando, quase no fim do tempo estabelecido para a reunião, uma entidade se apoderou mediunicamente de Violet, manifestando-se às gargalhadas por intermédio dela:

— *Admito que são persistentes! Tentamos cansá-los pelo silêncio, mas vejo que prosseguem. Muito bem. Afinal, o que desejam?*

Peter respirou fundo, mentalmente elevando o pensamento ao Criador, e depois com voz branda respondeu:

— Apenas conversar.

A entidade calou-se por alguns segundos, em seguida questionou secamente:

— *Sobre o quê?*

— Sobre o que o senhor quiser. Temos desejo de conhecê-lo melhor, saber o que pensa, o que deseja...

— Ah!... Entendo. Querem saber por que estou aqui. Pois isso é fácil! Eu e meus companheiros nos aboletamos aqui porque desejamos recuperar tudo o que perdemos por culpa desse miserável arrogante aí — e apontava com o dedo em riste —, que agora é chamado de milorde George Baker!...

Os participantes da reunião ficaram em choque; nunca imaginaram ouvir esse tipo de coisas e com tanta determinação. De novo, o espírito ficou em silêncio por alguns instantes; depois, mostrando sua ira numa carantonha que a médium reproduzia perfeitamente, prosseguiu:

— E não tentem fazer-me desistir do meu intento. Advirto-lhes que não o conseguirão. Esse criminoso merece sofrer, perder tudo o que tem: os bens, a família, a honra, a dignidade. Tudo.

Cushing ouvia atentamente em silêncio respeitoso. Aproveitando que o espírito se calara, comentou usando os recursos que a prática de muitos anos em contato com o sofrimento alheio lhe sugeria. Aprendera que ninguém odeia outro ser humano sem razão, por isso usou de brandura ao responder:

— Você deve sofrer muito. Gostaríamos de conhecê-lo melhor. Como se chama?

— Que importa um nome?!... — respondeu irritado.

— Apenas para que possamos tratá-lo como merece. Apresento-me: Cushing, Peter Cushing.

O comunicante inclinou-se, respeitosamente, e informou:

— Muito prazer. Nada tenho contra o senhor, mr. Cushing. Tive muitos nomes, porém gosto de ser chamado de Willemont, Herbert Willemont.

— Satisfação em conhecê-lo, mr. Willemont — respondeu Cushing, inclinando-se.

A entidade também se inclinou em sinal de respeito e, após longa pausa, continuou:

— *Foi assim que esse criminoso* — e apontou novamente para George Baker — *me conheceu. Vivíamos felizes em nossa propriedade, no condado de Winchester, gozávamos de prestígio social, e nossas riquezas, herdadas de ancestrais proeminentes, nos permitiam uma vida tranquila, no amanho da terra e no pastoreio. Um dia, esse infeliz bateu à nossa porta. Pedia abrigo e contava uma longa história de sofrimento; afirmava-se sozinho, sem família, e que perdera todos os bens durante a Guerra dos Sete Anos*[12]. *Nossa família o recebeu sem qualquer prevenção; demos-lhe abrigo, comida e trabalho. Ele mostrou-se capaz, gentil, dedicado e agradecido. Em pouco tempo, ganhara nossa confiança, sendo elevado ao grau de intendente da nossa propriedade.*

Willemont parou de falar por segundos, depois prosseguiu:

— *Não demorou muito para se tornar responsável por todo o nosso patrimônio. Tinha amplos conhecimentos de escrita*[13], *que fazia como ninguém. Dava excelentes sugestões para o aproveitamento das terras e, como consequência, nossa renda aumentava sempre. Tornou-se tão importante que, alguns meses depois, ele partilhava da nossa intimidade e da nossa mesa. De empregado para amigo, foi um pulo.*

O desencarnado parou de falar, pensativo, enquanto sua expressão fisionômica alterava-se sensivelmente, e prosseguiu:

---

12. A **Guerra dos Sete Anos** foram conflitos internacionais que ocorreram entre 1756 e 1763, durante o reinado de Luís XV, entre a França, a Áustria e seus aliados (Saxônia, Rússia, Suécia e Espanha), de um lado, e a Inglaterra, Portugal, Prússia e Hanôver, de outro. Vários fatores desencadearam a guerra: a preocupação das potências europeias com o crescente prestígio e poderio de Frederico II, o Grande, rei da Prússia; as disputas entre a Áustria e a Prússia pela posse da Silésia, província oriental alemã, que passara ao domínio prussiano em 1742 durante a guerra de sucessão austríaca; e a disputa entre a Grã-Bretanha e a França pelo controle comercial e marítimo das colônias das Índias e da América do Norte. Também foi motivada pela disputa por territórios situados na África, Ásia e América do Norte. Extraído do *Dicionário Enciclopédico Ilustrado Larousse*, 2007. (N.R.)

13. Escrituração contábil. (N.R.)

— Certa ocasião, ao falecer um parente próximo, Patrick Willemont, tio de meu pai, viajamos para prestar condolências aos familiares. Por essa época, meus pais já haviam falecido e coube-me representar a família. Como envolvesse partilha de herança, permanecemos na herdade aguardando a abertura do testamento de nosso tio Patrick. Mandamos um correio explicando a nosso intendente as razões do atraso, comunicando-lhe nosso retorno no mês seguinte. Ao chegarmos, com surpresa e infinita dor, fomos recebidos por outros criados — absolutamente desconhecidos —, que nos escorraçaram da propriedade que sempre pertencera aos nossos ancestrais. Ele, o covarde ladrão, nem sequer apareceu. Nunca mais o vimos. Lutamos de todas as maneiras para reaver nossas propriedades, mas em vão. Só então soubemos que ele, utilizando-se de minhas assinaturas — que deixei em papéis em branco por necessidade de regularizar alguns negócios, tal a confiança que tinha nele —, passara para o seu nome tudo o que era nosso por direito. Como nada constava em nosso nome, retornamos para a casa de nosso falecido tio. Contudo, os primos e herdeiros já haviam tomado posse do que lhes pertencia e, para nós, só restara como herança, por gentileza do finado, um pequeno pedaço de terra sem casa e sem benfeitorias.

Após nova pausa, Willemont prosseguiu:

— Podem avaliar nosso desespero e, mais do que isso, nosso ódio ao miserável ladrão que, depois de ganhar nossa confiança, jogou-nos na miséria. Depois disso, lutamos com todas as forças, procuramos advogados e juízes, entramos com processos contra ele, mas tudo foi inútil. Acabamos morrendo na miséria — concluiu, abrindo os braços num gesto de impotência.

Depois, mirando George com ódio feroz, concluiu:

— Entendem agora por que nós o odiamos tanto? Esse miserável não merece ter uma vida digna, família, respeito da sociedade. Merecia a prisão perpétua para que pudesse sofrer por tudo o que nos fez amargar naquela época.

A entidade calou-se, e os demais ficaram meditando sobre a triste história do comunicante. Cushing, penalizado, ao notar que ele acabara de narrar sua trajetória, considerou:

— Lamento muito, Willemont. Todavia, Deus é pai de todos nós. Se tudo isso aconteceu com você, certamente existiu uma razão, pois o Criador não é parcial. Ao contrário, é misericordioso, justo, bom, e ama a todos os seus filhos.

Cheio de revolta, o espírito esbravejou:

— *Não me fale em Deus! Eu acreditava Nele, agora não creio mais. Esse Deus do qual você me fala, permitiu que tudo isso acontecesse comigo e com minha família. Assim, não quero mais saber de religião! Basta! O que quero é fazer justiça com as próprias mãos. Esse miserável não me escapa. Vai perder tudo o que tem e ficar na miséria, como eu!*

— Entendo que você tenha ressentimento contra ele, que o prejudicou. Mas e a família dele? Jane e Helen não lhe fizeram nada e estão sofrendo também! — ponderou Cushing.

— *A esposa deve ter também participado daquela traição, embora tenham se casado mais tarde. A menina não me fez nada, é verdade, mas me sirvo dela para fazê-lo sofrer. Aproximei-me da jovem e percebi que ela "sentia" minha presença; mais do que isso, repetia tudo o que eu falava. Então, passei a utilizar-me dela, que me tem sido bastante útil, externando meus pensamentos.*

Após essas palavras, Willemont vomitou uma série de impropérios e abandonou a médium repentinamente, que despencou sobre a mesa, com baque surdo, sem dar tempo a Peter de dizer mais alguma coisa.

A sessão foi encerrada em clima de espanto e reflexão por todos os envolvidos. George reclamou, sentindo-se injuriado:

— Não sei de nada do que essa "alma penada" disse a meu respeito. É um absurdo! Acusou-me de roubo, entre outras coisas. Como é possível?...

— A verdade, meu caro George, é que ignoramos por completo o que fizemos em outras existências. Assim, só nos resta admitir o erro, ou, no mínimo, rogar a nosso Mestre que nos ajude e ampare na travessia das provações, que nos mostre os erros passados para que, ao tomar conhecimento deles, exerçamos mais compreensão e humildade diante de todos os sofredores encarnados ou desencarnados — ponderou Peter.

George, porém, sentia-se inconformado e agredido pelas palavras do espírito.

— Como pode ser isso, se não trago nenhuma recordação de tudo o que essa entidade disse que fiz?

Peter Cushing balançou a cabeça pensativo; depois, fitando seu amigo, afirmou:

— Pois isso demonstra cabalmente a bondade de Deus para conosco, seus filhos. Nenhum de nós aqui presentes poderíamos andar de cabeça erguida se soubéssemos do nosso passado, do que já fizemos a outrem. Como também, se lembrássemos do que nos fizeram, certamente não conseguiríamos perdoar, esquecer a mágoa pelos sofrimentos vividos. Então, George, bendita reencarnação que nos permite andar pelo mundo de cabeça erguida, exercitando a capacidade de recuperação e tentando reparar os erros que cometemos. Meu amigo, se não tem nada de que possa se envergonhar nesta existência, levante as mãos ao céu, agradecendo a dádiva que o Senhor lhe concedeu para vencer as más tendências.

George Baker abaixou a cabeça, refletindo nas palavras de Peter. James Stanford, procurando mudar de assunto para não constranger mais o anfitrião, disse:

— Tivemos uma reunião realmente proveitosa. Isso mostra que estamos no caminho certo. Como terá ficado Helen durante esse tempo que aqui passamos?

Concordaram todos que precisavam ir até os aposentos da jovem e verificar seu estado. Entraram, encontrando Jane, Lucy e Helen a conversar sobre o Evangelho de Jesus. Ao vê-los, Jane ergueu-se satisfeita:

— Já terminaram? Estávamos estudando o Evangelho e nem percebemos o tempo passar. Rose deve ter preparado a mesa com chá e biscoitos para nós.

Como Helen estivesse com sono, deixaram-na aos cuidados de Lucy e dirigiram-se para a sala. George, que se surpreendera com o estado bem melhor da filha, procurou ficar mais afastado dos demais e indagou em voz baixa para a esposa:

— Jane, o que fizeram durante o tempo em que nós estávamos reunidos?

— Como disse, George, lemos e comentamos o Evangelho. Nossa filha participou muito bem, mostrando-se contente e serena. E a reunião? Notei, pela aparência de todos, que deve ter sido boa.

— Depois falaremos sobre isso.

Conduzidos por Arthur, todos se acomodaram, conversando animados. Servidos de chá, deliciaram-se com os biscoitos e as tortas preparadas por Rose. Logo, como estivessem cansados, despediram-se, cada qual retornando ao seu lar para o necessário repouso.

Após a saída dos amigos, o casal se dirigiu para seus aposentos. Jane notou que o marido estava calado, pensativo, sem vontade de conversar, e quis saber a razão.

— Não quero falar sobre isso. Amanhã conversaremos. Boa noite, Jane.

— Está bem. Então, boa noite querido.

23

Herbert Willemont

Na manhã seguinte, Jane acordou bem cedo. George, que já tinha se levantado, estava lendo o jornal quando ela desceu. Ele perguntou por que ela acordara tão cedo, e Jane confessou que não conseguira dormir bem.

— Eu também não! — disse ele, fechando o jornal.

Dando o braço à esposa dirigiram-se para a sala; sentaram-se à mesa e serviram-se. Mexendo o chá, Jane indagou:

— Estou enganada, ou você não ficou muito satisfeito com a reunião ontem?

George levou a chávena à boca, tomou um gole lentamente, como se quisesse ganhar tempo para responder, enquanto Jane mantinha o olhar fixo nele. Vendo que não conseguiria fugir da resposta, afinal ele respondeu:

— A reunião foi boa. Finalmente conseguimos sucesso. Houve uma comunicação.

— Louvado seja Deus! Então por que você está com essa expressão... nem sei dizer de quê?...

— Não tenho vontade de falar sobre o que aconteceu. Deixemos para depois.

— Não tem importância, querido. Eu entendo. Experimente estes pasteizinhos de nata. Estão excelentes! O que fará depois, George?

— Preciso ir ao escritório. Assuntos urgentes me aguardam — respondeu, aliviado por terem mudado o rumo da conversa que tanto o incomodava. — E você?

— O mesmo de sempre. Depois de dar as ordens a Rose, farei companhia a Helen.

Deixando a mesa, ele deu um beijo na esposa e encaminhou-se para a porta de saída, onde o mordomo o aguardava com o chapéu e a bengala nas mãos.

— Tenha um bom-dia, milorde.

Martin já o esperava com a carruagem. Partiram rumo ao escritório, enquanto George mantinha-se pensativo, sem esquecer a reunião da noite anterior. Fora pior do que a outra a que tinha assistido. Sentado em seu gabinete, assinando uns papéis ou mesmo resolvendo questões relevantes, ele não conseguia parar de pensar nas palavras do espírito, que lhe ficavam na mente, repetindo, repetindo, repetindo... Sempre a mesma coisa. Lembrava-se, palavra por palavra, do que o espírito dissera, e isso o deixava péssimo. Se fosse verdade tudo aquilo, ele era um criminoso da pior espécie. Um ladrão! Sem direito à piedade, ao perdão!...

Enquanto isso, preocupada com o marido, Jane resolveu procurar Peter Cushing e saber o que tanto incomodara George. Esperou Martin chegar, depois pediu que a levasse à residência de mr. Cushing.

Lá chegando, tocou a campainha e Peter veio abrir com largo sorriso.

— Bom dia, Jane! Eu sabia que viria...

— Então, o amigo poderá prestar-me os esclarecimentos de que preciso, não?

— Eu tinha certeza de que George não conseguiria falar--lhe sobre o problema.

— Ah! Existe um problema?

— Querida amiga. Vou contar-lhe tudo, para que possa entender e ajudar nosso George, que é muito orgulhoso e jamais admitiria ter cometido tantos erros. Ouça-me apenas.

E Peter começou a narrar o que ocorreu na reunião, que parecia fadada ao insucesso, como as outras, quando repentinamente algo aconteceu. Ele falou sobre o espírito comunicante, de como conseguira aproximar-se mais dele, que se apresentou formalmente, e relatou a história que ele contou, sem muitos detalhes para não impressioná-la em demasia. Ao término da narrativa, Jane estava pálida e desfeita.

— Entendo perfeitamente por que George não conseguiu me contar. Pobre amor meu! Orgulhoso como é, nunca admitiria ter cometido tais atrocidades!

— Exatamente. Todavia, ele precisa entender que a realidade é que, àquela época, o amigo não tinha os valores que tem hoje, a educação, os conhecimentos. Todos nós já erramos muito ao longo dos séculos e dos milênios, mas também temos lutado para reduzir nossas imperfeições, e exatamente por isso estamos nos tornando pessoas melhores. O aprendizado tem-nos mostrado que não vale a pena errar, que é importante a melhoria íntima, que fará de nós pessoas mais corretas, dignas, responsáveis, fraternas e amorosas. Isso, nós só encontramos nas lições de Jesus, e agora na Doutrina Espírita, que nos apresenta as consequências dos nossos atos e o roteiro para crescermos como pessoas, pois, apesar de tudo, o erro nos faz refletir e nos conduz ao acerto. Faça-o compreender isso, Jane, para que ele não se sinta o pior dos homens.

— Farei isso, meu amigo. Agradeço-lhe pela ajuda.

Jane despediu-se e partiu com Martin de retorno ao lar. O cocheiro fez o trajeto calado até chegar ao jardim do palacete. Ajudou Jane a descer da carruagem, depois considerou:

— Imagino a razão pela qual milady foi procurar mr. Cushing. Vi, pela expressão de milorde Baker, que ele estava muito abalado com a comunicação de ontem.

— É verdade, Martin. Você também participou! Sim, fui procurar Peter porque ele poderia dizer-me a verdade que George não conseguiu revelar.

— Foi dado um passo deveras importante ontem, milady Jane. Estabelecemos contato com o inimigo e tudo ficará mais fácil a partir de agora.

Jane agradeceu-lhe e entrou no palacete. Mantinha-se pensativa, ensimesmada. Como ajudar o esposo, tão orgulhoso e dono de si?

Naquele dia George não veio almoçar, entretido com os negócios. Chegou ao escurecer, cansado, mas contente. Fechara boas transações comerciais, o que significava grandes lucros. Cearam e, como George estivesse exausto, recolheram-se aos seus aposentos. Jane tentou conversar com ele, voltar ao assunto que tanto o incomodava, mas não conseguiu. O marido manteve-se impenetrável. Alegou estar extremamente cansado e com sono. Que ela deixasse a conversa para outro dia. Jane entendeu e não insistiu. Desejou-lhe uma boa noite de sono, virou-se para o outro lado e fechou os olhos tentando dormir.

No entanto, o sono não vinha. Os pensamentos a incomodavam. O que fazer? Queria ajudar o marido, porém ele não permitia. De súbito, lhe veio uma ideia! Sim, é isso mesmo! Irei participar da próxima reunião! Afinal, como Helen estava bem, não se justificava sua presença contínua ao lado da filha. Além disso, no caso de uma eventualidade, Lucy poderia mandar Arthur chamá-la. Assim decidida, orou pedindo o amparo divino para todos eles, inclusive para as entidades perturbadoras e, finalmente, conseguiu adormecer.

Não tocou mais no assunto, porém quando ela e George liam *O Evangelho Segundo o Espiritismo*, procurava canalizar a lição para os assuntos que poderiam ajudar George. No dia marcado para a reunião, Jane esperou estarem todos juntos e apresentou-se:

— Hoje também desejo participar da reunião. Helen tem passado bem, durante as outras noites manteve-se tranquila, sem interferência espiritual. Assim, julgo que não há motivo para que eu permaneça alheia ao que está acontecendo. Lucy poderá pedir socorro, se for necessário.

Os demais mostraram satisfação por tê-la no grupo, dando-lhe as boas-vindas. Somente George ficou um tanto contrafeito, o que levou Jane a perguntar:

— George, tem alguma coisa contra minha participação na reunião?

— Claro que não, querida. Você também é interessada na solução do problema — respondeu ele com leve sorriso, tentando recompor-se.

— Então, está decidido! Ficarei! — finalizou Jane satisfeita.

Todos acomodados em seus lugares, diminuíram a luz ambiente e fizeram uma oração suplicando o amparo de Deus para a atividade que começariam. Naquela noite, nada aconteceu. Novamente foram necessárias semanas para que novo contato se fizesse. Até que, quatro semanas depois, a entidade voltou. Aproximando-se de Violet, começou a falar com voz rouquenha:

— *Aqui estou eu de novo. Pensaram que tivesse desistido do meu intento de acabar com esse criminoso que, por ambição, destruiu minha vida e minha família?*

Mentalmente pedindo o socorro dos espíritos elevados, Peter Cushing começou a falar:

— Estamos contentes que tenha vindo conversar conosco, milorde Willemont. Gostaríamos de conversar um pouco mais com o senhor, falar-lhe do nosso desejo de ajudá-lo, tentando resolver a questão que tanto o perturba. Peço-lhe encarecidamente essa oportunidade. Queremos ser seus amigos.

A entidade deu uma risada sarcástica:

— *Com que, então, pensam que irão me convencer a afastar-me desse miserável?*

Peter procurava palavras que não o deixassem ainda mais furioso, e que, ao contrário, pudessem ajudá-lo a manter uma conversação amigável. Então, prosseguiu:

— Milorde Willemont, sei que tem um coração generoso, bons sentimentos, pois esses valores não se perdem. Por isso, apelo para a sua generosidade. Perdoe àquele que o traiu há tanto tempo! George hoje é outra pessoa, vive de maneira digna e respeitável, é amoroso e bom para com todos...

Nesse ponto do diálogo, a entidade deu outra gargalhada, que ressoou por toda a sala de maneira assustadora.

— *Quer que eu acredite nas qualidades desse miserável criminoso?!...* — e deu outra gargalhada, maior ainda do que a primeira.

Em seguida, questionou seu interlocutor:

— Peter Cushing, acredita mesmo que esse sujeito tem qualidades?...

— Sim, sem dúvida! — respondeu o outro.

— *Tenho respeito por você, mas não por ele. Tenha cuidado com esse que agora conhece como George Baker. Qualquer que seja o nome que use, não deixa de ser o mesmo miserável de sempre.*

— Milorde Willemont, sei que fala desse modo porque foi assim que o conheceu. Todavia, muito tempo transcorreu desde aquela época, e ele já é outro homem agora, melhor, mais consciente de que deve agir com correção, respeitando seu próximo. Tanto é que ninguém tem nada a reclamar dele. Nunca ouvi nenhum comentário que pudesse manchar sua honra de homem reto e digno, que todos respeitam na sociedade.

Ouvindo essas palavras, o espírito manteve-se calado por algum tempo. Depois retrucou:

— *Acredito em você, Peter Cushing, mas não acredito "nele"!* — disse olhando e apontando para George, sentado do outro lado do círculo, um pouco à sua direita; depois prosseguiu: — *Talvez ele ainda não tenha feito nada para prejudicar alguém, mas fiquem de sobreaviso. Não confiem nessa criatura! E tem outra coisa: se ninguém tem nada contra ele, também ninguém tem nada a favor, podem acreditar! Essa criatura é tão orgulhosa e egoísta que não estende a mão para ajudar ninguém! Conhecem alguém que ele tenha socorrido, amparado?*

Todos permaneceram calados, e a entidade, dando mais uma risada, disse:

— *Está vendo, milorde Cushing? Ele nunca fez nada por ninguém! Vou-me embora!...*

— Espere! Vamos conversar mais um pouco, milorde Willemont!

Todavia, a entidade já se afastara, o que se percebeu pela mudança na postura e na expressão da médium Violet.

Encerraram a reunião, porém sentiram-se decepcionados. Especialmente Cushing, que, por ter melhor relacionamento com o espírito, tinha estado tão perto dele, mas não conseguira convencê-lo a parar de perseguir George Baker.

Cada um voltou para sua casa sentindo-se derrotado. George subiu as escadarias rumo aos seus aposentos de ombros caídos e de cabeça baixa. Jane queria acompanhá-lo, porém antes foi ver a filha. Sabendo que ela dormia serena, deu-lhe um beijo na testa, desejou boa-noite para Lucy e dirigiu-se aos seus aposentos.

Entrou no quarto e viu George, que chorava como criança. Abraçou-o com ternura, murmurando ao seu ouvido:

— Fique tranquilo, querido. Tudo vai se resolver. Ele não me pareceu uma má pessoa. Está apenas ressentido por tudo o que sofreu. Venha, vamos nos deitar. O sono é bom conselheiro.

Com carinho e paciência, levou-o para o leito, colocando-o deitado. Depois, acomodou-se ao lado dele e, embalando qual se fizesse a um pequenino, orou enternecida a Deus, suplicando ajuda para seu lar e para os espíritos sofredores que ali poderiam estar precisando de socorro.

Depois, deitou-se também e dormiu.

24

Diante da própria consciência

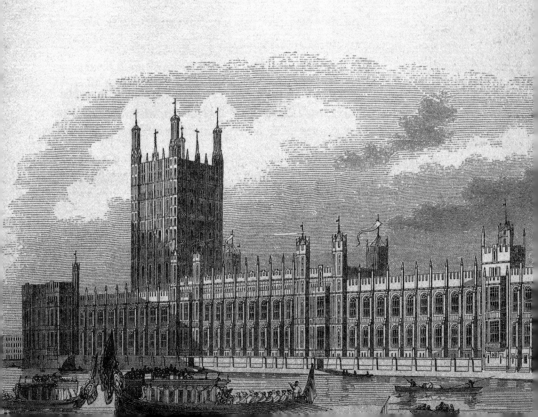

Era madrugada e George ainda não conseguira dormir. Permanecera de olhos fechados para que Jane não se preocupasse, deixando-o em paz com seus pensamentos.

Sentira-se tão ofendido com as palavras do espírito que ele mesmo não sabia por que não tinha revidado. "Como aquela criatura, que ninguém conhece, vem apontar-me o dedo em riste, acusando-me de um monte de absurdos? Como poderá provar tudo o que disse? Eu, que sempre procurei fazer o melhor para todos os meus familiares, um bom patrão e comerciante digno, honesto e vitorioso? A melhor sociedade londrina respeita-me como homem sério e cumpridor dos seus deveres! Sou esposo fiel e amoroso, pai extremado! Como posso suportar todas aquelas calúnias?"

George mantinha-se mentalmente ativo, embora parecesse estar adormecido. Seu desejo de homem honesto era tomar satisfações com aquele que o espezinhara sem compaixão diante dos melhores amigos e da esposa querida.

Sem que George percebesse, atraído por seus pensamentos ali também estava seu inimigo ferrenho: Herbert Willemont.

Despido da armadura com que se apresentara da primeira vez e recostado no beiral de uma das janelas, ouvia-lhe os pensamentos e dava risada. Pacientemente, a entidade aguardou que George se desprendesse do corpo para, só então, agarrá-lo pelo pescoço:

— *Então, ainda acha que não tenho razão, que estou falando demais? Pois você vai ver e se recordar de tudo o que aconteceu, miserável!*

Sem se incomodar com George, que suplicava por piedade, apavorado ante a presença do inimigo, Herbert Willemont arrastou-o pelo espaço até descerem em um antigo castelo, mas ainda belo, àquela hora mergulhado nas primeiras claridades da madrugada que, aos poucos, ia vencendo a escuridão da noite.

— *Está reconhecendo este castelo? É o mesmo que nos roubou; aquele onde nasci e cresci para a vida. Propriedade ancestral de nossa família, ali vivíamos muito felizes até você chegar. Reconhece-o? Vamos, diga! Quero ouvir de seus lábios!*

Ao olhar para o grande e velho castelo cujas torres apontavam para o céu, George sentiu um baque no coração; calafrios gelados percorriam-lhe o corpo, enquanto uma sensação de imenso pavor o envolveu: a pintura, desfeita, não tinha mais cor, mostrando que já conhecera dias melhores; onde outrora havia lindo jardim, contornando a construção, o mato agora tomava conta e a hera subia sem controle, enroscando-se pelas paredes; a cerca que circundava a propriedade estava caída e os insetos carcomiam-lhe a madeira, atestando o passar do tempo.

Caindo de joelhos no solo, ele suplicava:

— Piedade! Piedade! Não quero ver mais nada! Não posso ver mais nada! Socorro! Socorro!...

Mas aquele que um dia fora o aristocrata Herbert Willemont sentia prazer em constatar o desespero do outro que, pouco a pouco, em virtude das lembranças, voltava a ter a mesma aparência que tivera àquela época em que se comprometeu com as Leis Divinas, quando traiu da maneira mais torpe quem tanto o ajudara. Lentamente, o orgulhoso George Baker foi perdendo a aparência de lorde inglês, elegante, distinto e bem trajado, passando a mostrar uma magreza extrema e as características dos judeus: rosto fino, pele pálida quase olivácea, cabelos escuros, barba aparada e olhos pequenos e fugidios que não fixavam o olhar naquele com quem estivesse falando. Com as pernas afastadas e mãos à cintura, Willemont o observava satisfeito:

— *Ah! Agora sim, eu o reconheço! Venha, infame! Irei levá-lo ao interior do castelo que você tanto desfrutou, após ter-nos expulsado dele, roubando tudo o que era nosso por direito.*

E, sem se incomodar com as súplicas de George, arrastou-o para dentro do solar. Ali, revendo tudo o que fizera parte da sua existência, acusado pela própria consciência, que não lhe dava paz, o infeliz mergulhou no passado, esquecendo-se de que ali fora levado por sua vítima de ontem, algoz de hoje.

Refez todo o seu trajeto, desde que deixou a casa paterna, expulso pelo pai em virtude de sua conduta indigna em relação à família, e saiu pelo mundo vivendo de expedientes, fazendo pequenos serviços em troca de um prato de comida e um lugar para dormir. No entanto, a vida rude que passou a levar não o fez refletir sobre seus erros e sentir desejo de mudar. Ao contrário, passou a cultivar ainda mais ódio por aqueles que o tinham levado à ruína, além de seu pai, que o escorraçara de casa apesar dos rogos da mãe, sempre generosa e que muito o amava, não obstante os erros cometidos pelo filho. Na calada da noite, deitado em uma cama rústica e desconfortável, ele só pensava em ficar rico para se vingar dos que colaboraram para sua perda, sem lembrar que ele mesmo procurara tal situação, responsável que fora pelos próprios atos.

Caminhando pelas estradas, faminto e maltrapilho, acabou chegando à propriedade de Herbert Willemont. Olhando de longe, viu o castelo ancestral, as pessoas elegantes que por ali transitavam, e resolveu pedir abrigo; eram ricos e, por certo, não lhe negariam a oportunidade de realizar algum trabalho, simples que fosse. Assim pensando, colocou-se perto da entrada, junto ao grande portão feito de vigas de madeira, pelo qual as carruagens costumavam passar e, sem pressa, aguardou sentado à sombra de uma árvore, alimentando-se das frutas que caíam no chão. Algum tempo depois, ao ver uma carruagem que se aproximava, ergueu-se rápido e aguardou. Quando o portão se abriu e o veículo saía da propriedade, ele se postou na frente, impedindo a passagem e, ao mesmo tempo, humildemente, inclinando-se em uma mesura. O cocheiro, assustado, puxou os arreios segurando os cavalos e gritou:

— Saia da frente! Quer morrer?

O senhor colocou a cabeça para fora da janelinha para ver o que estava acontecendo, e uma onda de perfume atingiu o olfato do pedinte. O cocheiro explicou ao patrão que o rapaz quase maltrapilho, sujo, com chapéu na mão em sinal de respeito, estava impedindo a passagem.

— O que deseja? — indagou.

— Milorde, apresento-me: Samuel Steng. Sou sozinho no mundo e preciso de um serviço. Por piedade, ajude-me! O senhor não se arrependerá — inclinou-se perante o dono do castelo, que o examinava da cabeça aos pés.

Mesmo sem saber por que, o aristocrata sentiu impulso de ser generoso. Ergueu a mão cheia de anéis num gesto de condescendência:

— Muito bem. Trabalho em minhas terras não falta. Tem para todos. Entre e diga ao meu intendente que o coloque para servir na plantação. Espero que não faça com que me arrependa da minha magnanimidade, Samuel — disse com altivez e expressão de grande tolerância.

— Sim, milorde. Falarei com seu intendente. Sou-lhe profundamente grato. Não terá do que se arrepender — e inclinou-se, de novo, respeitosamente, até quase o chão.

Sem responder, o dono do castelo fez um sinal ao cocheiro, que colocou o veículo em movimento, enquanto o judeu o acompanhava com olhos astutos.

Desse dia em diante, Samuel Steng passou a trabalhar no vinhedo. Logo, atento aos seus interesses, fez amizade com o capataz. Algum tempo depois, em conversa com ele, falou-lhe que era estudado, sabia ler e escrever, inclusive já fora empregado numa propriedade, onde fazia a escrituração de tudo. O intendente confidenciou-lhe que o encarregado desse serviço havia morrido e ninguém mais sabia fazer a tal escrita. Então Samuel pediu:

— Se me conseguir essa vaga, prometo dar-lhe uma parte do meu primeiro pagamento.

— Você não receberá muito pelo serviço, mas topo. Pode apostar, amigo. A vaga é sua! — prometeu o outro, animado com a possibilidade de receber mais algumas moedas.

— Obrigado. Sei ser grato a quem me ajuda.

Desse dia em diante, a vida dele começou a mudar. Passando a fazer a escrita da propriedade, ele tomou conhecimento de tudo o que seu senhor tinha em propriedades, ouro, joias e obras de arte. A partir daí, começou a pensar em uma maneira de tomar posse de tudo o que pertencia a lorde Willemont. Aos poucos, foi ganhando a confiança do senhor, que em momento algum duvidou da seriedade, dignidade e honradez do seu novo serviçal. Tomando-se de afeto por ele, que sabia como agradar, dava-lhe as roupas e calçados que não usava mais.

Dessa forma, ele desfilava muito elegante pela propriedade, passando a ser motivo de inveja dos demais servos, que não viam com bons olhos toda aquela sorte, tanta magnanimidade do patrão, enquanto eles mesmos, que há muito mais tempo estavam a seu serviço, nunca receberam nada. Então, percebendo isso e tentando beneficiar-se da situação, o judeu, para agradá-los, dava-lhes outras coisas as quais não faziam falta ao senhor, pois as ganhava de seus rendeiros e nem sabia qual era o montante guardado num grande depósito dentro do castelo, em um porão. Como se lhes estivesse fazendo grande favor, rogava-lhes apenas:

— Não contem a ninguém que fui eu que lhes dei; se o patrão descobrir, não me perdoará e vocês também deixarão de se beneficiar. Confesso-lhes que faço isso, pois não suporto pensar que os servidores de lorde Willemont passam tanta necessidade, enquanto ele, como nosso senhor, poderia dividir um pouco do muito que tem com todos nós, não acham?

Com os olhinhos brilhando de cobiça, os servos concordavam, certos de que lucrariam muito mais obedecendo ao novo amigo, que gostava deles e os ajudava.

Assim, o rapaz foi ganhando cada vez mais aliados e se fortalecendo sempre. Um dia, lorde Willemont avisou-o de que precisaria viajar em virtude da morte de um tio e que demoraria alguns dias para voltar.

Sagaz, ele viu ali a ocasião propícia para dar sequência às suas ideias, sugerindo:

— Milorde, seria melhor que o senhor deixasse alguns papéis assinados para o caso de surgir alguma eventualidade e não ter ainda voltado... Milorde sabe que temos pendências a regularizar e, se preciso for — somente em último caso —, eu farei uso deles para honrar nossos compromissos. Asseguro-lhe que deixarei os papéis no cofre, onde ninguém mais poderá pegá-los. Caso contrário, no retorno, o senhor os destruirá.

Lorde Willemont concordou, sem refletir muito, preocupado com a viagem.

Assim, após a partida do proprietário, ele começou a preparar os documentos que iriam passar para o seu nome tudo o que era do senhor. Quando lorde Willemont avisou-o de que precisaria demorar um pouco mais, tendo em vista que o dia marcado para a abertura do testamento fora adiada por enfermidade em um dos herdeiros, sentiu-se aliviado e pensou ironicamente: "Deus está a meu favor!".

Assim, quando retornou da sua viagem, lorde Willemont nada mais possuía. Tudo havia sido passado para o nome de Samuel Steng, que não lhe permitiu sequer passar do portão de entrada. Indignado, lorde Willemont ergueu a cabeça altiva e quis saber a razão pela qual não poderia entrar na propriedade que sempre lhe pertencera. Ao que o judeu, vestido regiamente com trajes do seu antigo senhor, disse-lhe:

— Porque nada mais aqui lhe pertence. Tudo é meu agora — e mostrou-lhe, com os devidos cuidados, os documentos assinados por ele mesmo, passando a propriedade e tudo o mais para Samuel Steng.

Lorde Willemont quase teve um ataque cardíaco naquele momento; mas nem a situação dele, que caíra ao chão, desacordado, amoleceu o coração do antigo criado, que mandou o cocheiro retirá-lo dali, antes que soltasse os cães de caça.

Assim, após recuperar-se, lorde Willemont recorreu a todos os meios de que dispunha para reaver o que era seu por direito, mas tudo em vão. Desse modo, escorraçado do próprio lar, procurou ajuda com os amigos, que a negaram; eram amigos de ocasião, interesseiros, e já estavam ao lado de Samuel Steng, com quem se banqueteavam todos os dias. Posteriormente, retornou à casa do tio falecido, contudo, os primos e outros herdeiros já haviam tomado posse do que lhes pertencia, e para ele só restara como herança, por gentileza do tio, um pedaço de terra sem casa e sem benfeitorias.

Lorde Willemont não permaneceu impassível. Consultou advogados e juízes, mas tudo fora tão bem-feito, que nada conseguiu. Como última instância, procurou o soberano, que, inteirando-se do que tinha acontecido, tentou ajudá-lo, chamou os maiores juristas do reino para que analisassem o caso, mas, ao ouvir-lhes as ponderações, o rei acabou por confessar:

— Lorde Willemont, estou desolado, mas seu inimigo não deixou brechas que permitam a nossos juristas reverterem a situação. Sua assinatura é legítima. Desse modo, tudo foi legalmente passado para o nome de Samuel Steng. Lamento, mas nada posso fazer.

Desse modo, lorde Willemont retornou à província e foi tomar posse da única herança que lhe restara, por decisão de seu falecido tio. Sofreu muito pelas agruras da existência, acomodando-se numa pequena gruta, passando a dormir em um catre, que antes nem mesmo seus criados utilizariam, sofrendo frio e fome. Assim, premido pelas necessidades, logo retornou ao mundo espiritual cheio de ódio, rancor, ressentimento e desejo de vingança.

Após sua morte, Willemont passou muitos anos procurando por Samuel Steng, sem conseguir seu intento. Até que, um dia, por feliz coincidência, foi informado de que ele estava agora vivendo em Londres, com a esposa e uma filha. Exultou. Agora nada o impediria de vingar-se do inimigo.

Foi desse modo que o encontrou, agora como George Baker, e passou a conviver com ele e com sua família, aguardando a melhor oportunidade de feri-lo em suas mais caras aspirações. Como a filha Helen era seu grande tesouro, centralizou nela suas energias, procurando envolvê-la e destruí-la, pois assim iria atingí-lo no que havia de mais precioso para aquele coração de pai. E assim o fez.

Naquele retrospecto do que fora sua vida naquele período, George viu a filha, sob a ação de Willemont, deixar a casa paterna e fugir. Assistiu a seus problemas, as dificuldades pelas quais passou, chegando a esmolar um pedaço de pão para matar a fome. Atingido fundo no coração, George chorou copiosamente. Depois, lembrou-se do rapazinho que batera em sua casa naquela madrugada...

Tudo isso ele reviu, além da dificuldade para encontrar uma carruagem àquela hora da manhã, a descoberta do endereço e a alegria ao recuperar a filha querida que, não obstante, voltara doente do corpo e da alma.

Nesse momento, aquele que fora Herbert Willemont, e que acompanhava o retrospecto, sorriu ironicamente e disse:

— Só não consegui mantê-la naquela vida miserável porque o rapaz que a socorria não aceitava minhas sugestões mentais. Nunca pude ter domínio sobre ele. Ignoro a razão, mas agora isso não tem a menor importância. Sua Helen voltou para casa em tristes condições, e eu, que a dominava, continuo a fazê-lo.

— Não tem compaixão, Willemont? Minha filha não merece estar sofrendo assim!

— Miserável traidor, você teve compaixão de mim, por acaso? Não! Mil vezes não! Continuarei a comandar sua filha, pois sei que isso os faz sofrer. A vingança é doce companheira. Você merece sofrer, criatura vil! Jamais teve um ato de verdadeira generosidade em toda sua vida! Até a mim, que tanto o ajudei, só pagou com trapaça, deslealdade, ingratidão. Não, você não merece ser feliz!

Nesse momento, Willemont feriu seu desafeto com a espada que carregava na cintura, atingindo-o no coração. Apavorado, George despertou banhado em gélido suor. Sentado, tentava recobrar-se do susto, levando a mão ao peito para acalmar o coração, que batia apressado, enquanto forte dor o acometia. Soltou um grito, julgando que estivesse ferido de morte. Abaixou a cabeça e olhou. Aliviado, viu que não havia vestígio de sangue nem de ferimento. Imediatamente, tomando pé da situação, notou que estava em seu leito. Virou-se para o lado, com medo de ter acordado Jane. Mais aliviado, notou que ela dormia serena.

O ar fresco da madrugada entrava pela janela aberta, fazendo as cortinas se agitarem. Agora respirando melhor e mais profundamente, sentiu que aos poucos se acalmava. E passou a refletir em tudo o que vira e ouvira naquela noite. Herbert Willemont o acusava de nunca ter feito nada para ajudar alguém com desinteresse. George pôs-se a pensar sobre isso. "Mas sou um bom patrão! Jamais alguém reclamou de mim!", pensou.

Nesse momento, recordou-se de um empregado seu que lhe pedira um dia de folga para ficar com o filho pequeno que estava muito doente, e ele não permitira alegando que empregado era para trabalhar, não para cuidar da família; que a mãe fizesse isso.

No dia seguinte, o funcionário não veio trabalhar, e ele perguntou a razão, sendo informado de que o filho dele havia morrido naquela noite. De repente, outros casos vieram à sua mente, em que ele se recusara a ajudar os empregados. Era alguém que pedira uma importância adiantada, que seria descontada no salário, em virtude da necessidade de comprar remédios para a filhinha, e ele não concordara, alegando que guardasse algum dinheiro para tal eventualidade. Era outro que, por sofrer um acidente de trabalho, não viera trabalhar por dois dias e pedira-lhe que não descontasse no fim do mês, pois lhe faria muita falta tal importância, mas ele não aceitara, alegando que não poderia ter prejuízos, visto que ninguém fizera o trabalho naqueles dias, causando prejuízo para a firma. Esses e outros casos vieram-lhe à memória, despertando-lhe a consciência adormecida.

Chateado, George continuava pensando: "Mas em meus negócios sempre procurei fazer o melhor!". Ao mesmo tempo, recordou-se de várias ocasiões em que ele tinha sido duro com os negociantes, procurando sempre levar maior vantagem em todas as situações. Ele baixou a cabeça, constrangido perante a própria consciência, e mais uma vez tentou mostrar para si próprio que era boa pessoa: "Pelo menos com relação à minha família, ninguém tem nada a reclamar de mim!". Ainda assim, a consciência lhe mostrou várias situações em que, entre sua vontade e a de seus familiares, ele sempre saía vencedor, inclusive com relação à esposa. Veio-lhe à mente o quanto ela sofrera com seu afastamento e seu abandono.

Então, George baixou ainda mais a cabeça orgulhosa, deixando que o pranto rolasse pelo seu rosto. Após muito chorar, ele finalmente lembrou-se de elevar o pensamento em oração a Deus:

— Senhor! Quero mudar, quero tornar-me uma pessoa boa, digna e generosa. Abandonar meus hábitos egoístas para pensar também nos outros. Ajude-me, Senhor! Estou perdido em meio às minhas imperfeições. Hoje, reconheço que tenho feito tudo errado, mas quero mudar, parar de ver o mal nos outros, quando ele está dentro de mim! Socorre-me, Senhor! Ajuda-me a ser bom.

Após essa prece, que lhe fez muito bem, pois demonstrou humildade no reconhecimento de seus erros, George voltou a dormir, desta vez tranquilamente.

25
No escritório

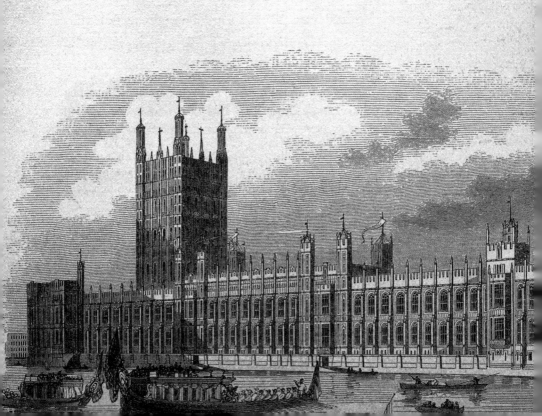

Na manhã seguinte, George despertou com outra disposição de ânimo. Lembrava-se de que tivera sono agitado. No sonho, tinha se encontrado com alguém que o odiava e o perseguia, mas não se recordava exatamente do que havia acontecido.

No entanto, despertou com a imagem da filha na mente, especialmente do período em que ela permanecera longe de casa, quando ele ficava imaginando tudo o que deveria ter sofrido sozinha, precisando da caridade alheia. Lembrava-se do rapaz que a ajudara sem pedir nada, este também lutando com suas dificuldades e carências. E, analisando tudo isso, tomou a decisão de mudar, de ajudar as pessoas, qualquer que fosse sua posição social, e de ser mais tolerante e mais fraterno com todos.

No café da manhã, introspectivo, quase não falou, mantendo-se quieto e pensativo. Jane, que o observava disfarçadamente, notou-lhe a expressão mais amena, menos dura, o olhar mais brando, mais doce, e indagou:

— Você está diferente hoje, querido... calado, reservado. Dormiu bem?

George, imerso em seus pensamentos, analisando o que lhe acontecia no íntimo, respondeu com olhos úmidos:

— Sim, querida, dormi bem. É que estou tentando lembrar-me do sonho que tive, mas não consigo. Tenho certeza de que sonhei com nossa filha, pois a imagem dela não me sai da mente.

— Com certeza é essa preocupação permanente que sentimos por Helen. Mas nossa filha está bem, George. Estive com ela agora cedo; está alegre e bem-disposta — tranquilizou ao marido, ao mesmo tempo em que lhe acariciava a mão.

Ele virou-se para a esposa, tomando-lhe a mão e beijando-a com carinho:

— O que seria de mim sem você, minha querida?!...

— Ah! E eu? Jamais poderei imaginar minha vida sem você, George! Nosso amor é como o ar que respiro...

Trocavam um beijo, expressando todo o amor que sentiam um pelo outro, quando ouviram alguém pigarrear discretamente. Era Arthur que tinha se aproximado e, ao ver a cena romântica, parou, não querendo interromper. Todavia, como havia recebido ordens expressas para lembrar o senhor de um compromisso de trabalho, usou desse recurso.

— Sim, Arthur?

— Milorde, pediu-me que não o deixasse atrasar-se hoje pela manhã. Tem compromisso importante. Martin já está a postos, meu senhor.

— Tem razão, Arthur. Até logo, querida. À hora do almoço conversaremos.

— Vá, querido. Tenha um bom-dia.

George saiu pela grande porta lateral, caminhando apressado para a carruagem. O cocheiro cumprimentou-o sorridente, e ele correspondeu ao sorriso, o que antes não acontecia. George, em relação aos criados, era sempre sério, circunspecto. Aliás, a única exceção que fazia era para Martin, que conhecera em momento muito difícil da sua vida. Aproveitando a situação, o cocheiro prosseguiu:

— Lindo dia hoje, milorde.

— Tem razão, Martin. Está um dia maravilhoso, diferente dos outros. Vamos rápido! Tenho urgência de chegar ao escritório.

O cocheiro colocou a carruagem para rodar, pensativo. O que terá acontecido com o patrão? Estava diferente, mais aberto, mais cordial...

Enquanto os cavalos galopavam pelas ruas, fazendo um ruído sincopado e característico nas pedras do calçamento, George pensava. De repente, lembrou-se de Martin, que conduzia a carruagem como seu cocheiro desde que se tornara um criado da casa e que sempre fora tão dedicado à família. Lembrou-se de Violet, mãe de Martin, sempre disponível para ajudar Helen, sem jamais ter pedido algo. Resolveu que tomaria uma atitude com relação a isso. Era tempo de proporcionar-lhes uma vida melhor.

No escritório, subiu as escadarias que o levavam ao seu gabinete e acomodou-se. O secretário aproximou-se para avisá-lo de que uma pessoa o aguardava.

— Mande-o entrar imediatamente, John.

O secretário saiu, retornando pouco depois com um senhor de meia-idade. George levantou-se para cumprimentar o recém-chegado.

— Mr. Bylfort, seja bem-vindo! Como está?

— Poderia estar melhor, milorde Baker. Vim por absoluta necessidade de conversar com o senhor.

Um pouco preocupado com a expressão séria do recém-chegado, George convidou-o a sentar-se e ofereceu-lhe chá e água. Mr. Bylfort aceitou chá. George tocou a sineta para chamar o secretário, pedindo-lhe que trouxesse dois chás. Em seguida, indagou:

— Mr. Bylfort, parece-me bastante preocupado. Há algo que eu possa fazer para ajudá-lo? — perguntou, contra seus hábitos, mas sentindo necessidade naquele momento.

O cavalheiro tentava segurar as mãos, que tremiam imperceptivelmente. Afinal começou a falar:

— Milorde Baker, somos parceiros comerciais há muitos anos. Para ser preciso, há exatos dez anos...

— E nunca tive do que reclamar desta parceria, que sempre nos rendeu bons frutos, mr. Bylfort.

— É verdade. Todavia, há um mês tivemos um problema com um dos nossos navios cargueiros que, colhido por uma grande tempestade, acabou por bater em alguns rochedos, e... enfim, naufragou. Quase nada pôde ser resgatado em virtude do local onde ocorreu o desastre, cheio de recifes. E, lamentavelmente, quatro dos meus empregados pereceram.

— Meus sentimentos, mr. Bylfort. Não tive conhecimento do fato. Mas, a carga...

— Era da sua empresa, milorde. Estava vindo para a Inglaterra, quando ocorreu o sinistro.

— Quer dizer que todo o prejuízo é meu?!...

— Da carga, sim, milorde. Mas perdi o navio, os empregados e estou em situação difícil. Tentou-se recuperar a carga para entregar-lhe como o combinado, porém foi impossível. O navio estava em alto-mar, bateu em recifes de uma ilhota e pouca coisa chegou até uma pequena praia do continente.

George estava indignado. Afinal, ele comprara a carga, que já estava paga, e o serviço da empresa de navegação de mr. Bylfort deveria transportá-la até o porto de Londres. Nada mais nada menos. E agora era informado de que havia perdido a carga e que a companhia de navegação não estava em condições de reembolsá-lo!...

Mr. Bylfort, apavorado, mais do que isso, desesperado, olhava para seu credor implorando piedade e via milorde Baker com expressão feroz: a respiração curta e nervosa, o semblante tenso e vermelho, a boca aberta de espanto, os olhos congestos, que o fitavam ameaçadoramente.

O visitante encolheu-se um pouco mais na cadeira e tentou oferecer uma saída:

— Milorde Baker, se conceder-me algum prazo, poderei juntar alguma importância para reembolsá-lo do prejuízo que teve. Não tenho condições de honrar meu compromisso no momento, porém estou aqui de peito aberto, comunicando-lhe o acontecido e procurando uma saída honrosa para esse impasse.

Enquanto o visitante falava, George o fitava cheio de raiva. Contudo, notava-lhe as mãos trêmulas, a vergonha patente no semblante, o medo de não conseguir resolver o problema, que representaria sua bancarrota, o descrédito perante os demais parceiros comerciais e toda a sociedade, que tornaria impossível permanecer no ramo.

À medida que ouvia aquela voz vacilante e débil, George foi-se acalmando aos poucos. Na sua frente estava um homem que sempre fora honrado e cumpridor de suas obrigações, agora derrotado. Naquela expressão, no olhar dele, George imaginou o que mr. Bylfort faria ao sair daquele prédio: estava expresso no semblante que ele não tinha mais razão para viver.

Naquele instante, George pensou: "E se fosse eu que estivesse no lugar deste homem, o que eu gostaria que fizessem comigo?".

E a resposta não se fez esperar. Clara como a luz, George sentiu que precisava recuperar-se perante a própria consciência. Lembrou-se de seu inimigo desencarnado, que rompera com a imagem de bom homem que ele tinha de si mesmo e inclinou a cabeça envergonhado. Ele, que tanto errara no passado, agora se dava ao direito de julgar outra pessoa que talvez tivesse sido imprudente, porém que não tivera intenção de causar prejuízo a ninguém? Alguém que fora colhido, tanto quanto ele, por algo inesperado?

Bylfort se calara e mantinha o olhar preso nele, esperando sua decisão, que significaria a oportunidade de prosseguir trabalhando com dignidade ou a derrota aviltante, com suas naturais consequências.

Depois de um grande silêncio, ele notou que o semblante de George Baker havia mudado. Balançando a cabeça, como se tivesse compreendido, respondeu:

— Mr. Bylfort, nós sempre fomos parceiros e jamais tive do que me arrepender. Vamos estudar a situação para ver o que é possível fazer para minimizar o problema. Passe-me os dados que tem em mãos para que possamos analisá-los.

Bylfort respirou profundamente, como se um hálito de vida lhe penetrasse o corpo. Passou a pasta que descansava no colo, explicando que ali estavam todas as informações necessárias.

George abriu a pasta e foi passando os olhos nos documentos; vez por outra fazia algum comentário ou um questionamento, a que Bylfort respondia com presteza. Após analisar tudo cuidadosamente, George fechou a pasta e, fitando o outro, deu o seu parecer:

— Bylfort, sua situação é bem difícil, não resta dúvida. Todavia, não é insolúvel. Vejamos o que é possível fazer. Após analisar estes documentos, cheguei à conclusão de que sua empresa é boa e tem condições de dar bons lucros. Isto é, desde que consiga lastro financeiro para continuar funcionando.

George calou-se por alguns segundos e em seguida prosseguiu:

— Faço-lhe uma proposta. O que acha de sermos sócios? O senhor tem conhecimento do ramo, mas no momento não tem dinheiro para prosseguir nas atividades. Por outro lado, posso ajudá-lo financeiramente, o que me interessa, visto que sou comerciante e preciso de uma empresa de navegação.

Bylfort arregalou os olhos, gaguejando:

— Mas...

Visando a acalmá-lo, George explicou:

— Não se preocupe. O senhor permanecerá comandando a sua empresa e fazendo seus negócios. Da minha parte, injeto os recursos e a "nossa" empresa de navegação continuará fazendo o transporte de cargas para mim, como já faz há dez anos. Em contrapartida, receberei uma porcentagem dos lucros que a empresa tiver com outros serviços. O que acha?

O pobre homem ergueu-se da cadeira, estupefato e emocionado, e gaguejou:

— Nem sei como lhe agradecer, milorde Baker. É a vida que o senhor me devolve e que sinto renascer em mim! É a oportunidade de prosseguir trabalhando de maneira honrada. Outro, nas mesmas condições, teria se aproveitado para derrotar-me e tomar-me a empresa nessa guerra de interesses que prevalece no ramo comercial. Mas o senhor demonstrou que é um verdadeiro *gentleman*. Obrigado! Obrigado!

George, também emocionado, considerou:

— Bem. Se suas palavras querem dizer sim, então proponho selar nosso acordo com um aperto de mão.

Depois desse gesto, animados, trocaram um grande abraço.

— Bylfort, é meu convidado hoje. Para comemorar, convido-o para almoçar em minha casa. Creio que já trabalhamos demais. Vamos? Minha esposa ficará contente de recebê-lo em nosso lar.

Agora, de cabeça erguida, com outra postura, e disposição, Thomas Bylfort acompanhou o novo sócio. Deixaram o escritório conversando animadamente e logo estavam chegando ao palacete.

O mordomo veio esperá-los à porta. Entregando os chapéus e as bengalas, George avisou:

— Arthur, avise milady Jane que já chegamos. Mr. Bylfort é nosso convidado e almoçará conosco.

— Sim, milorde. Seja bem-vindo, mr. Bylfort.

Ao ouvir as vozes na sala, Jane desceu as escadarias sorridente:

— Voltou mais cedo hoje, querido!

— É verdade. Querida, trouxe um amigo. Apresento-lhe mr. Thomas Bylfort.

Jane estendeu a mão e o convidado cumprimentou-a respeitosamente:

— Imenso prazer em conhecê-la, milady Baker.

— Os amigos de meu esposo são sempre bem-vindos em nossa casa, mr. Bylfort.

Sentaram-se e ficaram conversando. Assim, Jane ficou sabendo que ele residia com a família na província, mas que viajava bastante em virtude dos negócios.

Meia hora depois, Arthur veio avisar que a refeição seria servida. Dirigiram-se para a sala de jantar e conversaram sobre trivialidades, passando o tempo de maneira agradável.

Depois, sabendo que o hóspede se interessava por plantas, Jane convidou-o para visitar seu jardim, o que ele aceitou com muito gosto. Falaram sobre plantas diversas e Thomas mostrou que era entendido no assunto, dando-lhe inclusive algumas sugestões, acatadas por Jane com satisfação.

Em seguida, achando que já tomara tempo demais dos donos da casa, Bylfort despediu-se, ficando de trazer a esposa e as duas filhas na próxima viagem para que Jane conhecesse sua família. Inteirado de que seus anfitriões também tinham uma filha, ele considerou:

— Lamento não ter podido conhecê-la. Certamente deve estar fora, não?

Jane, um tanto constrangida, explicou:

— Não, mr. Bylfort. Helen encontra-se em seus aposentos, pois não está bem hoje. Desculpe-me.

Notando a tristeza de milady, ele murmurou:

— Eu é que lhe peço desculpas, milady. Recomendações à miss Helen.

O visitante despediu-se do casal, terminando por dizer:

— Milady, seu esposo é um homem de bem. Considero-me um felizardo por tê-lo entre as minhas relações de amizade.

Após essas palavras, ele partiu. Martin o levaria até o porto, onde pegaria o barco de retorno ao lar.

A sós com George, Jane olhou para ele, notou sua fisionomia bem diferente daquela que apresentara pela manhã e comentou que a visita do amigo fizera-lhe bem. Respirando fundo, ele trocou um olhar com ela e respondeu enigmaticamente:

— Muito mais do que você pensa, querida! Muito mais!...

— É mesmo? E por quê? Estou curiosa.

Ele permaneceu um instante calado, depois considerou:

— É porque hoje fiz um grande negócio. Agora somos sócios de uma companhia de navegação!

— Ah! George! Pensei que seu bom humor fosse por outra coisa. Você arrumou mais trabalho? Só pensa em dinheiro? Existem outras coisas na vida mais importantes que dinheiro.

Ele sorriu e baixou a cabeça, mantendo-se calado.

Intimamente estava muito satisfeito consigo mesmo. Era a primeira vez que agia sem pensar em lucro. A verdade é que ter ajudado aquele homem fizera-lhe muito bem. Sentia-se radiante por dentro. Não saberia explicar o bem-estar, a serenidade que estava sentindo. Era algo inusitado para ele.

26

Mudanças

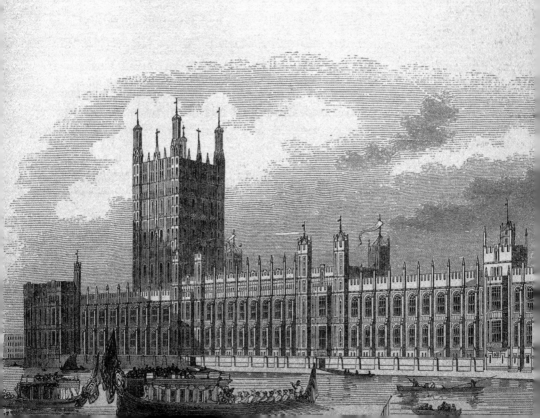

Naquele mesmo dia, George, fiel às mudanças que resolvera implantar em sua vida, após retornar para casa, estando em seu gabinete, mandou que Arthur chamasse Martin. Com o chapéu na mão, preocupado, visto que era a primeira vez que o patrão queria falar com ele no próprio ambiente de trabalho, o que significava uma conversa formal, o cocheiro bateu levemente na porta.

— Entre!

Amarfanhando o chapéu, tenso, o criado entrou temeroso.

— Milorde deseja falar comigo?

Com amplo sorriso, George convidou-o a sentar-se.

O criado tremeu ainda mais. Essa era uma atitude absolutamente inusitada do patrão, pois jamais um criado sentara-se na presença dele. Sentou-se na beirada da cadeira, engoliu em seco e, de olhos arregalados, aguardou.

— Sim, preciso falar com você, Martin. Tenho pensado no assunto e ainda não descobri o que pretendo fazer; por essa razão resolvi perguntar-lhe pessoalmente. O que você deseja da vida?

— Eu, milorde?!... — gaguejou, revirando o chapéu nas mãos. — Não sei o que milorde deseja saber... Se fiz algo de errado, suplico-lhe perdão! Só penso em agradar ao senhor! E agora...

Balançando a cabeça e fazendo um gesto com as mãos, George tranquilizou-o:

— Acalme-se, Martin. Só quero o melhor para você. Todavia, não sei o que realmente você deseja, o que sonha para sua vida! Gosta de trabalhar como cocheiro?

Os olhos do criado brilharam.

— Sim, milorde! Adoro cuidar dos animais, limpar a carruagem, andar pela cidade levando milorde e milady Jane, ou a menina Helen. Sinto-me feliz agora, como nunca fui nesta minha vida! Pode acreditar, senhor!...

George ficou pensativo, depois respondeu:

— Bem. Se for assim o que realmente pensa, também fico contente. Mas e sua mãe? Violet também está contente com a vida que leva?

Mais à vontade, notando que nada tinha a temer, acomodando-se melhor na cadeira, Martin considerou:

— Milorde, minha mãe gosta do que faz. Lava roupas para as famílias mais abastadas, o que faz de boa vontade. O único problema dela consiste em transportar as malas de roupas limpas. Sente fortes dores nas costas e precisa constantemente tomar remédios para aliviar esse incômodo. Quanto ao mais, minha mãe é uma pessoa de bem com a vida. Não há situação que lhe desagrade, que a incomode. Então, apesar desse pequeno problema, ela está bem. Ajuda as pessoas, conversa com as vizinhas...

— Fico contente, Martin. No entanto, suponhamos que Violet pudesse decidir. O que ela realmente gostaria de fazer?

— Ah, milorde! Minha mãe adora lidar na cozinha, fazer salgados, tortas, doces...

George pensou um pouco e decidiu:

— Pois já tenho a solução para isso. Martin, diga a Violet que está contratada para servir aqui, na cozinha do palacete. O que acha? Violet aceitaria?

— Milorde! Esse é o sonho de minha mãe!... — respondeu o rapaz, e seus olhos marejaram. Tem certeza de que é isso mesmo o que deseja, milorde?

George deu uma gargalhada:

— Claro que tenho certeza! E tanto é verdade que, como não sairemos mais hoje, você poderá ir para casa e voltar amanhã com a mudança. Vou pedir a Arthur que mande preparar acomodações para vocês. Aliás, eu já deveria ter feito isso. A partir de hoje, não apenas você, mas também Violet passará a morar no palacete. Assim, ela evita andar tanto e carregar pesos, e vocês estarão juntos, como uma família.

Martin estava tão emocionado que nem sabia o que dizer. Aproximou-se e, abaixando-se, tomou a mão do patrão nas suas e beijou-a.

— Milorde... nem sei como lhe agradecer. O senhor é um homem muito bom. Obrigado! Obrigado! Eu e minha mãe tudo faremos para agradar-lhe cada vez mais. Pode confiar em nós. Se precisar de algo, qualquer coisa, estaremos à sua disposição e à disposição de sua família. Deus lhe pague!

George também se sentia comovido. A gratidão do rapaz era verdadeira e ele sentiu que, de Martin, vinha uma sensação boa, como se uma luz se irradiasse dele vindo ao seu encontro e, ao atingi-lo, penetrasse em seu corpo, espalhando-se por todo o organismo.

— O que está esperando, rapaz? Vá! Vá logo antes que eu me arrependa!

— Sim, milorde! Deus lhe pague! Amanhã cedinho estaremos aqui!

Martin saiu do gabinete correndo e quase trombou com Arthur que, com os ouvidos na porta, tentava ouvir o que eles estavam conversando lá dentro.

Arthur empertigou-se e entrou, estranhando a expressão de felicidade do patrão. Franzindo as sobrancelhas, indagou:

— Milorde, aconteceu alguma coisa? Martin saiu daqui tão apressado!

— Está tudo bem, Arthur. Mande preparar acomodações para a mãe dele, que virá morar aqui. Contratei Violet para ajudar na cozinha. Amanhã cedo virão com a mudança. Arrume um espaço maior na ala dos criados, pois desejo que Martin fique junto da sua mãe.

— Sim, milorde. Mais alguma coisa?

— Não, é só. Pode ir.

George ficou um pouco mais no gabinete, aproveitando aquela deliciosa sensação de dever cumprido, de satisfação por ter realizado algo que iria deixar duas pessoas felizes. Agradecendo a Deus, orou como nunca tinha orado em sua vida. Em seguida, levantou-se para sair do escritório.

Ao erguer-se, sentiu nitidamente a presença do seu inimigo que, recostado à ampla janela, de braços cruzados o fitava fixamente:

— *Ponto para você, Samuel Steng.*

Saindo do gabinete, ele encontrou Jane, que vinha saber o que estava acontecendo, pois vira Martin partir como um cavalo desembestado, e Arthur lhe informara que seu esposo tomara decisões a respeito de Martin e sua mãe.

— Querido, o que está acontecendo?

George contou-lhe sobre a decisão que havia tomado. Dotada de nobre coração, ela aprovou, satisfeita. Depois, ele a enlaçou-a pelos ombros e murmurou:

— Jane, vamos subir? Estou precisando descansar hoje. Sinto-me muito bem, mas preciso ficar quieto, pensando em tudo o que aconteceu.

— Vamos, meu amor. Também pretendia recolher-me mais cedo.

— Como está nossa filha? — ele quis saber, preocupado.

— Helen está muito bem. Passei pelos seus aposentos. Dorme como um anjo. Fique tranquilo.

— Graças a Deus!... — murmurou, pois sabendo da presença de seu inimigo, temia que ele afligisse a filha querida.

Dentro dos aposentos, ele jogou-se no leito, enquanto Jane sentava-se ao seu lado.

— Agora me conte, George. O que o fez decidir-se pela contratação de Violet como criada?

Olhando para a esposa, ele sorriu candidamente:

— Conversando com Martin, fiquei sabendo que esse era o sonho de Violet, que adora trabalhar na cozinha, fazer iguarias e doces, cremes e biscoitos. Então, achei que ela iria nos beneficiar com suas prendas. Não acha?

— Sim, querido. Será ótimo! Rose é boa cozinheira, porém precisa de uma ajudante mais esperta. Gostei da sua decisão.

E outra coisa: Martin não ficará longe da mãe, que nos tem ajudado tanto, não é?

— Foi o que pensei. Além disso, agora, quando Helen tiver uma crise, Violet estará por perto.

— Interesseiro!... Não, você não me parece ter tomado essa decisão por interesse.

— Querida, vamos nos vestir, antes que eu adormeça assim como estou.

Eles se arrumaram e se deitaram satisfeitos. George, especialmente, tinha um ar de serenidade, de bem-estar e de paz, que surpreendeu Jane.

"George deve estar me ocultando algum segredo. Ele anda muito misterioso. Mas eu ainda vou descobrir!", pensou, antes de fechar os olhos e entregar-se ao sono.

Na manhã seguinte, bem cedo, Violet chegou trazendo suas roupas, alguns objetos de uso pessoal e tudo o mais que era necessário para sua mudança. Estavam felizes os dois. Rose, que apreciava Violet, ficou contente com a decisão do patrão.

Durante toda a parte da manhã, Violet ajeitou suas coisas e as de Martin, que deixaria o cômodo onde ficara até o dia anterior, para compartilhar com a mãe um espaço maior e mais agradável.

Após o almoço, já uniformizada, Violet apresentou-se formalmente para Jane, que estava nos aposentos de Helen:

— Milady, estou muito feliz por estar aqui no palacete. Para o que precisar de mim, estou à sua disposição. Como está, miss Helen? Deseja comer alguma coisa especial?

Helen, ainda sonolenta, pensou um pouco e disse:

— Estou bem, Violet. Há tempos não como torta de maçãs, de que gosto muito.

— Pois farei uma linda torta de maçãs com nozes para o jantar. Mais alguma coisa, milady?

— Não, Violet. Rose já tem as orientações para o jantar.

— Então, com licença. Se precisarem de mim, estou na cozinha.

Depois que Violet saiu, Jane se pôs a pensar. Helen estava bem. Bem demais. Fazia dias não sentia nada estranho, as crises haviam desaparecido. O que será que aconteceu? Não acreditava em milagres, pois conhecia a origem das perturbações que atacavam sua filha; no entanto, uma estranha calmaria envolvia todo o palacete. Onde estariam os espíritos vingativos que desejavam destruí-los?

Após George chegar do serviço à tarde, ao conversar com ele, tocou no assunto que a atormentava e sugeriu:

— Será que aquelas entidades foram embora, nos deixaram em paz?

Naquele instante, George viu Herbert Willemont, que ouvia a conversa dos dois:

— Não, querida. Eles não devem ter ido embora. Talvez estejam nos observando para ver como agimos.

— Acha mesmo, George?

— Sem dúvida! Esses espíritos conhecem como fomos no passado. Agora querem ver como agimos no presente; se mudamos intimamente, ou se somos os mesmos do passado.

— Faz sentido. Amanhã temos reunião e podemos perguntar a eles, querido.

— Bem lembrado. Amanhã iremos nos reunir de novo. Veremos se há alguma novidade.

Jane olhou longamente o marido, analisando seus comentários sobre o assunto e as mudanças que se haviam operado nele quanto às questões espirituais e às conquistas alcançadas. Intimamente dava graças a Deus por isso.

27

Oliver

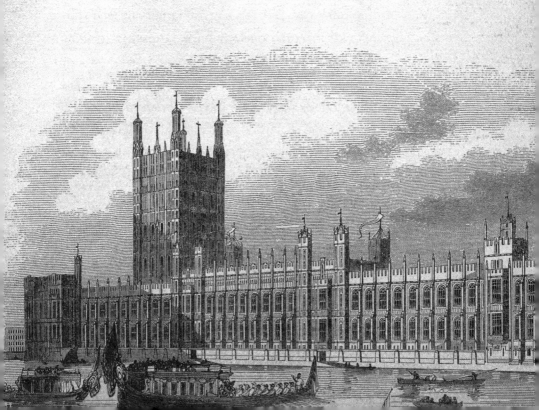

Na manhã seguinte, George entrou na carruagem para ir ao escritório da companhia, pensando nas alterações que teria de implantar em seu próprio escritório, como parte das mudanças da sociedade com Thomas Bylfort. Teria de deixar os documentos prontos para quando ele viesse para tornar pública a sociedade na companhia de navegação.

Logo ao sair de casa, pensativo, George olhava pela janelinha, admirando a bela manhã, quando viu um rapaz magro e malvestido, que revirava o lixo à procura de algo para comer e, deparando com uma fruta, passara-a na roupa tentando limpá-la. Ia levá-la à boca quando olhou para a carruagem que passava e viu o senhor que o fitava. Lembrou-se dele e pôs-se a correr, virando a esquina, não desejando ser reconhecido.

No entanto, George já o reconhecera. Gritou uma ordem rápida ao cocheiro:

— Martin! Vire a esquina e siga o rapaz maltrapilho. Não o perca de vista!

O cocheiro imediatamente obedeceu e, vendo o garoto que corria, passou a segui-lo.

— O que faço com ele, milorde? — gritou olhando para trás, com o veículo em movimento.

— Não faça nada. Apenas, quando chegar bem perto, pare e segure-o. Quero falar com ele — gritou de retorno o patrão, com a cabeça para fora da janelinha.

Assim foi feito. Não demorou muito, Martin segurou o rapaz, que fazia vãos esforços para escapar. Aproximando-se de ambos calmamente, George lançou-lhe um olhar, examinando-o de alto a baixo e perguntou.

— Por que estava fugindo, rapaz?

Apavorado, ele abaixou a cabeça e manteve-se calado.

Compreendendo-lhe a situação e o medo, George explicou:

— Acalme-se! Não desejo causar-lhe mal. Só fazer-lhe uma pergunta: foi você que me entregou um bilhete certa madrugada?

O rapaz balançou a cabeça, confirmando. George perguntou:

— Como se chama?

— Oliver, milorde.

— Muito bem, Oliver. Por que estava perto da minha residência?

O rapaz permaneceu calado, temeroso.

— Não tenha medo, pode falar. Só desejo saber a verdade.

O rapazinho continuou calado ainda por alguns segundos, depois, decidido, abriu a boca:

— Milorde, apenas tinha vontade de ver Helen. Afeiçoei-me bastante a ela e, sempre que posso, venho aqui com a esperança de vê-la passear no jardim. Desejo saber se está bem, mais nada. Às vezes, ela aparece e alegro-me em vê-la, mesmo de longe, sabendo-a bem e recuperada. Houve época em que fiquei muito preocupado. Ela não aparecia e então achei que estava doente, talvez com as mesmas "coisas" que tinha antes.

"Ah! Quer dizer que Helen tinha 'coisas' antes? Certamente meu inimigo se beneficiava da fraqueza e das percepções dela em relação ao mundo espiritual!", pensou ele.

Naquele momento, George lembrou-se das palavras da filha, por ocasião do seu aniversário, e as imagens permaneceram em sua mente por longo tempo. Helen falava com muito carinho e gratidão desse amigo que a ajudara em momentos tão difíceis e que, depois, sabendo que iria perder a oportunidade de vê-la, optou por salvá-la, pois caso contrário ela teria morrido naquele cortiço.

George respirou fundo e disse:

— Por que fugiu naquela madrugada? Quando levantei a cabeça, após ler o bilhete, você tinha desaparecido!

— Eu não queria que Helen soubesse que eu tinha vindo procurá-lo. Ela não queria que a encontrassem naquela situação miserável. Tinha vergonha. Todavia, tomando uma decisão, que era só minha, unicamente minha, vim procurá-lo. Mas não desejava que soubesse minha identidade.

— Entendi. Onde mora?

O rapaz deu o endereço de um bairro muito pobre, exatamente aquele onde Helen fora localizada. Isso significava que ele continuava morando no mesmo lugar. Como o cavalheiro se mantivesse em silêncio por segundos, o rapaz perguntou:

— Mais alguma coisa, milorde?

— Bem. Na verdade, quero agradecer-lhe por tudo o que fez por minha filha, Oliver. Procure-me neste endereço amanhã cedo.

Pegou um bloquinho que trazia no bolso do paletó, rabiscou alguma coisa e entregou a folha ao rapaz.

Entendendo a intenção do cavalheiro, Oliver levantou a cabeça, com orgulho indisfarçável, e disse:

— Milorde, não precisa agradecer-me. O que fiz foi por gostar muito de Helen, que é minha amiga.

— Entendo. Entretanto, ainda não sabe o que desejo, rapaz. Vá até este endereço e conversaremos.

Em seguida, virou-se para o cocheiro, apressado:

— Martin, já perdemos muito tempo. Vamos!

Entrando na carruagem, George foi embora sem olhar para trás. Oliver, no entanto, permaneceu fitando o veículo que desaparecia no meio do movimento de carruagens, carroças e transeuntes. Pensativo, repetia-se mentalmente:

"O que será que o pai de Helen deseja de mim? Veremos. Amanhã irei procurá-lo. Por curiosidade. Só por curiosidade".

O dia transcorreu normal, em meio a uma série de assuntos urgentes que precisavam ser resolvidos. Assinando papéis ou conversando com compradores, George não conseguia tirar da mente a figura do rapazinho. Conquanto maltrapilho, ele tinha uma expressão orgulhosa e inteligente, postura digna e olhos indagadores, mas ternos.

Foi com ansiedade que aguardou o dia seguinte. Pela metade da manhã, o secretário confidenciou-lhe:

— Milorde, tem um mendigo aí fora que insiste em falar com o senhor. Já disse a ele que o senhor é muito ocupado, já o expulsei do prédio, mas ele continua firme em seu propósito de ser recebido. O que faço?

— Pois mande-o entrar, John! — ordenou George, divertido com o constrangimento do secretário.

Logo apareceu uma cabecinha desgrenhada no vão da porta.

— Entre, Oliver! Então, decidiu atender a meu convite?

O secretário, de braços cruzados e olhos estupefatos, acompanhava a cena. Desejando ficar a sós com o rapaz, ordenou:

— Pode ir, John. Se precisar de algo, eu o chamo.

Após a saída do empregado, George virou-se para o rapaz e convidou:

— Sente-se, Oliver! Deseja alguma coisa? Talvez um chá?

Como ele aceitasse a sugestão, chamou John e pediu-lhe que providenciasse dois chás. Em seguida, observando o rapaz com curiosidade, confessou:

— Tive medo de que não viesse, Oliver.

— O que deseja de mim, realmente, milorde? — quis saber o rapaz com postura digna e cabeça ereta.

Nesse momento, John retornou trazendo a bandeja com as xícaras de chá e alguns biscoitos. Serviu o rapazinho com certas reservas, em virtude da aparência física dele. No entanto, pegando a xícara com delicadeza, ele mostrou que sabia conduzir-se à altura da situação.

Admirado, George observava-o e notou que ele deveria ser de boa família, pelas maneiras delicadas e o jeito de segurar a xícara e levá-la aos lábios. Mas, como percebeu que o rapazinho também o examinava, entrou no assunto:

— Na verdade, chamei-o aqui porque estou precisando de um mensageiro. Aceitaria trabalhar neste escritório?

— Milorde fala sério?

— Certamente. Eu sempre falo sério.

— O que eu teria de fazer exatamente?

— Levar recados para as pessoas, transportar documentos de uma sala a outra, enfim, pequenos serviços. Nosso mensageiro mudou-se para outra cidade e pediu dispensa do trabalho. Assim, o cargo está vago. O que acha?

Oliver, respeitoso e sério, inquiriu:

— Então, não é por ter ajudado sua filha em certa ocasião, milorde?

— Não. Como disse, precisamos de alguém para o serviço.

Mais tranquilo, porém ainda sem sorrir, o rapaz concordou:

— Se é assim, aceito.

— Ótimo. Vou pedir a meu secretário que lhe explique tudo o que tem de fazer. Ele também lhe dará roupas e arrumará acomodação aqui mesmo, bem perto. Espero que entenda, Oliver. Onde mora atualmente é muito distante e, se precisarmos de você numa emergência, ficará difícil contatá-lo.

— Sim, milorde. De qualquer forma, eu teria de deixar meu quartinho. O dono está precisando dele.

Não disse o motivo, porém George entendeu. Certamente estava devendo o aluguel e o proprietário queria despejá-lo.

— Ah! Muito bem. Então, seja bem-vindo à nossa companhia!

Após chamar o secretário e notificá-lo da sua decisão, despediu-se de Oliver.

— Oliver, espero que se sinta bem aqui conosco.

— Obrigado, milorde.

O resto do dia George mostrou-se muito satisfeito, mas nada contou a Jane ao chegar a casa.

Na manhã seguinte, John abriu a porta do escritório do patrão e disse:

— Senhor, o rapaz que contratou ontem já está trabalhando. Quer que eu o traga aqui?

— Ótimo! Não, deixe-o entregue às suas obrigações.

Não desejando demonstrar um interesse muito grande por Oliver, no entanto o patrão ansiava ver como ele estava se portando nas novas atribuições. Após o almoço — George estava tão atarefado que nem conseguiu ir almoçar com a família —, surgiu um novo comprador e havia alguns documentos que precisavam ser transcritos, de modo que as partes ficassem com uma cópia.

Nesse momento, bateram à porta, e George mandou entrar. Era Oliver. Vinha trazer algumas folhas para o patrão assinar. Conversando com o comprador, George assinou os papéis sem olhar para o mensageiro. Ao terminar, entregou-lhe as folhas e disse:

— Mande-me o contador aqui.

Mas ao dar a ordem, viu um rapaz completamente diferente. De banho tomado, bem-vestido e cabelos penteados, a princípio não o reconheceu.

— Sim, milorde!

Ao ouvir aquela voz e notar os olhos que o fitavam, ele murmurou:

— Oliver? — indagou admirado.

— Sim, senhor! Deseja mais alguma coisa?

— Não. Apenas preciso falar com nosso contador.

— Sim, senhor! Vou avisá-lo. Com licença.

Surpreso, George abriu um sorriso enorme para o comprador, que não entendeu o motivo dessa reação.

Alguns dias depois, precisavam de alguém para copiar alguns documentos, mas o responsável estava ocupado com outra coisa. Oliver, percebendo a dificuldade, prontificou-se a fazer o serviço.

— Tem letra boa? — indagou John.

— Posso transcrever uma folha. Se acharem que minha grafia é boa o suficiente...

O secretário concordou e Oliver copiou um documento. Perfeito. Sem erros ou rasuras, nada. E a letra era linda. Percebendo o interesse do patrão pelo rapaz, John apressou-se a informá-lo, ao entregar os papéis:

— Senhor, Oliver foi o copista.

George olhou as folhas, perfeitas, irrepreensíveis, sem qualquer rasura, e considerou:

— John, o que acha de colocarmos Oliver como copista?

— Creio que será bom para a companhia, e ele também irá gostar, milorde.

E assim, Oliver foi crescendo dentro da empresa, para satisfação dele e de George. Tudo o que ele fazia era de boa vontade, com bom humor, embora não sorrisse muito. No fundo, sempre havia certa tristeza que seus olhos não conseguiam esconder. Era corretíssimo em tudo, dava agora excelentes sugestões, quando necessário ou quando pediam sua opinião. Não era um rapaz inculto; ao contrário, tinha sempre uma boa ideia e não raro a sua sugestão era decisiva para finalizar favoravelmente alguma situação.

Oliver continuava subindo no conceito de todos, especialmente de George, que se sentia bastante feliz com a presença dele. Durante aqueles meses, aos poucos, um grande carinho por ele desenvolveu-se em seu íntimo. Quando às vezes coincidia de conversarem sobre outros assuntos que não os de trabalho, notava uma inteligência brilhante e nobre, que o fascinava.

Certo dia, obedecendo à vontade do seu coração, George pensou em convidar Oliver para almoçar em seu palacete. O rapaz agradeceu, satisfeito, porém disse reticensioso:

— Milorde, não sei se seria adequado levar um dos seus mais ínfimos funcionários para sua casa, ter contato com sua família...

— Pois não tenha dúvida, Oliver. Hoje, eu o considero mais do que a qualquer um dos meus empregados mais antigos. Não admito recusa. Vamos!

Calado, Oliver sentia o coração querer saltar do peito diante da oportunidade de rever Helen, aquela que amava acima de tudo e que sempre estivera em nível social tão distante dele. Todavia, apesar do honroso convite do patrão, pensou bem e disse:

— Milorde, sou muito grato ao senhor por tudo o que fez por mim. Mas sinto que preciso preparar-me melhor para esse encontro com sua filha, momento que me é tão importante. Perdoe-me.

— Entendo, Oliver, e sua atitude faz com que lhe tenha ainda mais respeito e consideração.

George Baker, porém, não ficava parado naquilo que já conseguira. Observando as bênçãos que advinham das suas atitudes enobrecedoras, prosseguia sempre, procurando fazer o melhor.

Agora, ele próprio admirava-se: "Como eu nunca reparei nas pessoas? Como pude passar por tanta gente sem notá-las? São criaturas humanas como eu, como Jane, como Helen e, no entanto, jamais olhei realmente para o rosto delas, como se não fossem ninguém!".

Finalmente ele aprendera, com a Doutrina Espírita, que o Evangelho de Jesus não é apenas para conhecimento das pessoas, mas para utilização na vida prática. Que, pelo fato de sermos seres em evolução, tendo vivido inúmeras existências, nas quais geramos afetos e desafetos com nossas atitudes, no momento estamos tentando fazer o melhor, aprendendo sempre e crescendo em moralidade.

Assim, com esse pensamento, George passou a olhar realmente, e com outros olhos, para cada pessoa, cada transeunte, cada pedinte, cada vendedor das ruas.

28

A florista

Certo dia George desceu da carruagem e caminhava, juntamente com Martin, por uma rua buscando um endereço que lhe fora recomendado, quando viu uma pequena vendedora de flores. Nesse momento, seus olhos cruzaram com os dela e sentiu infinita piedade. Era muito jovem e bela, apesar da palidez doentia e da magreza extrema. A cabeleira loira caía-lhe pelos ombros em cachos largos; os olhos verdes, lindíssimos, demonstravam tal tristeza e desconsolo que o comoveu. George notou que ela parecia prestes a desmaiar e, compungido, aproximou-se dela.

— Sente-se bem, senhorita?

Espantada ao ver o interesse do cavalheiro, ela respondeu:

— Sim, milorde. Estou bem. O que deseja?

A florista respondeu secamente, talvez com medo do desconhecido e, sem saber como agir, ele resolveu comprar algumas flores para Jane. Escolheu um belo ramalhete e voltou-se para a vendedora, estendendo a mão para pagar o ramalhete. Com sinceridade, tentando conversar, disse à florista:

— Que lindas flores! Está sempre por aqui?

Ao que ela respondeu, com voz sumida:

— Sim, milorde.

— Então deve ter muitos fregueses!

— Ao contrário, milorde. Muitos passam por aqui, mas com outra intenção. Fazem-me convites, propostas e, como não aceito, quase nada compram e, não raro, quando embriagados, voltando de alguma noitada, ainda destroem meus ramalhetes, deixando-me com o prejuízo — desabafou.

Depois, caindo em si, a florista pediu desculpas:

— Perdoe-me. O senhor nada tem a ver com minhas desditas.

Ainda mais apiedado da infeliz mocinha, ele disse, resoluto:

— Pois eu comprarei sempre suas flores! E para que não pense que esquecerei minha promessa, deixo-lhe pagos ramalhetes para um mês — e assim dizendo tirou da algibeira muitas moedas, que passou para a florista.

— Será o suficiente?

Sem poder acreditar no que estava acontecendo, a mocinha fitou as moedas em suas mãos e sorriu pela primeira vez naquele dia, maravilhada, e seus olhos brilharam, o semblante resplandeceu:

— Milorde! O que me deu é muito! Vou devolver-lhe o excedente.

— De modo algum! Fica como crédito para o outro mês, minha filha! — respondeu ele com bonomia.

A florista, encantada com tanta generosidade, confessou:

— Milorde, não sabe o bem que me fez hoje. O senhor recuperou o respeito que eu perdera pelos homens. Além disso, esta é minha primeira venda hoje. Assim, vou poder comer alguma coisa, pois estou faminta. Obrigada! Muito obrigada! Que Deus o abençoe!

George afastou-se dali com os olhos úmidos. Poucas vezes ficara tão comovido na presença de alguém.

A partir desse dia, todas as manhãs, Martin passava para pegar um ramalhete para Jane, em nome do patrão. George não descia da carruagem, porém adquirira o hábito de passar por aquela rua — que antes não fazia parte do seu trajeto usual —, somente para poder ver a florista; às vezes, descia para conversar com a jovem que tanto o encantara.

"Ela poderia ser minha filha! E se fosse Helen que estivesse passando por tamanha privação? O que eu gostaria que lhe fizessem? Sem dúvida, que alguém a ajudasse, preservando-a de perigos tão comuns na sociedade londrina, com tantos homens desprovidos de moral e amantes das bebidas e da vida boêmia, que poderiam representar ameaças para uma jovem tão bela e desprotegida!".

Desejando aproximá-la mais da sua casa, certo dia ele incumbiu Martin de avisar à florista que, a partir do dia seguinte, não poderia mais buscar as flores, em virtude de outra incumbência.

— Então milorde não deseja mais minhas flores? — indagou mortificada.

Com gesto tranquilizador, Martin explicou:

— Não é isso, senhorita. Milorde Baker solicita-lhe a gentileza de levar pessoalmente as suas flores no endereço anotado neste papel — e entregou a anotação à florista.

Aliviada, ela respirou mais serena, levando as mãos ao peito:

— Ah! Martin, você me deu um grande susto! Pensei que seu patrão tivesse cansado dos meus ramalhetes. Mas, diga-me, ele não tem nenhuma outra intenção, não é?

Martin sorriu diante do medo da mocinha que, certamente, já fora enganada outras vezes, e tornou a serenar-lhe o ânimo:

— Não, Wendy! Meu patrão é homem sério e respeitador. Ao chegar a esse endereço, verá que lá estarão muitas pessoas. Além disso, milady Jane, minha patroa, é muito boa.

Mais tranquila, Wendy combinou com ele que levaria as flores pela manhã para que milady as recebesse sempre bem fresquinhas.

Assim combinado, ao buscar o patrão no escritório, o cocheiro avisou milorde que já acertara tudo com a florista, como ele havia determinado.

— Muito bem, Martin. Agora preciso informar minha esposa.

Após a refeição, George sentou-se na sala como de hábito para ler o jornal. Jane o acompanhou, entretendo-se com as revistas recém-chegadas que traziam as últimas novidades em vestuário feminino. Aproveitando o momento, ele informou:

— Querida, a partir de amanhã virá uma jovem trazer-lhe flores. A mesma florista da qual tenho comprado já faz algum tempo. O nome dela é Wendy.

— George, você nunca foi de comprar tantas flores! Além disso, nosso jardim é bem florido! O que está acontecendo?

— Nada de mais, querida. O preço que ela cobra pelas flores é o menor de toda Londres e achei que valeria a pena.

Jane olhou para o marido fixamente, tentando devassar-lhe o íntimo.

— Tem momentos em que não entendo você, George! Suas razões não me convencem!

— Bobagem preocupar-se com pouca coisa, querida. O que fez hoje de interessante? — perguntou, tentando mudar o assunto.

— Não saí de casa. Fiquei lendo e conversando com Helen. Demos boas risadas juntas. Querido, como nossa filha está bem! Parece incrível que tudo tenha terminado dessa forma: em paz!

George manteve-se calado. Não sentia ânimo de contar à esposa que ele via o "seu inimigo" para não deixá-la preocupada. E, por outro lado, não poderia permitir que Jane conservasse uma ideia que não era verdadeira.

— Querida, vamos aguardar. Só Deus sabe se realmente nossa Helen está curada. Sinto-me exausto hoje. Tive vários casos difíceis para resolver na companhia, mas valeu a pena.

Na manhã seguinte, após a saída de George, Jane tomou seu desjejum e foi sentar-se num banco do jardim. Helen ainda dormia.

Estava um dia lindo, de sol brilhante, mas brando, e uma aragem soprava acariciando-lhe o rosto. Com um livro nas mãos, Jane estava imersa em seus pensamentos. De repente, ao erguer os olhos, viu uma jovem no portão. Era a florista. Talvez por timidez, ela não tocara a sineta e, por isso, Arthur não viera atender.

A distância, Jane achou-a muito bela. Interessada, ergueu-se e foi até o portão. A mocinha cumprimentou-a, encabulada:

— Bom dia, milady! Sou a florista. Vim trazer-lhe um ramalhete de flores, como pode ver — e inclinou-se numa mesura.

— Sim, sim. Entre. Como se chama?

— Wendy, senhora.

Desejando saber mais sobre a pequena florista, Jane convidou-a a sentar-se no banco, junto dela. Afinal, era uma jovem bela demais para passar despercebida por um homem.

— Desde quando você conhece meu marido, Wendy?

— Ah, milady! Há meses! Milorde Baker tem sido o anjo bom na minha vida.

E pôs-se a contar como era sua vida, as dificuldades que enfrentara, até os cavalheiros que, ao serem rejeitados por ela, destruíam suas flores, deixando-a em situação mais grave ainda, pois ela comprava as flores de um fornecedor e teria de pagar. Contou como havia conhecido milorde Baker e o quanto ele a tinha ajudado esses meses todos, comprando suas flores. Martin ia buscá-las, mas agora parece que ele tinha recebido outra incumbência e não poderia ir mais. Então, milorde pediu que Martin a avisasse para trazer a encomenda todos os dias.

Vendo a expressão de Jane, concluiu:

— Isso é... se milady não se incomodar. Hoje mesmo, só nos encontramos porque a senhora estava no jardim. Caso contrário, um criado viria atender e eu entregaria as flores. Está bem assim?

Jane sorriu emocionada. Diante das palavras da florista, começava a entender melhor as atitudes do marido. George sentia vergonha de fazer algo bom para as pessoas. Como sempre fora durão, firme, e agora estava mais brando, mais tolerante, não queria confessar-lhe seus sentimentos, sua nova postura. E diante daquela mocinha, quase uma menina, frágil e delicada — mas que já era obrigada a cuidar da própria subsistência —, sentiu-se envolver pela ternura. De repente, Jane ouviu:

— Milady? A senhora está bem? Se por qualquer motivo não quiser minha presença em seu palacete, mesmo que seja no portão...

Voltando a si, Jane sorriu e respondeu:

— Não se preocupe, Wendy. Está bem assim. Suas flores são lindas e você pode vir fazer a entrega. Só me dará prazer.

— Muito agradecida, milady. Procurarei incomodar o menos possível.

Conversaram mais um pouco, pois Jane tinha curiosidade em saber mais sobre a mocinha, que lhe contou rapidamente como fora sua vida. Terminara de falar, quando Arthur apareceu na escada e Jane o chamou:

— Arthur, a partir de hoje, a florista Wendy trará flores todos os dias.

— Sim, milady.

Um pouco assustada diante da postura do mordomo, da sua expressão séria, Wendy despediu-se rapidamente.

À hora do almoço, estavam sentados à mesa, quando Jane disse:

— George, a florista trouxe as flores.

— Ah, sim! Foi o que combinamos. Assim, Martin não precisará mudar seu trajeto todos os dias só para pegar o ramalhete.

— São lindas! A florista também é muito bonita.

— É verdade. Mas não tanto quanto você, querida.

Jane baixou a cabeça, enquanto cortava um pedaço de carne, pensativa.

— Wendy contou-me um pouco da sua vida, querido. Ela tem sofrido bastante. Sem pais, tendo sido criada por uma avó, que há anos é doente e não pode trabalhar; por isso, precisou lutar pelo sustento de ambas. Gostei dela. Parece-me moça séria e digna.

— Realmente, parece que ela se esforça bastante para ganhar a vida. Mas não sabia desses detalhes que você me contou — respondeu, levando o copo aos lábios e tomando um pouco de água.

— Ela é digna de toda a nossa ajuda, George.

Ele olhou para Jane e, colocando a mão sobre a dela, quis saber:

— Acha mesmo, querida?

— Sem dúvida!

— Então, está bem. Se assim o deseja, vamos ajudá-la.

George voltou a atenção novamente para seu prato, porém Jane notou que ele parecia sorrir levemente.

— George, hoje teremos reunião à noite. Não se atrase.
— Estou lembrado, querida. Voltarei mais cedo. Prometo.

Cerca de sete horas da noite, os convidados começaram a chegar, principiando por Peter Cushing e, em seguida, o casal Stanford. Violet e Martin, como criados da casa, já estavam presentes.

Após a oração preliminar, concentraram-se e ficaram aguardando. O tempo passava e nada de a entidade se comunicar. George, no entanto, percebia a presença do espírito, encostado na estante de livros, de braços cruzados, olhando-o fixamente.

Por uma questão puramente íntima, George não queria que soubessem que ele agora tinha a possibilidade de "ver" os espíritos desencarnados. Por certo preconceito contra essa nova condição, médium, nem mesmo a Jane contara essa particularidade. Então, manteve-se calado, aguardando. Naquela noite também nada aconteceu. Após mais algum tempo, Cushing deu por encerrada a reunião.

Arthur trouxe uma bandeja com chá e biscoitos, que serviu com sua classe costumeira, enquanto os participantes da reunião — com exceção de Martin e Violet, que levantavam muito cedo — conversavam, externando a estranheza que lhes causava aquele silêncio do inimigo. O fleumático mordomo manteve-se um pouco recuado, aguardando para servir os que assim o desejassem. Ao ver que todos estavam satisfeitos, mas inconformados pela ausência da entidade, ele pigarreou de leve.

Acostumado com o mordomo, George virou-se para ele.

— Sim, Arthur? Deseja algo?

— Sim, milorde. Perdoem-me, mas não pude deixar de ouvir o que conversavam. Se, porventura, se referiam a um cavalheiro com roupas antigas, ele está presente...

Assustados, os demais o fitaram perplexos. Jane foi a porta--voz dos demais:

— Você pode vê-lo, Arthur?

— Sim, milady. O cavalheiro em questão estava em pé, recostado na estante.

George virou-se para o mordomo e o olhou longamente, surpreso.

— Não sabia que você tem mais esse dom, Arthur!

— Bem, milorde, aprendi a calar-me porque ninguém iria entender. Desde jovem via os mortos e, quando tocava no assunto, as pessoas ficavam assustadas. Então, passei a evitar comentários.

Os amigos trocaram um olhar admirado e depois caíram na risada.

Aquela noite encerrou-se em meio à alegria geral.

George sentiu-se aliviado. Não precisaria comentar suas visões.

29
A dama de companhia

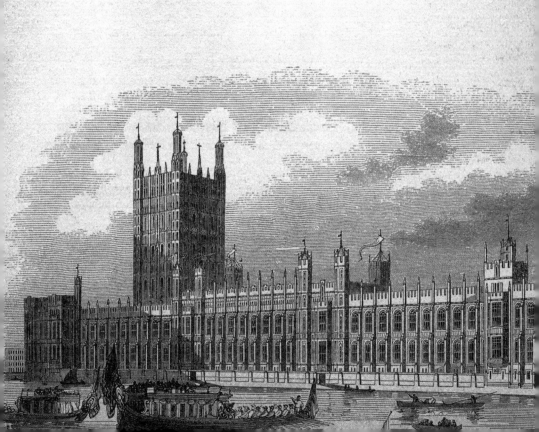

N a manhã seguinte, Jane sentou-se novamente no banco do jardim à espera da florista. Nem ela mesma sabia a razão de estar agindo assim. De alguma forma, sentira-se atraída pela mocinha. Simpatizara com ela e, pressentindo que seu marido queria ajudá-la, resolveu colaborar.

    Novamente conversaram bastante e Jane pôde notar que a jovem tinha excelente educação, proporcionada pela avó enquanto ela teve recursos, bem como era dotada de qualidades morais não muito comuns à época.

    Após a saída da florista, Jane dirigiu-se para o interior do palacete, mais precisamente para os aposentos da filha. Helen estava acordada, já tomara seu desjejum e conversava com a ama. Vendo a filha assim, apenas na companhia da criada, Jane teve uma ideia: "George quer muito ajudar a florista". E se a contratarmos como dama de companhia de Helen? Ambas têm mais ou menos a mesma idade e certamente encontrarão muito sobre o que conversar!

Jane sorriu ante esse pensamento. "Sim! Por que não? Além de receber uma importância mensalmente, com certeza maior do que seus ganhos com a venda das flores após descontar a parte do fornecedor, ela ainda estará livre dos perigos das ruas! É isso mesmo! Falarei com George. Antes, porém, vou apresentá-la a nossa filha".

Aliando o pensamento à ação, na manhã seguinte, quando a jovem chegou, Jane convidou-a a entrar.

— Venha tomar um chá em companhia de minha filha, Wendy. Quero que a conheça.

— Não quero incomodar, milady — tímida, a outra ficou em dúvida.

— Não incomodará, Wendy. Vocês têm mais ou menos a mesma idade. Gostará de Helen. Vamos? — completou, indicando a porta aberta.

Subiram os degraus da escada que, do jardim, conduziam à porta de acesso ao interior do palacete. Entraram. A florista, que jamais entrara em ambientes tão requintados, ficou maravilhada com a beleza do interior e olhava para tudo, perplexa. Jane levou-a até os aposentos de Helen, onde a jovem acabara de se vestir, auxiliada pela criada.

Ao ver a mãe entrar com uma linda moça, Helen sorriu. Era raro ter a oportunidade de ver pessoas da sua idade.

— Helen, trouxe nossa nova amiga, Wendy, para que a conheça!

Com o rosto corado, a florista aproximou-se e fez uma ligeira reverência:

— Encantada, miss Helen!

Helen olhou para a mãe indagando com o olhar onde tinha conhecido a bela mocinha. Jane entendeu e explicou:

— Wendy é florista e nos traz lindos ramalhetes de flores todas as manhãs.

— Ah! Lida com flores, então? Adoro ver as flores no jardim. Você já esteve lá? Quer vê-lo? Lucy, acabe logo com minha toalete; preciso ir ao jardim com Wendy!

Sorridente, Jane interrompeu a filha para dizer:

— Calma, Helen! Estou sabendo que ainda não tomou seu desjejum. Que tal irmos juntas até a sala? Assim, nós a acompanharemos, não é Wendy?

— Sim, milady! Como quiser.

Afoita, dando o braço a Wendy, Helen seguiu com ela à frente, conversando, e Jane atrás. Na verdade, Helen falava e Wendy ouvia. Muito tímida, e por estar em ambiente diferente, com pessoas diferentes, o luxo da habitação — tudo isso deixou a mocinha um tanto embaraçada, sem saber como agir em semelhante situação.

No entanto, a simpatia de Helen, que gostara bastante da nova amiga, fez com que esta logo se soltasse. Confessou não ter comido nada ainda e aceitou fazer o desjejum com Helen. Wendy ficou maravilhada quando Rose veio da cozinha saber se elas gostariam de comer algo especial, ao tempo em que ela via o bufê coberto de pratos deliciosos! Helen resolveu logo:

— Traga-nos ovos quentes, Rose! Você gosta, Wendy?

Diante da cozinheira que esperava a resposta, a florista assentiu com um gesto de cabeça.

— Ótimo. Trago rapidinho!

As jovens começaram a comer e a conversar, rindo por qualquer coisa. De longe dava para ouvir-lhes as sonoras risadas.

Sentiam-se alegres na companhia uma da outra. Jane, que as deixara sozinhas para que pudessem se conhecer melhor, sentada na sala, a saborear um delicioso chá, sorria com a ideia que tivera. Nunca vira a filha tão feliz! Seus olhos se nublaram de lágrimas ao lembrar que sua filha não tinha uma vida normal, como qualquer outra jovem da sua idade.

Nesse momento, Jane elevou o pensamento a Deus agradecendo pela bênção de ter conhecido a pequena florista. "No fundo", refletia, "não sei quem está ajudando e quem está sendo ajudada. Eu Te rendo graças, Senhor, neste instante por todas as dádivas recebidas!"

Por algum tempo elas se divertiram bastante juntas, até que Wendy olhou para o grande relógio de parede e lembrou:

— Obrigada, Helen, por tudo, mas agora preciso ir. Tenho uma pequena banca de flores e o dever me chama. Adorei conhecer você!

— Não vá, Wendy! Fique aqui comigo! Mal nos conhecemos! Mamãe! Wendy quer ir embora. Não deixe, por favor! — implorava ansiosa.

Jane veio da sala e, vendo a situação, acalmou a filha:

— Helen, nossa amiga Wendy precisa ir agora. Ela assumiu compromissos aos quais não pode faltar. Mas ela voltará, não é Wendy?

— Claro! Amanhã mesmo estarei de volta trazendo as flores que milorde Baker me encomendou. Agradeço-lhes a acolhida. Obrigada, milady. Até amanhã! — disse, terminando com uma mesura.

Assim dizendo, a jovenzinha saiu, deixando Helen inconsolável. A mãe abraçou-a carinhosamente e conversou com a filha, falando das dificuldades de Wendy, que precisava trabalhar para ter o seu sustento, diferente dela, Helen, que tinha tudo o que desejava.

— E a família de Wendy? Onde mora?

— Não sei onde mora, minha filha. Quanto à família, sei que não tem os pais. Mora com uma avó, que sempre cuidou dela e que agora está doente; assim, é ela que trabalha para manter a casa.

Helen levantou a cabeça do colo da mãe, perguntando:

— Não poderíamos contratá-la como criada? Ela moraria conosco, mamãe!

— Vamos pensar nessa hipótese. Precisamos conversar com seu pai — respondeu Jane, impressionada como tudo concorria para que desse certo sua ideia de trazer Wendy para o palacete.

— Então vamos falar com o papai?

— Sim. Deixe, porém, por minha conta. Eu sei como falar com George.

— Está bem, mamãe! Mas não esqueça!

Porém, naquele dia especialmente, George não foi fazer a refeição em casa, atendendo uns parceiros comerciais de passagem por Londres. À tardezinha, quando o pai retornou do escritório, Helen, eufórica, veio correndo encontrá-lo. Estava tão ansiosa que foi logo dizendo:

— Papai, mamãe precisa falar com o senhor!

— Sim?!... Jane, o que está acontecendo?

A esposa sorriu, fazendo um gesto para tranquilizá-lo.

— Vamos cear primeiro, querido. Depois conversaremos. Arthur, mande servir.

Sentaram-se à mesa, aguardando que os criados trouxessem as iguarias. Enquanto isso, a família conversava sobre amenidades.

— Como foi seu dia, querido? — perguntou Jane para iniciar a conversa.

— Muito bom, querida. Cansativo, mas com contatos bastante promissores. E você, o que fez?

— Nada de diferente. Fiquei em casa, separei umas roupas que desejo mandar ao padre para doação aos seus paroquianos mais necessitados. Conversei bastante com Helen e assim passamos o dia.

— Mamãe!... Só isso?!...

Jane lançou um olhar para a filha, acompanhado por Arthur, que permanecia de pé, empertigado, um pouco afastado da mesa; ele arregalou os olhos, virando-se para a jovem, que baixou a cabeça.

— Não. Tem também outro assunto que eu gostaria de conversar depois com você, George, a sós.

Mais tranquila, Helen sorriu, terminando de fazer a refeição em paz. Agora que o pai já sabia que tinham outro assunto a tratar podia relaxar.

Após a sobremesa, que Helen aguardava sempre com muita animação, ela despediu-se dos pais para recolher-se. George e Jane abraçaram a filha com muito amor, felizes por vê-la tão bem-disposta e sem problemas.

Como George estivesse bastante cansado, recolheram-se mais cedo. Em seus aposentos, após se prepararem para dormir, George sentou-se no leito e indagou:

— Querida, o que você tem para conversar comigo? Helen pareceu-me muito interessada e até ansiosa. O que houve?

Jane afofou os travesseiros e, acomodando-se também, respirou fundo e começou a falar:

— Querido, estive pensando: o que acha de contratarmos Wendy para dama de companhia de nossa filha?

Ele arregalou os olhos, pensativo.

— O que a fez pensar nessa hipótese, Jane?

— Vou lhe explicar.

Respirando fundo, contou ao marido como tinha conhecido a florista, e que várias vezes tinham ficado conversando no jardim nessa manhã, convidou-a para entrar e a apresentou a Helen, que se tomou de amores por Wendy, a ponto de não querer se separar da pequena florista.

Enquanto Jane falava, George pensava em como o Senhor trabalha em silêncio, abrindo os caminhos para a solução dos problemas.

"Sim, acho a ideia ótima! Preocupo-me realmente com Wendy, por quem me movi à compaixão. No fundo, era mais do que isso. Sinto-me muito ligado à jovem florista, desde o dia em que a conheci. No íntimo, bem lá no fundo, sinto como se ela fosse também minha filha! Parece-me que laços profundos me ligam à jovenzinha."

— Ouviu o que eu disse, George? — perguntou Jane, vendo que o marido parecia estar longe dali.

Voltando a si, ele a olhou com carinho e respondeu:

— Sim, querida. Ouvi muito bem. E, acredite, acho que tem razão. Resolveríamos dois problemas de uma só vez: o nosso e o de Wendy.

Aliviada, Jane respirou profundamente:

— Ah! Que bom que concorda comigo, George. Aliás, não é só comigo. Nossa filha se tomou de amores à primeira vista por Wendy. — E depois de breve pausa, prosseguiu: — E como vamos fazer? Você fala com ela?

— Sim, pode deixar por minha conta, Jane. Prometo-lhe fazer isso o mais rápido possível.

Com belo sorriso no rosto, Jane olhou para o marido candidamente e confessou:

— Querido, você é o melhor marido do mundo!

— Com uma esposa como você, não poderia ser diferente, Jane!

Eles se abraçaram com muito amor, trocando um beijo apaixonado. Depois, acomodaram-se e apagaram a luz de cabeceira.

Cada um deles fez sua oração em silêncio e, dentro em pouco, estavam dormindo, serenos e satisfeitos.

Tudo estava caminhando como deveria ser. As leis divinas trabalhavam para aproximar os espíritos necessitados de reparação.

30

A proposta

Alguns meses depois, Wendy praticamente já fazia parte da família. Naquele dia, Wendy passara o tempo todo com Helen, que não quis separar-se dela. Quando George falou com Wendy, oferecendo-lhe o cargo de dama de companhia da filha, a jovem florista ficou eufórica. Todavia, ao saber que deveria morar no palacete, com expressão desolada, ela explicou:

— Infelizmente, milorde, não poderei aceitar sua generosa proposta. Minha avó está muito doente, preciso fazer-lhe companhia à noite. Durante o dia uma vizinha, senhora muito boa e prestativa, cuida dela enquanto trabalho. Vez por outra vai ver se vovó está bem, se precisa de algo, ministra-lhe os remédios, dá-lhe banho e troca-lhe as roupas; além disso, serve-lhe a comida que faço pela manhã antes de sair para trabalhar a fim de que nada lhe falte ... — e a jovenzinha corou de vergonha ao completar —, quando tenho o que cozinhar, pois não raro falta-nos o necessário.

— E quando isso acontece, o que você faz? — ele indagou preocupado.

Wendy deu um longo suspiro e respondeu:

— Quando não tenho o que colocar na panela, a vizinha, generosamente, reparte com minha avó a comida que faz para sua família, de modo que ela não passe fome durante o dia.

— E para você, Wendy? Sobra-lhe o que para comer? Sim, porque você também precisa se alimentar, e até agora não falou de você!...

Ela sorriu tristemente, asseverando:

— Não se preocupe, milorde. Durante o dia, sempre alguém me dá uma fruta... ou um naco de pão. E, a bem da verdade, preciso de pouco para viver. Sou forte, como o senhor pode ver; nunca fico doente. Mas, como ia lhe dizendo, senhor, apesar de toda a ajuda que a vizinha me dá, durante a noite ela precisa cuidar da própria família, pois tem filhos que dependem dela.

Ouvindo-a falar, George sentia-se amargurado. Nunca pensara que a vida daquela mocinha fosse tão difícil, tão cheia de problemas. Jamais imaginara que ela tivesse tantas preocupações na cabecinha tão jovem, e começou a sentir-se pequeno diante de Wendy, que crescia aos seus olhos. Sim, ele certamente também tinha problemas, preocupações, mas tudo era fácil de resolver; recursos não lhe faltavam e tinha criados que executavam suas ordens; além disso, jamais lhe faltara o que comer.

E, naquele instante, George imaginou a filha Helen e a esposa Jane passando fome, morando em um casebre qualquer num bairro distante. Diante de um quadro tão terrível, respirou fundo, afastou tais pensamentos e concordou com a florista, que terminara de falar e aguardava. Pigarreou, disfarçando a emoção que o tomara de assalto, e disse:

— Tem toda razão, Wendy. Não pode morar no palacete. Mas, provisoriamente, pode trabalhar em nossa casa durante o dia e cuidar de sua avó à noite. O que acha?

— Ah, milorde! Nesse caso, aceito sua oferta de bom grado. Será uma bênção não precisar mais ficar nas ruas, ao relento, com sol e chuva, ou no inverno, debaixo da neve... Obrigada, milorde.

Wendy abaixou-se tentando se ajoelhar diante dele, enquanto lhe tomava a mão nas suas, depositando um beijo respeitoso e agradecido. Incomodado, ele reagiu:

— O que está fazendo, Wendy? Não! Não se ajoelhe, minha filha. Levante-se!...

Quando ela se ergueu, George viu-lhe o rosto banhado em lágrimas e a expressão de gratidão com que o fitava.

— Milorde, pode acreditar! Não se arrependerá de dar-me uma ocupação. Serei a mais fiel e devotada criada que o senhor já teve em sua vida.

Aquele homem riquíssimo, orgulhoso, não raro arrogante, que se sentia um lorde, dobrou-se diante da jovem, comovido:

— Não tenho dúvidas quanto a isso, Wendy. Confio em você. Sei que não vai me decepcionar. Agora, já é tarde e logo escurecerá. Vá! Amanhã nós a estaremos esperando no palacete. Ou melhor, eu a levarei até sua casa.

Vendo Martin, que aguardava a alguma distância para levá-lo a um encontro de negócio, chamou-o.

— Podemos ir agora, Martin. Antes, porém, levaremos Wendy para casa.

Sem dar atenção à mocinha que não queria que ele se desse ao trabalho de acompanhá-la, afirmando morar muito longe, George indicou-lhe a porta e ela não teve outra opção senão aceitar o oferecimento.

Wendy sentou-se no banco almofadado, recendendo a lavanda, afundando naquela maciez agradável que nunca sentira. Era a primeira vez que entrava em uma carruagem. Martin, em certa ocasião, já a levara para casa, mas Wendy sentara-se ao lado dele, na boleia. Agora era diferente, ela estava acomodada em macias almofadas, ao lado de milorde, como uma lady. O cocheiro tomou o rumo do bairro pobre onde ela morava, passando por regiões desconhecidas do patrão. Após mais de trinta minutos de trote acelerado, a carruagem parou.

George nem esperou Martin abrir a portinhola. Desceu rápido, oferecendo a mão para Wendy, que colocou os delicados pezinhos no degrau e pulou para a rua. Alguns transeuntes e pessoas que estavam na rua conversando olharam surpresos e passaram a comentar em voz baixa sobre a jovenzinha chegando de carruagem e acompanhada de um lorde.

Olhando em torno, George nem prestou atenção a eles, mas a um amontoado de pequenas casas, em precárias condições de conservação. Telhados quebrados, janelas com madeiramento estragado, cercas que permaneciam de pé por milagre, portões desconjuntados; sujeira por todo lado.

— Minha casa é aquela, milorde! — apontou Wendy com o indicador.

Rapidamente, George Baker encaminhou-se para a casinhola paupérrima, enquanto Wendy seguia atrás dele sem conseguir detê-lo. Anoitecera. Abriu a porta, que rangeu nas dobradiças, e a luz de uma vela bruxuleou na escuridão. A casa constava de uma sala, da qual se via a porta de um quarto onde alguém tossia. À frente, havia um cubículo que certamente seria a cozinha. Mais nada.

George dirigiu-se ao quarto, seguido de Wendy, que pegou a vela para iluminar, mesmo que parcamente, o caminho. Em uma cama, ele viu uma mulher coberta com esfarrapada manta. Wendy, sem que houvesse necessidade, explicou:

— Esta é minha avó Guinevere, milorde. Sempre trabalhou muito, até que teve um problema e ficou assim: não fala, parece que não ouve e quase não se move. Tenho de fazer quase tudo por ela e, felizmente, conto com a ajuda da vizinha, que me ajuda nos cuidados com a enferma, como já lhe expliquei, senhor.

Diante do quadro, da pobreza tão crua como nunca imaginara existir, George não conseguiu ficar ali. Despediu-se de Wendy, entregando-lhe algum dinheiro e partiu, não sem antes confirmar que a esperaria pela manhã no palacete.

Acomodado na carruagem, George quedou-se perplexo. Os problemas e as dificuldades que a pequena florista enfrentava com tamanha galhardia era admirável. Seu coração enternecia-se cada vez mais ao pensar nela. Aguardaria com ansiedade o dia seguinte.

Chegando ao palacete, Jane foi encontrá-lo, preocupada pela demora do marido, que jamais se atrasava para a ceia. Milady esperou que ele entrasse, entregasse o chapéu e a bengala para o mordomo e fosse ao seu encontro.

— Aconteceu alguma coisa, querido? Jamais chegou tão tarde! Problemas na empresa?

— Não, querida. Depois conversaremos. Vamos à ceia. Estou exausto.

Logo estavam sentados à mesa, degustando as iguarias que iam sendo trazidas, enquanto falavam sobre amenidades.

De súbito, ele indagou ao lembrar-se da filha, que nessa noite não estava à mesa.

— Helen está bem?

— Sim, está ótima! Como você demorou a chegar, e ela estivesse faminta, ceou mais cedo.

— Ah! Tenho boas notícias, Jane. Wendy virá amanhã assumir sua função de dama de companhia.

Colocando os talheres no prato, Jane arregalou os olhos claros, agradavelmente surpresa, enquanto levava o guardanapo aos lábios.

— É realmente uma ótima notícia, George! Helen ficará muito contente. Wendy virá com a bagagem? — indagou, pensando que teriam de arranjar-lhe acomodação.

— Infelizmente, não. Enquanto a avó estiver viva, terá de dormir em sua casa, pois não tem com quem deixá-la.

Ao saírem da mesa de refeições, acomodaram-se na sala predileta, e George descreveu em detalhes tudo o que tinha visto, deixando-a comovida.

— Querido, mais do que nunca Wendy merece o nosso apoio. Fez bem em aceitá-la com essas condições. Não pode abandonar a avó, idosa e enferma. Vamos contar para Helen a boa notícia.

De braços dados dirigiram-se aos aposentos da filha, que terminara de arrumar-se para dormir e, naquele preciso instante, deitava-se no leito. Ao saber da novidade, Helen exultou.

— Que bom, papai! Deu tudo certo! E, se a avó está tão doente assim, logo irá embora deixando Wendy livre para ficar aqui conosco!

— Certo, minha filha! — concordou o pai, acrescentando: — Mas não podemos desejar que a avó de Wendy venha a falecer. Conquanto seja fenômeno natural nas leis da vida, é a única pessoa da família que ela ainda tem. Agora trate de dormir. Amanhã você terá um dia cheio de novidades com a chegada de Wendy. Durma bem, querida! Tenha bons sonhos!

Na manhã seguinte, Helen acordou cedo, ansiosa para ver Wendy chegar. Quando a campainha tocou, ela ficou agitada, pedindo ao mordomo que abrisse logo o portão. Wendy, um pouco encabulada, deu entrada no palacete e, vendo que Helen a esperava, cumprimentou-a com uma leve mesura. Mas Helen abraçou-a com carinho, sugerindo que fossem fazer o desjejum. Wendy aceitou animada. Na verdade, ainda não se alimentara.

Sentaram-se na sala de refeições e mergulharam nas coisas deliciosas do café da manhã, preparado por Rose e Violet. Depois, dirigiram-se aos aposentos de Helen que, ao observar disfarçadamente o traje de Wendy, disse à sua dama de companhia:

— Wendy, agora, pela sua função, terá de vestir-se bem, pois me fará companhia em passeios, festas, visitas e tudo o mais que for necessário. Como temos basicamente o mesmo corpo, não será difícil arranjar-lhe roupas e calçados mais adequados à sua nova ocupação.

Abriu-se grande armário e, durante a manhã, examinaram-se as roupas de Helen que pudessem servir em Wendy. Lucy, a criada de quarto, tirou vários trajes e foi colocando sobre o leito; olhava com ar entendido e separava aqueles que Wendy deveria experimentar. Logo, quatro trajes completos foram separados e entregues a Wendy, cujos olhos brilhavam de entusiasmo. Experimentou-os um a um e, a cada novo vestuário, sentia-se mais encantada.

— Nunca usei roupas assim tão ricas e belas! Nem sei se serei capaz de vesti-las! Além disso, Helen, eu não posso voltar à noite para casa vestida assim!... Os vizinhos iriam estranhar!...

— Se preferir, poderá tirá-los à noite e voltar usando as suas antigas roupas.

Assim combinado, durante o dia Wendy passou a levar uma vida de princesa. Ao anoitecer, com tristeza, despia as vestes novas e retornava para casa com seus velhos trajes, a que estava acostumada.

Em pouco tempo, Wendy de tal forma se adequara àquela vida que parecia nunca ter tido outra. Causava espanto a todos suas maneiras refinadas, a delicadeza no trato com as pessoas e ao conversar com as visitas no palacete. Parecia que nunca tivera outra vida. Quando alguém perguntava quem era a jovem tão elegante e refinada que ninguém conhecia, Jane respondia que era uma amiga que viera da província para passar algum tempo com a família.

Assim, como Helen nesse período se mantivesse equilibrada, passaram a aceitar convites para passeios e chás. E Wendy passou a conhecer o lado agradável da vida, deslumbrando-se com tudo o que via. À noite, George e Jane faziam outros programas, como ir à ópera, a bailes e reuniões em casas de amigos.

Alguns meses depois, certa manhã Wendy não compareceu ao palacete. Helen e seus pais ficaram intrigados. Martin foi verificar o que tinha acontecido e voltou com a notícia:

— Milorde, a senhora Guinevere, avó de Wendy, faleceu ontem à noite. Está sendo velada.

Vestindo um traje apropriado, Jane, George e Helen foram ao enterro. Não poderiam deixar de estar junto de Wendy, prestando-lhe solidariedade, agora que se tornara tão importante para eles e que, com certeza, estava sofrendo com a perda da única pessoa da família que lhe restara.

Ao vê-los descer da carruagem indo ao seu encontro, Wendy sentiu-se comovida. Abraçaram-se e a mocinha chorou nos braços de Jane, de quem sentia agora afeto de mãe. A pedido do patrão, Martin procurou a vizinha que tanto ajudara Wendy e a avó, inteirando-se de tudo o que precisava ser regularizado. Assim, George entregou uma boa importância para a vizinha, considerando também seus préstimos durante aquele tempo, além de valor suficiente para saldar todos os débitos de Wendy.

Após o enterro, nada mais tendo a fazer ali, a antiga florista despediu-se da vizinha, dos outros conhecidos e partiu definitivamente para o palacete.

31

Reencontro

V́ários meses se passaram.

Certo dia, um rapaz apresentou-se no palacete. Como Arthur estivesse ocupado com George no gabinete, tratando de assuntos concernentes à administração da casa, Wendy foi atender à porta e admirou-se ao ver um moço elegante, bem-arrumado, de boas maneiras, que solicitou:

— Por gentileza, milorde Baker me aguarda. Diga-lhe que é Oliver.

Com delicadeza, Wendy mandou que ele entrasse e encaminhou-o até uma sala, convidando-o a sentar-se e aguardar, enquanto avisava milorde da sua presença. Alguns minutos depois, o dono da casa veio receber o rapaz.

— Muito bem, Oliver. Vejo que aceitou o meu convite.

— Sim, milorde. Não poderia deixar de cumprir uma ordem sua. Assim, aqui estou. O que deseja que eu faça? — respondeu o rapaz, que se levantara ao vê-lo entrar, inclinando-se respeitosamente à espera de alguma ordem do patrão.

— Fique tranquilo, Oliver. Certa ocasião, você pediu-me algum tempo julgando não estar preparado. Creio que já teve esse tempo. Agora, tenho um pedido especial a lhe fazer. Mas, antes, deixe-me apresentar-lhe minha família.

E, dirigindo-se a Wendy, solicitou que avisasse a esposa e a filha que tinham visita.

— Sim, milorde — respondeu ela prontamente, deixando a sala para cumprir a ordem recebida.

Não demorou muito para que, curiosas, visto que não esperavam ninguém, Jane e Helen entrassem na sala, seguidas de Wendy. Perplexa, Helen olhava aquele rapaz, sem poder acreditar no que viam seus olhos. Ao fitá-la, ele corou de prazer, com o coração a bater descompassado.

"Sim! Não há engano possível! É ele mesmo! Bem diferente daquele que conheci, mas é ele! O mesmo sorriso, o mesmo jeito de olhar!", pensou ela.

— Oliver, meu querido Oliver! Como chegou até aqui, em minha casa?... Por qual milagre de Deus? — depois, ela virou-se para o pai, inquirindo-o sem palavras.

George olhou a filha com imensa ternura e esclareceu:

— Querida Helen, sempre soube do afeto que nutre por seu amigo Oliver, que tanto a ajudou na época mais difícil de sua vida. Certo dia, eu o vi por acaso nas ruas e, conquanto ele quisesse fugir, Martin não permitiu. Conversamos, disse-lhe que desejava ajudá-lo por tudo o que fizera por você. Enfim, há meses ele trabalha na companhia e estou muito feliz em tê-lo como meu subordinado.

Jane, que desconhecia essas particularidades, sentiu os olhos umedecerem. A emoção por ver o quanto o esposo mudara era indescritível. Abraçou-o com profundo amor e gratidão, dizendo baixinho:

— George! Por que não me contou?

— Teria estragado minha surpresa para Helen.

Olharam para a filha, que nada mais via. Com o rosto banhado em lágrimas, Helen correu para o rapaz que, a princípio, não sabia como agir, que atitude tomar, diante dos pais dela. Todavia, ao vê-la correr ao seu encontro, esperou-a de braços abertos, e trocaram um longo e emocionado abraço.

— Meu querido amigo! Quanto senti sua falta! Apesar dos problemas, das dificuldades, o tempo que passei ao seu lado foi muito importante para mim. Desde aquela época, eu sentia uma tristeza imensa por não ter notícias de você, não saber como estava, se continuava no mesmo lugar... enfim, se estava vivo! — dizia ela num murmúrio, acariciando os cabelos dele.

— Também sofri bastante, Helen. No entanto, ao contrário de você, eu sabia onde morava e, muitas vezes, pude vê-la no jardim.

— E por que nunca me chamou?... — indagou num misto de ansiedade e decepção.

— Achei que seu pai não gostaria. Mas, agora, é por causa dele que estou aqui.

— Onde você mora? Com quem?

— Na empresa. Milorde permitiu que eu ficasse lá; cedeu-me um quarto e moro sozinho.

George achou que já lhes tinha dado tempo suficiente para conversar e interferiu:

— Muito bem. Agora que já se encontraram, vamos ao que realmente interessa. Oliver, eu o convidei para estar aqui hoje porque desejava que almoçasse conosco. Não disse antes, pois temi que não aceitasse.

— Milorde! Não sei se devo...

— Como não? É nosso convidado! Quero apresentá-lo formalmente à minha esposa, Jane, e a Wendy, visto que Helen você já conhece.

Oliver empertigou-se, deu alguns passos ao encontro de Jane, inclinando-se, reverente.

— Milady, sinto-me imensamente honrado por conhecê-la.

— Obrigada, Oliver. Seja bem-vindo à nossa casa.

Depois, ele virou-se para a jovem ao lado, afirmando:

— Encantado, miss Wendy. Conhecemo-nos quando me abriu a porta, não?

— Sim, sem dúvida — disse ela com um sorriso, inclinando-se delicadamente.

George estava satisfeito e sorria diante da cena que tanto havia imaginado durante meses e que agora se realizava. Então propôs:

— Estando todos apresentados, sugiro que nos encaminhemos à sala de refeições.

Arthur abriu a porta e viram uma mesa arrumada que os aguardava. Rose e Violet haviam preparado iguarias deliciosas a pedido de George, servidas pelas criadas.

O repasto transcorreu em clima de agradável cordialidade, ocasião em que aproveitaram para conhecer-se melhor, contando fases desconhecidas de suas vidas.

Helen e Oliver, sentados lado a lado, quase não comeram, aproveitando a companhia um do outro. Após a sobremesa, dispersaram-se os convivas. George e Jane subiram para repousar um pouco em seus aposentos. Wendy desculpou-se, alegando um trabalho a fazer; combinara com Lucy colocar em ordem um armário de Helen. Na realidade, queria deixar os jovens sozinhos, pois certamente teriam muito o que conversar. Assim, Helen e Oliver resolveram dar uma volta pelo jardim.

Encantados um com o outro, seus olhares falavam da emoção e do sentimento que os unia. Lembraram-se dos tempos em que estiveram mais próximos e que, conquanto difíceis, ficaram marcados no coração dos dois. Em determinado momento, Helen perguntou:

— Oliver, durante esses anos que estivemos separados, voltou a ver Steve?

O rapaz a fitou mostrando um misto de tristeza e ciúmes, e seus lábios tremiam perceptivelmente ao devolver a pergunta:

— Ainda sente falta dele, Helen? Durante todo este tempo não o esqueceu?

A jovem sorriu mansamente e respondeu:

— Engana-se, Oliver. Não, não sinto a falta dele. Aliás, nunca mais me lembrei de Steve, salvo em duas situações: a primeira, no dia em que contei aos meus pais sobre tudo o que eu tinha vivido após ter saído desta casa; e a segunda, agora, ao reencontrar você. Perguntei apenas por curiosidade. Sei perfeitamente o mal que Steve me fez enquanto estávamos juntos e, depois, ao me abandonar, sem a menor preocupação comigo. Não, meu querido Oliver, ele nada representa para mim.

O rapaz respirou, parecendo grandemente aliviado. Depois, tomou as mãos dela nas suas e murmurou:

— Agradeço-lhe a franqueza, Helen. Não imagina o alívio que senti com suas palavras. Eu, ao contrário, jamais me esqueci de você. Sua imagem permaneceu o tempo todo em minha mente, como a luz de uma estrela brilhando nas trevas em que eu vivia, a indicar-me o caminho.

Os olhos de Oliver se nublaram de lágrimas que não chegaram a cair, enquanto continuou falando:

— O encontro com seu pai, depois de tanto tempo, foi o que de mais extraordinário poderia ter-me acontecido. Milorde Baker tirou-me das ruas, elevou-me à condição de ser humano e deu-me uma ocupação remunerada. Mais do que isso: seu pai deu-me um abrigo, vestiu-me, ensinou-me a trabalhar, mostrou-me uma realidade que eu nunca conhecera. Hoje, sou empregado respeitado na empresa e ocupo cargo de confiança!

O rapaz parou de falar por instantes, como se refletisse, depois prosseguiu:

— No entanto, entendo agora que ele desejava muito mais. Ao convidar-me para vir a esta casa, milorde queria aproximar-me de você, reconhecido pelo pouco que pude lhe proporcionar de bom. Eu tinha muito medo do seu pai, Helen. Várias vezes eu o vi nas ruas, mas fugia, temendo o que pudesse fazer contra mim. Hoje, tenho verdadeira veneração por ele.

Emocionada, Helen abraçou o rapaz que, finalmente, deixou que as lágrimas lhe rolassem pelo rosto.

Ao enlaçar Oliver, Helen sentiu uma comoção tão profunda como jamais experimentara em sua existência e, intimamente, reconheceu que o amava profundamente. Era um sentimento novo e inusitado, que a deixou surpresa e maravilhada diante dessa constatação, enquanto doce paz a envolvia.

Afastou-se um pouco dele e trocaram um olhar. Nesse olhar havia tanto amor de lado a lado que ele a beijou, pela primeira vez, sentindo-se acolhido pela mulher da sua vida, justamente por aquela que sempre amara em segredo, sem jamais ter coragem de confessar-lhe o sentimento que o dominava por inteiro, que representava sua própria razão de viver.

Envolvidos pelo momento tão sublime, permaneceram assim, de mãos dadas, sem dizer nada. Não era necessário. Entendiam-se. Isso bastava.

No entanto, alguém, a distância, observava a cena, incomodado e cheio de rancor. Caminhando de um lado para outro, em extrema exasperação, refletia numa maneira de acabar com aquela cena patética. Resmungava, de cabeça baixa, procurando um jeito de separar o intrometido rapaz daquela que considerava sua presa.

No fundo, Herbert Willemont — pois era ele —, nada tinha contra Helen, porém descobrira que ela servia magnificamente aos seus planos de vingança. Dócil à sua vontade, fazia tudo o que ele desejava. Por algum tempo, ele conseguira seu intento de vingar-se do seu inimigo, o sórdido judeu Samuel Steng, agora George Baker. Entretanto, sentia-se sem forças, incapaz de tomar as atitudes que desejava para prosseguir com seus planos de destruir o terrível inimigo.

Chegando-se a uma grande árvore, recostou-se nela sem perder os jovens de vista.

— Com mil demônios! Por que razão não consigo mais aproximar-me dessa jovem, que sempre obedeceu às minhas ordens? Por que não consigo mais aproximar-me do meu inimigo, Samuel Steng, e de sua esposa? Uma força os protege, e não consigo descobrir que força é essa!

Passou a mão pelos cabelos revoltos, cheio de ódio, recomeçando a andar. Sempre que tentava aproximar-se mais da jovem, era como se uma barreira o impedisse. De repente, ele pensou: "Já sei! Agora que apareceu esse rapaz, que tanto lhe interessa, *vou agir por intermédio dele! Quero ver se ele é um dos 'protegidos'! Eles não me escaparão! Não entregarei os pontos! Desistir da minha vingança, nunca!"*.

Assim, Herbert Villemont manteve-se a distância, aguardando...

Mais tarde, Oliver, julgando que não deveria abusar da boa vontade do patrão, despediu-se.

— Não vá, Oliver! Fique aqui comigo, querido!...

Beijando-lhe as mãos, ele sorriu e considerou:

— Querida Helen, não posso abusar da hospitalidade de seu pai, justamente nesta primeira oportunidade que ele nos concede de podermos estar juntos. Creio que conseguimos bastante para um único dia. Agora, com certeza, nos veremos sempre!

— Você está certo, Oliver. Mas não deixe de vir me visitar assim que puder — disse com tristeza por ter de se afastar dele.

— Tenha confiança, querida. Agora, creio que nada mais vai nos separar.

— *Pois sim! Você é que pensa, seu imprestável. Não deixarei que fiquem juntos. Quero que Helen sofra. Só assim ficará desprotegida e voltará a me obedecer* — resmungava Willemont, completando com uma gargalhada.

Helen e Oliver despediram-se com um longo e afetuoso abraço. Ele partiu, e ela entrou em casa. Era tarde; logo estaria escuro.

32
Estranhos acontecimentos

Herbert Willemont acompanhou o rapaz que saiu do palacete mantendo certa distância. Não queria aproximar-se muito. Sua intenção era apenas sondar como ele vivia, o que fazia nas horas vagas, o que pensava; descobrir-lhe as falhas de caráter, os defeitos habilmente escondidos. Depois, então, segundo o que tivesse apurado, estudaria como fazer para tê-lo em suas mãos. O certo é que logo o apaixonado rapaz estaria completamente dominado. Pensando assim, Willemont deu uma gargalhada soturna.

  Chegando à empresa, Oliver contornou o edifício, dirigindo-se à parte traseira. Retirou um molho de chaves da algibeira diante de pequeno portão, colocou uma das chaves na fechadura e o portão se abriu com um rangido. O rapaz entrou, fechou-o e pôs-se a caminhar por um longo trecho até parar diante de uma porta. Novamente escolheu uma chave e abriu-a. Herbert Willemont entrou também, mantendo-se junto à parede, no canto mais escuro do aposento.

Era um quarto pequeno cujo mobiliário constava de um leito, uma pequena mesa sobre a qual se viam restos de comida, grande vasilha com água, pequena bacia e uma jarra, certamente para lavar-se; em outro canto, um baú grande para guardar suas roupas.

Sorridente, Oliver tirou a gravata, o paletó e as botinas, jogando-se no leito. De olhos fechados, mantinha um sorriso feliz. De onde estava, Willemont podia ouvi-lo murmurar para si mesmo:

— Jamais em minha vida tive um dia tão bom quanto este! Milorde Baker tem sido um verdadeiro amigo para mim. Mas hoje... Hoje ele foi um pai! Nunca pensei que tivesse me pedido para ir ao seu palacete como convidado para ter a honra de almoçar com a sua família!...

Nesse momento alguém bateu à porta. Oliver, entregue aos seus pensamentos, levou um susto. Após nova batida, pulou do leito e foi abrir.

— Henry! Entre, meu amigo! — com largo sorriso, ele abriu os braços e convidou o recém-chegado.

Um homenzinho entrou. Era magro, curvado sob o peso dos anos. Com o chapéu na mão, cofiando a barba branca, ele sorriu, deixando ver a boca desdentada:

— Parece muito feliz hoje, Oliver! O que aconteceu?

— Sim, Henry. Aconteceu uma coisa muito boa. A melhor que poderia ter acontecido. Arranjei uma namorada!

— Ah! Você merece, filho. Quem é ela? Será que eu a conheço? É alguma das encarregadas da limpeza?

— Não, Henry. Ela mora muito longe daqui. — disse com ar misterioso, sorrindo intimamente; depois perguntou: — Você me procurou... Precisa de algo?

— É que ainda não comi nada hoje, Oliver. Sabe como é, tenho família grande, filhos... Enfim, você tem um pedaço de pão sobrando para me dar? — o velhinho estava visivelmente constrangido.

— Para sua sorte, tenho mais do que isso. Sobrou de ontem um pedaço de carne assada no braseiro e um pão. É tudo seu, Henry — informou Oliver sorrindo.

— Mas vai lhe fazer falta, Oliver! — considerou o velhinho com os olhos brilhantes e arregalados.

— Não, amigo. Pode levar. Estou bem alimentado por hoje — disse Oliver, pegando a comida de sobre a mesinha e colocando-a nas mãos dele.

O outro agradeceu efusivamente e saiu, mordendo um naco de carne e alegando pressa em retornar ao seu posto, no grande portão de entrada, antes que alguém notasse sua ausência.

Oliver sorriu novamente para si mesmo. Realmente, ele não precisaria comer mais nada aquele dia. Tinha almoçado muito bem no palacete.

Tirou o resto da vestimenta, deitou e, cobrindo-se com uma velha manta, fechou os olhos. Em pouco tempo estava dormindo, sereno e feliz.

De repente, abriu os olhos olhando em torno com a sensação de que havia mais alguém ali, e realmente deparou-se com um estranho dentro do quarto. Ergueu-se de um pulo, indagando:

— Quem é você? O que está fazendo aqui? Como entrou em meu quarto? — Willemont estendeu os braços, fazendo um sinal para que não se preocupasse.

— *Não tenha medo. Sou amigo, só quero conversar.*

— Como entrou aqui? — tornou a indagar, com medo.

— *Acho que sua porta não ficou bem fechada. Gostaria de conversar com você, Oliver.*

— Como sabe meu nome?

— *Ouvi alguém dizer.*

— Mas nunca o vi por perto — acrescentou o rapaz, desconfiado. — Quero que vá embora agora. Procure-me durante o dia, na companhia.

— *Tudo bem. Tudo bem. Farei isso* — concordou Willemont, saindo pela porta de entrada ao perceber que o rapaz estava apavorado demais para conversar.

Realmente Oliver estava muito assustado.

— Ele passou pela porta fechada!... O que isso significa?! — exclamou em voz alta, ainda mais apavorado.

Levantou-se e foi verificar a porta. No entanto, surpreso, viu que ela estava trancada à chave, exatamente como se lembrara de ter feito. Seria um fantasma, uma alma do outro mundo, sobre cuja existência ouvira tantas histórias?...

Voltou correndo para o leito, deitou-se, cobriu a cabeça com a coberta e rezou um pai-nosso.

Na manhã seguinte, o rapaz levantou-se bem cedo, como de costume. Lavou-se, vestiu-se e foi para o trabalho. Durante toda a manhã, esteve entregue a suas atividades. À hora da refeição, encaminhou-se para o refeitório e sentou-se perto de um amigo. Relaxando um pouco, eles conversaram sobre vários assuntos da companhia; em certo momento, o amigo comentou:

— Não dormi muito bem esta noite, Oliver. Acredita você que uns vizinhos resolveram discutir debaixo da minha janela? Nem pedindo eles pararam. Não tive outro jeito: peguei uma bacia com água e, abrindo a janela, atirei sobre eles. Gritaram, disseram palavrões, mas foram brigar em outro lugar. Mas, a essa altura, já estava quase na hora de levantar e sair para o trabalho. Então, pulei da cama.

Oliver caiu na risada, mais pela maneira como o amigo contava o caso, do que propriamente pela situação. De súbito, levando uma colherada de comida à boca, Oliver parou pensativo, com a colher na mão.

— Engraçado. Agora me lembrei de que tive um sonho estranho esta noite. Acordei e vi um homem desconhecido dentro do meu quarto. Trocamos algumas palavras, e eu o mandei sair. Ele obedeceu, mas notei que não abrira a porta. Então, levantei e fui verificar. Você acredita que a porta estava fechada?

— Como assim? Explique-se melhor.

— Exatamente o que eu disse. Quando o mandei sair, ele concordou e encaminhou-se para a porta, porém não a abriu! Passou como se fosse uma fumaça ou sei lá!... Não é realmente estranho, Mark?

O outro ficou todo arrepiado com o relato de Oliver e respondeu compenetrado:

— Pode ser uma alma penada, Oliver. Já pensou nisso?

— Não. Só acho que foi um sonho diferente. Aliás, às vezes, temos sonhos muito estranhos mesmo, sem nenhuma lógica.

— Tem razão. Mas prefiro parar de falar nesse assunto. Tenho medo de fantasmas — confessou Mark.

— Tudo bem, Mark. Está na hora de voltarmos para o serviço. Vamos?

À noite, Oliver deitou-se lembrando do sonho inusitado. "Será que Mark tem razão ao sugerir que eu poderia ter recebido a visita de um 'fantasma' ou 'alma penada'?"

Apesar disso, dormiu tranquilamente, sem ter sonhos diferentes, e nos dias seguintes também.

Uma semana depois, Oliver estava preocupado com um caso que precisava resolver na firma e pensou que no dia seguinte teria de procurar informações nos arquivos do escritório. Deitado em seu leito, resolveu que logo cedo iria tomar a providência necessária.

Pensando no problema, de repente ele se viu caminhando em direção ao prédio da firma. Alguém o alcançou e, emparelhando-se com ele, cumprimentou-o:

— *Lembra-se de mim?*

Ele fitou o outro e reconheceu-o. Era o mesmo que entrara em seu quarto.

— Sim, lembro-me. Você trabalha aqui?

— *Sim. No setor de encaminhamento.*

— Ah! E como se chama?

— *Herbert Willemont, para servi-lo.*

— Muito bem, Willemont. Espero que goste do serviço. O patrão é bom, mas exigente. Se trabalhar direitinho, nada terá a temer.

— *Preciso do emprego. Ele não terá do que se queixar.*

— Muito bem. Agora tenho de ir.

Oliver entrou por uma construção grande e sólida, que o levaria à sua sala. Ao chegar, ele sentou-se, ainda intrigado. Fez o trabalho que precisava e estava quase terminando quando acordou em seu leito. Imediatamente, lembrou-se do sonho.

"Que estranho!", pensou.

Então, arrumou-se e, agora sim, foi para o escritório. Recordando-se do sonho, foi até o arquivo dos empregados e procurou uma pasta com o nome Herbert Willemont. Nada encontrou, não obstante o "fantasma" ter dito que trabalhava na empresa, dando até o setor: de encaminhamento. Que estranho! — murmurou, pela segunda vez naquele dia.

O tempo passou sem que percebesse, mergulhado no serviço. Durante alguns dias, nada aconteceu de diferente. O único problema ocorreu com um dos empregados mais turbulentos: Karl, de descendência germânica. De cabelos e olhos claros, alto, forte e espadaúdo, ele metia medo nas pessoas. Tendo sido detectado que o referido rapaz andava dormindo na hora do expediente, o encarregado avisou o patrão, que o chamou a sua sala, advertindo-o de que, diante de nova ocorrência, ele seria despedido.

Karl deixou a sala de milorde Baker cheio de ódio. Controlando-se com dificuldade, encontrou Oliver do lado de fora da porta, esperando para falar com o patrão, e julgou que o rapaz tivesse algo a ver com a carraspana que ele recebera.

Bufando de raiva, Karl saiu pisando duro e já se preparava para descer a escada, quando parou. Girando nos calcanhares, lançou um olhar fulminante para Oliver e, de dedo em riste, rosnou:

— Você me paga! Tenho certeza de que foi você que me entregou para o patrão. Mas isso não fica assim. Miserável! Vai ver do que sou capaz!

O pobre Oliver, de boca aberta, não teve nem tempo de explicar a situação e dizer que nada tinha a ver com o problema. Diante da carga vibratória negativa, Oliver sentiu a cabeça rodar, com a sensação de ter levado um pancada no crânio. Caiu sentado numa cadeira, sem condição de levantar-se. Um rapaz do escritório que por ali passava, viu-o e notou que não estava bem. Na mesma hora o patrão, saindo da sala e encontrando Oliver sentado numa cadeira, quase desmaiado, perguntou:

— O que está acontecendo aqui?

— Não sei, milorde. Quando cheguei, ele estava assim: pálido, de olhos fechados, trêmulo... estará Oliver doente?

George Baker ordenou ao empregado que levasse o rapaz até seu quarto, enquanto ele chamaria o médico. Depois, ordenou a Martin que fosse buscar o dr. Stanford.

Ao chegar, o médico examinou-o e nada encontrou que justificasse o estado em que estava. Deu-lhe algumas gotas calmantes, julgando que talvez estivesse nervoso por algum motivo. Recomendou-lhe permanecer no leito durante aquele dia. No seguinte, se estivesse bem, poderia ir trabalhar. Qualquer problema, que voltassem a procurá-lo.

Assim, Oliver ficou de cama durante todo o dia. Dormiu bastante, mas estava fraco, sem forças. E também — o que nunca tinha acontecido — sentia um medo terrível sem saber a razão. Mark levou-lhe comida e assustou-se ao notar quão pálido estava.

No dia seguinte, ainda fraco, Oliver voltou ao trabalho. Por algum tempo ainda, teve os olhos de Karl sobre ele. Não conseguia libertar-se daquele olhar de ódio, que parecia persegui-lo onde estivesse.

Helen, que desde aquele dia em que passara toda a tarde com Oliver, antes seu amigo, agora seu amor, estranhava sua ausência e a falta de notícias. Perguntou ao pai sobre o rapaz e ouviu dele a informação de que Oliver não estava muito bem.

— E por que, meu pai?

— Há alguns dias ele sentiu-se mal na fábrica e chamei o médico. Foi medicado e permaneceu no leito esse dia. Depois, voltou ao serviço, mas noto que não está bem.

— Quero vê-lo, papai. Leve-me até ele, sim?

— Não, minha filha. Melhor que ele venha até nós. Lá, os empregados iriam comentar sua presença. Acalme-se, mandarei Martin buscá-lo.

Chegando ao palacete, Oliver mostrou um débil sorriso, porém seus olhos brilharam ao ver Helen. A jovem pegou-o pela mão e arrastou-o para um terraço coberto, visto que estava chovendo. Ali, sentaram-se em um banco de mármore e ficaram a se olhar.

— Meu querido Oliver, papai me disse que você não estava bem e fiquei preocupada! Como está se sentindo agora?

— Agora? Estou ótimo! Como poderia não estar tendo-a ao meu lado?

— Tolo! Não falo disso. Como está de saúde?

Oliver ficou pensativo durante alguns instantes, depois murmurou:

— Acontece comigo algo muito estranho, querida Helen. Sinto-me observado por uns olhos injetados de sangue, que transmitem profundo ódio. Eles me seguem por todo lado. Sinto medo, um medo terrível! Estou contando isso para você porque preciso desabafar. É a única pessoa com quem posso me abrir, Helen. Talvez por termos convivido por tanto tempo, habituando-nos a trocar os menores pensamentos.

— E o que mais acontece?

— Bem. Começou aquela noite em que nos encontramos pela primeira vez aqui.

Oliver contou para a moça o que tinha acontecido após voltar para seu quarto. Falou sobre o sonho e tudo o mais que houve depois, até o momento em que Karl o ameaçara. E concluiu:

— Não sei por que Karl ficou com ódio de mim! Acha que o entreguei a milorde, embora eu haja afirmado que nada tenho a ver com isso! Mas está acontecendo algo estranho: sinto a cabeça cheia de pensamentos ruins, como se eu estivesse com raiva de Karl. Além disso, a imagem dele não me deixa um instante, como se desejasse o meu mal.

— Pobre querido, tudo vai passar, verá! Logo estará bem de novo.

Conversaram mais um pouco, depois Arthur veio avisá-los de que o chá estava servido. Foram para a sala e tomaram chá com tortas e biscoitos, na companhia de Jane e George. Em seguida, Oliver despediu-se e Martin o levou de volta.

33

Ataque das trevas

Após a saída do rapaz, Violet procurou milady afirmando que precisar falar-lhe. Com sua costumeira solicitude, a senhora atendeu-a, colocando-se à sua disposição.

Amarfanhando o avental branco e impecável, a criada começou a falar:

— Milady, como sabe, estive servindo à mesa durante o chá. Em dado momento, notei algo estranho com o jovem visitante.

— Oliver?!... Como assim? Explique-se melhor, Violet.

— Bem, milady. Havia uma sombra escura perto dele, mas não consegui ver seu rosto. Depois, firmando o pensamento, identifiquei a entidade: era Herbert Willemont, que tanto já prejudicou Miss Helen.

— Herbert Willemont! — repetiu lentamente, assombrada. — Tem certeza, Violet? Minha filha tem estado tão bem! Nunca mais teve crises. Aliás, nunca esteve tão feliz quanto agora!...

A auxiliar de cozinha fez um ar de preocupação, murmurando:

— Exatamente, milady, e talvez por isso mesmo. Senti que a entidade está insatisfeita e se preparando para atacar de novo, agora tentando atingir a menina Helen através de Oliver.

— Tem certeza?...

Com expressão de dúvida, Violet respondeu:

— Certeza não tenho, milady. Entretanto, pude notar, pelos seus olhos avermelhados e maléficos que está planejando um novo ataque. Havia um brilho de ódio neles e fiquei muito preocupada.

Dizendo isso, Violet sentiu uma onda de arrepios gelados percorrendo seu corpo da cabeça aos pés. Jane levou as mãos ao peito aflita.

— Se isso for verdade, Violet, que o Senhor nos proteja! Vamos fazer assim. Falarei com George ainda hoje. Não conte o que viu para mais ninguém, está ouvindo? Mais alguma coisa para me dizer?

— Não, milady, era isso o que queria lhe contar. Pode ficar descansada; por mim ninguém saberá da presença daquele espírito. Posso ir agora?

Jane fez um gesto vago de assentimento, já agora perdida em lembranças de tudo o que acontecera naquela casa e preocupada com a filha querida. Imprescindível falar imediatamente com o marido.

Informada por uma das criadas que milorde estava em seu gabinete com o mordomo, repassando-lhe algumas ordens para o dia seguinte como sempre fazia, Jane postou-se nas imediações e esperou Arthur sair. Aquela história deveria ficar somente entre eles. Fechou a porta e aproximou-se da grande mesa.

George, que terminava algumas anotações, ergueu os olhos e admirou-se de ver a esposa ali, um lugar onde ela quase nunca entrava.

— Ah! É você, querida! Creio ter sido boa a vinda de Oliver à nossa casa, não acha? Helen ficará mais tranquila agora. Apesar de estar bem, não devemos nos descuidar.

Jane aproximou-se mais dele, aflita, aproveitando a deixa:

— Tem razão, querido. Exatamente sobre esse assunto que desejo lhe falar. Venha, sente-se aqui perto de mim — convidou, acomodando-se em uma poltrona e indicando-lhe outra ao seu lado.

Em um canto do escritório, havia poltronas dispostas para um encontro menos formal, exatamente para momentos como esses, em que George precisava conversar com amigos, fornecedores ou pessoas do seu relacionamento que desejassem um encontro mais reservado.

Curioso, ele deixou o que fazia e, sentando-se ao lado dela, indagou preocupado:

— O que se passa, querida?

— George, conversei há pouco com Violet e preciso lhe contar o que ela me informou.

Assim, Jane relatou ao marido o que soubera pela criada, deixando-o igualmente preocupado.

— Precisamos avisar nossos amigos. Não sabemos o que Willemont pretende! Urgente proteger nossa casa. Mandarei agora mesmo um bilhete a James Stanford e Peter Cushing. Precisamos conversar todos juntos.

Tocando a sineta, imediatamente Arthur atendeu. Milorde pediu que ele chamasse Martin. Enquanto isso, ele retornou à sua poltrona atrás da mesa e, apanhando uma caneta, escreveu dois bilhetes. Assim que o rapaz entrou no gabinete, entregou-os.

— Martin, preciso que leve imediatamente estes dois recados.

Martin correu os olhos pelos envelopes e balançou a cabeça:

— Sim, milorde. Devo esperar resposta?

— Sim. Preciso de uma confirmação. Pode ir agora.

Duas horas depois, com ligeira diferença de tempo entre eles, chegaram os amigos, atendendo ao pedido do dono da casa.

Eram oito horas da noite.

Após os cumprimentos de praxe, reunidos no gabinete, George foi direto ao assunto, contando-lhes o que Violet havia detectado com suas condições psíquicas. Tanto Stanford quanto Cushing afirmaram que era de se esperar uma nova ofensiva da parte do inimigo desencarnado, ao que George contrapôs:

— Entendo o desejo de Willemont nos atingir. Mas por que usar Oliver?

— Exatamente porque o que ele fizer contra Oliver atingirá Helen. Ele sabe dos laços que existem entre ambos! — explicou o médico.

Cushing, que se mantinha pensativo, sugeriu que trouxessem Violet até o gabinete para poderem conversar com ela, inclusive para obter mais detalhes. Jane tocou a sineta e, quando o mordomo chegou, pediu-lhe que chamasse Violet.

Em poucos minutos, a criada apresentou-se no escritório, um tanto preocupada por estar diante de visitas, que ela tão bem conhecia, visto terem participado das reuniões mediúnicas que se realizavam no palacete.

— Milorde mandou me chamar?

— Sim, Violet. Peter Cushing e dr. Stanford, que já conhece, querem fazer-lhe algumas perguntas.

Violet fez um gesto de concordância. Ofereceram-lhe uma poltrona, na qual ela se acomodou, aguardando.

— Violet, sabemos que é excelente médium, e já tivemos prova disso. Ficamos sabendo que hoje, na hora do chá, visualizou algo estranho. Poderia nos relatar o que aconteceu por gentileza? — indagou Cushing.

A criada respirou fundo e começou a falar:

— Conforme contei à milady Jane, eu estava servindo à mesa e corria tudo muito bem. Miss Helen estava feliz com a presença do jovem Oliver e conversava bastante, muito alegre, descontraída e falante, comportando-se de maneira nada habitual. Eu a olhava, também satisfeita por vê-la feliz. De súbito, tive uma sensação estranha; um grande mal-estar me dominou. Olhei em torno e, nesse momento, notei uma sombra escura. A princípio, não detectei uma figura humana; era apenas uma sombra, como se fosse nada mais do que uma neblina densa e escura. Procurei concentrar-me, pedindo ajuda do Além, e logo pude vê-lo. Era Herbert Willemont, que tanto atormentou a menina Helen e que agora estava perto de Oliver.

Violet estremeceu e parou de falar por alguns segundos, repassando o olhar pelo grupo, e depois prosseguiu:

— Fiquei bastante assustada. As emanações dele eram terríveis, ameaçadoras, destilando muito ódio. Seus olhos, sobretudo, me deixaram apavorada: eram avermelhados e tinham um brilho odiento ao fixar-se no rapaz.

Aproveitando uma nova interrupção que se fizera, Cushing voltou a indagar:

— Quer dizer que o interesse dele estava fixado em Oliver?

— Sim. Mas, de repente, eu o vi virar-se e olhar para miss Helen, sorrindo de maneira significativa, se aquilo pudesse ser chamado de sorriso, como se estivesse tentando atingi-la através do rapaz! Como se dissesse "veja o que vou fazer com você".

— Entendi. Certamente existe um grande elo entre os dois. Obrigado, Violet — disse ele balançando a cabeça.

George esclareceu, olhando os amigos ali presentes:

— Oliver é o rapaz que ajudou nossa filha Helen durante o tempo em que ficou desaparecida, fora de nossa casa. Se não fosse com a ajuda dele, eu não a teria encontrado, conforme já é do conhecimento de ambos.

George parou de falar por alguns instantes e depois prosseguiu:

— Há algum tempo eu o encontrei na rua e, desejando retribuir o bem que nos fez socorrendo nossa filha, convidei-o para trabalhar na companhia. Hoje, Oliver é excelente empregado e de minha inteira confiança. Então, eu o convidei para vir aqui! Helen ficou radiante ao vê-lo depois de tanto tempo. Esse é o elo que os une.

— Bem. Então, temos de agir, George. Voltar às nossas reuniões para mantermos contato com o inimigo desencarnado, Herbert Willemont. Seria conveniente convidar Oliver? Sabe se ele tem informações a respeito da vida após a morte?

— Não creio — afirmou George. — Certa ocasião, tentei abordar esse assunto com ele, porém Oliver demonstrou medo, e desisti. Quem sabe no futuro?

Não sendo mais necessária a presença de Violet, e considerando que ela demonstrava certo cansaço pelo dia de serviço, dispensaram-na, agradecendo sua colaboração. Antes que deixasse o escritório, George perguntou-lhe:

— Violet, estaria disposta a nos ajudar novamente com suas faculdades mediúnicas?

— Sem dúvida, milorde. Temos de socorrer a menina Helen. Podem contar comigo.

Jane agradeceu-lhe mais uma vez e pediu que avisasse Arthur para servir-lhes chá.

Logo depois, o mordomo entrou com a bandeja impecavelmente arranjada com as finas xícaras de porcelana, os talheres de prata e biscoitinhos diversos confeccionados pelas cozinheiras. Eles esperaram Arthur servir, com a delicadeza de sempre, e ao perceber que ele se afastara alguns passos, dispondo-se a aguardar para voltar a servi-los, porém curioso para saber sobre o que estavam conversando, George disse:

— Está dispensado, Arthur.

Inclinando-se, um tanto despeitado, ele deixou a sala. Após a saída dele, continuaram a conversar sobre o assunto, tentando encontrar a melhor maneira de agir para ao mesmo tempo socorrer encarnados e desencarnados, conforme as orientações de *monsieur* Allan Kardec.

Enquanto isso, em seu quarto, Oliver pensava. Por que estaria se sentindo tão estranho? Sem vontade para nada e, o que era pior, tinha momentos de grande irritação contra qualquer coisa, pensamentos de raiva contra Karl, que estava sempre a perturbá-lo com seus comentários, acusando-o pelo episódio malfadado na sala do patrão.

Revirava-se no leito sem conseguir repousar. Sentia como se um peso muito grande o esmagasse, e ficava de respiração opressa, com falta de ar.

Suas noites estavam sendo um suplício. Além disso, sonhava com gente querendo que ele brigasse com Karl, e até, numa certa ocasião, sonhou com o próprio Karl que, irado, o ameaçava dizendo:

— Agora você não me escapa, miserável criatura! Vou matá-lo como se faz a um cão sarnento.

E avançou para cima de Oliver, que se defendeu como pôde, uma vez que era menor que o outro, grande e robusto, e nunca fora de briga, não sabendo como agir.

Com uma faca na mão, Karl, após rendê-lo, levantou um dos braços, enquanto o segurava com o outro, e lhe enfiou a lâmina no peito, com ar de satisfação.

Oliver gritou desesperado:

— Por que fez isso? Meu Deus! Vou morrer! Socorro! Socorro!...

Nesse momento, deu um pulo no leito e acordou banhado de suor, ainda sentindo a dor decorrente do golpe. Apalpou-se, aliviado por ver que era apenas um sonho e deixou-se cair no travesseiro.

Mais tarde, naquele mesmo dia, o patrão mandou dizer-lhe que levasse alguns documentos que já estavam prontos para ele assinar. Então, Oliver bateu delicadamente e entrou na sala do patrão, como sempre fazia. Ao ver que milorde estava acompanhado, pediu desculpas e girou nos calcanhares, preparando-se para sair. No entanto, ouviu o patrão, que dizia:

— Fique, Oliver. Estou com um amigo e desejo que você o conheça. Este é Peter Cushing, alguém que muito estimo. Peter, este é Oliver Patterson, de quem já lhe falei.

O rapaz cumprimentou com civilidade a visita:

— Satisfação em conhecê-lo, mr. Cushing.

Peter apertou-lhe a mão, sorridente:

— Tenho ouvido muitos elogios à sua pessoa. Fico feliz pela oportunidade de nos encontrarmos nesta tarde.

Enquanto isso, olhando Oliver, George estranhou a aparência do seu empregado.

— Está acontecendo algo com você, Oliver? Está muito pálido e me parece cansado. O que houve?

— Nada, milorde. Apenas não dormi bem esta noite. Tive sonhos horríveis.

Aproveitando a deixa, Peter sugeriu:

— Conte-nos! Quem sabe eu possa ajudar. Conheço um pouco de sonhos e eles, apesar de não parecer, são importantes para o entendimento de muitas coisas em nossa vida. Sente-se! — disse, mostrando uma cadeira ao seu lado.

Assim requisitado, sabendo que não poderia esquivar-se, Oliver acomodou-se e, respirando profundamente, balbuciou:

— Na verdade, não sei se quero falar sobre isso. Sinto medo só de pensar, fico trêmulo, e minha respiração fica opressa.

— Nada tema. Está seguro aqui conosco. Fale! Será bom para você, acredite.

— Bem. Já que os senhores insistem, vou contar o que aconteceu na noite passada. Mas antes, julgo necessário começar a relatar o que aconteceu algum tempo atrás.

E diante dos ouvintes interessados, passou a narrar o que estava acontecendo com ele, desde o dia em que, nesta mesma sala, milorde Baker havia chamado a atenção de um colega de serviço.

— A quem se refere Oliver? — perguntou o patrão já sem se lembrar da ocorrência.

— Refiro-me a Karl, milorde.

— Ah, sim! Lembro-me agora. Parece-me que ele havia sido pego dormindo em serviço e chamei-lhe a atenção. Mas o que tem isso a ver com você, Oliver?

— Desde aquele dia, milorde, Karl persegue-me, certo de que fui eu a denunciá-lo. Não me perdoa e torna difícil minha vida, especialmente aqui na companhia.

— Se é esse o caso, falarei novamente com ele explicando que você não tem culpa alguma no ocorrido.

— Não, milorde! Não faça isso. Do jeito que ele está, vai ficar mais revoltado ainda, julgando que vim à sua presença para fazer uma reclamação!

Peter Cushing balançou a cabeça concordando.

— Oliver tem razão, George. Quando a pessoa está convencida de alguma coisa, tudo o que se disser só vai confirmar o que ela pensa. Mas continue Oliver.

— Tenho sentido coisas estranhas desde aquele dia até agora: mal-estar, arrepios, cansaço, falta de ar entre outras coisas. Milorde deve estar lembrado que fiquei até afastado do serviço.

— É verdade! — exclamou o patrão, surpreso, uma vez que jamais poderia imaginar que o fato acontecido poderia ter gerado tão mal. Continue!

— O pior ocorreu esta noite. Sonhei que Karl aproximava-se de mim, dizendo-me um monte de palavrões, culminando por atacar-me, lutando comigo e socando-me sem piedade. Depois, mantendo-me preso, puxou uma faca e enterrou-a no meu peito. Acordei aos gritos e sentindo muita dor, mas dando graças a Deus por ver que fora apenas um sonho!

Cushing fitou-o com piedade, afirmando:

— Mas a dor ainda continua, não é?

— Sim. Meu peito está todo dolorido, como se realmente eu tivesse sido atingido por uma lâmina. Não entendo! Por que isso está acontecendo se era apenas um sonho?

Peter trocou um olhar com George como se estivessem entendendo perfeitamente a situação. E também compreenderam que era necessário orientar o rapaz, explicando-lhe sobre as realidades da vida imortal e os fenômenos de Além-túmulo.

Nesse momento, George, compadecido pela situação dele sugeriu:

— Oliver, quer saber o que está acontecendo com você? Podemos ajudá-lo, desde que o queira. Para isso, terá de ir à minha residência para podermos conversar, visto que aqui não é o local próprio para isso.

— Entendo, milorde. Sim, preciso saber a razão de tudo o que está acontecendo. Caso contrário, penso que enlouquecerei.

— Ótimo. Então hoje, ao anoitecer, estaremos esperando-o.

— Minha situação é grave, milorde? — indagou assustado.

— Não vou esconder a realidade. É grave, sim, mas temos condições de ajudá-lo a ficar bom de novo. Acho que terminamos por agora. Está dispensado.

Com um leve e triste sorriso, o rapaz ergueu-se:

— Agradeço-lhes do fundo do coração. Só de conversar com os senhores, já estou melhor. Obrigado.

E Oliver saiu daquela sala, onde entrara tão desesperado, com outra disposição de ânimo e muita esperança.

34

Esclarecimentos

Terminada a jornada diária, Oliver foi para seus aposentos, lavou-se, trocou de roupas e, após molhar e pentear os cabelos encaracolados, mirando-se em um pequeno espelho, achou-se mais apresentável. Afinal, fora convidado a ir ao palacete de milorde Baker e certamente veria sua amada Helen.

Ao pensar nisso, o coração exultou. Com os olhos brilhando, sorriu para si mesmo no espelho. Nem lembrava mais do mal-estar que sentira durante todo o dia. Como a localização do palacete era do outro lado da cidade, saiu logo à rua e se pôs a caminhar apressado. Ao ver passar uma carruagem de aluguel, cujo cocheiro era seu amigo, levantou o braço e gritou:

— Joshua! Para onde vai?

O cocheiro puxou as rédeas, fazendo parar os animais.

— Ôooa! Não tenho destino, Oliver. Suba! Levo-o para onde quiser.

— Ótimo! Tenho compromisso um pouco distante daqui.

— Não importa. Se aparecer algum passageiro, levo-o, e depois deixo você onde quiser. Está bem assim?

— Claro! Que mais posso querer? Além, evidentemente, de ter o prazer de conversar com você, ainda passeio de carruagem, como se fosse um lorde.

Ambos deram uma gargalhada. Puseram-se a conversar e, como não surgisse passageiro, vinte minutos depois Oliver estava na porta do palacete de George Baker.

O cocheiro olhou admirado para a grande residência.

— Oliver, seu patrão deve ser muito rico mesmo! E ainda o convidou para visitá-lo? Tem muita sorte.

— Sim! Joshua, eu lhe agradeço pelo transporte. Obrigado. Até outro dia!

O outro colocou os cavalos para andar, e Oliver ficou observando-o até virar a esquina; depois tocou a sineta, satisfeito. Arthur veio abrir a porta, admirado por vê-lo àquela hora.

— Boa noite, Arthur. Milorde me aguarda.

— Entre. Irei avisá-lo.

O mordomo deixou-o acomodado em uma pequena sala e foi comunicar ao dono da casa que o rapaz havia chegado. Enquanto isso, Oliver olhava para todo lado, tentando ver se Helen aparecia. Arthur retornou e levou-o para o gabinete do patrão, onde o deixou sozinho, voltando após alguns minutos com uma bandeja contendo chá, bolachas doces e salgadas e geleia de damasco.

— Fique à vontade. Milorde logo virá atendê-lo.

Oliver estranhou. Por que o teriam colocado no escritório de milorde? Se ficasse na sala, teria a oportunidade de ver sua amada, mas ali seria quase impossível!

Enfim, como estava faminto, serviu-se à vontade. Terminou de comer e nada. Respirou fundo e dispôs-se a aguardar, certo de que haveria um bom motivo. Trinta minutos depois, milady entrou no gabinete. Ao vê-lo, cumprimentou-o com belo sorriso:

— Boa noite! Seja bem-vindo, Oliver. Meu marido logo estará aqui.

A senhora sentou-se e conversaram sobre trivialidades até que o rapaz perguntou:

— Milady, como está Helen?

— Muito bem, Oliver. Lamento informá-lo de que, neste horário, ela já se recolheu. Costuma deitar-se mais cedo.

— Ah!... Entendo.

Havia um tom tão desolado naquela voz que Jane sentiu piedade, procurando animá-lo:

— Não fique triste, Oliver. Poderá vê-la em outra ocasião.

— Tem razão, milady.

Nesse momento, George Baker entrou no gabinete acompanhado de Peter Cushing. Cumprimentaram o rapaz, que se levantou, estendendo-lhes a mão.

— Ótimo que tenha vindo, Oliver — disse o dono da casa. — Sente-se! Mr. Cushing você já conhece.

— Sem dúvida. Boa noite, mr. Cushing.

— Prazer em revê-lo, Oliver — acrescentou o outro.

Sentaram-se. Notando a expressão algo tristonha e desanimada do rapaz, George olhou para a esposa, que fez um sinal, e ele entendeu o motivo. Então, explicou com delicadeza:

— Oliver, lamento que não possa ver Helen esta noite, mas, depois que souber o motivo, entenderá nossa preocupação.

— George tem razão, Oliver. Existem situações que você desconhece em relação à Helen. Ao tomar ciência de tudo, certamente compreenderá — completou Cushing.

Assustado, o rapaz arregalou os olhos mostrando aflição:

— O que está acontecendo com ela? Por favor, quero saber, preciso saber!

Cheia de compaixão, Jane colocou a mão no braço dele, acalmando-o:

— Helen está bem, Oliver. Não se preocupe. Queremos, no entanto, que ela continue assim e isso dependerá de você também.

— Está bem, milady. O que depender de mim estou pronto para ajudar.

George, Jane e Peter trocaram um olhar de entendimento. George começou a falar:

— Fico contente que pense assim. Nossa filha precisa bastante de você. Mas é necessário que saiba de tudo para que possa compreender melhor o que se passa com Helen. Lembra-se daquela madrugada em que você me entregou um bilhete? Pois bem...

Calmo, mas firme, George começou a relatar ao rapaz o que tinha acontecido desde que ele tocara a sineta e entregara o bilhete com o endereço de Helen, naquela madrugada fria e nevoenta; o sofrimento dele e de Jane com o estado da filha, que era desesperador, e a dificuldade para vê-la sair daquele estado. Mencionou também as crises de Helen, a agitação, as injúrias que ela dizia aos gritos, os olhos avermelhados, o ódio que parecia sentir de todos que se aproximavam dela, a preocupação do médico, dr. James Stanford, que não via resultado na medicação que lhe prescrevia.

George se referia àquele período negro com o olhar perdido ao longe, como se procurasse na memória os fatos, mas também com a expressão de quem estivesse vivendo de novo aqueles momentos de dor, de insegurança, de não saber o que fazer, com mãos atadas diante do sofrimento da filha e deles, pais.

Oliver ouvia aquele pai sem perder uma palavra, com o corpo um pouco inclinado para frente, em suspenso, como se não quisesse perder nada da narrativa, e com o coração apertado diante de todo o sofrimento deles, mas especialmente de Helen.

Após tirar um lenço da algibeira e enxugar as lágrimas nos olhos, o pai fitou Oliver e considerou:

— Nossa sensação era de total impotência, entende? Não havia mais o que fazer. Certa madrugada, em que nos recuperávamos de mais uma crise de Helen, que se mostrara particularmente difícil, gritando e gargalhando como louca, questionado por mim, que exigia uma posição do profissional da medicina quanto ao mal que atacara minha filha querida, o médico terminou por dizer, com expressão grave:

'Lamento informá-los de que, em virtude das dificuldades e dos sofrimentos por que passou, julgo que o estado mental de nossa Helen esteja irremediavelmente comprometido. Existem estudos e pesquisas que mostram a correlação entre o sofrimento e o desequilíbrio emocional'.

"Ouvindo aquelas palavras, retruquei": 'James, pelo que entendi, você acha que nossa filha está louca?!...' "Ao que ele respondeu com delicadeza que Helen poderia estar desequilibrada mentalmente. Assustada, Jane perguntou se isso teria cura, ao que o médico respondeu algo que nunca mais esqueci":

'Milady, acredito que o amor opera milagres. Durante todos esses anos de exercício da medicina, tenho visto de tudo. Pessoas aparentemente sãs vieram a falecer em consequência de um susto, de um intenso sofrimento. Outras, que pareciam fadadas à morte ou à loucura, se recuperaram após algum tempo com os cuidados amorosos de entes queridos. Então, nada é definitivo. Deus sempre encontra caminhos para auxiliar aquele que ora com fé.'".

George parou de falar por alguns segundos, depois prosseguiu:

— Na verdade, Oliver, senti-me perdido. Como eu não acreditava em Deus nem tinha fé, foi como se o chão se abrisse sob meus pés. Então perguntei ao médico o que eu poderia fazer para ajudar minha filha, já que era ateu e não poderia apelar para um Ser Superior no qual não acreditava. Ou não existia outro caminho? Ao que ele me respondeu: "Amigo George, tenho conhecimento de que, na atualidade, existem outros caminhos, que não os da medicina acadêmica para tratamento desses casos, conforme notícias que chegaram ao meu conhecimento. Sugiro que faça pesquisas, leia as últimas publicações e, sobretudo, abra sua mente a outra realidade que, por não ser palpável, nem por isso possa ser menos real".

— A que ele se referia? — interrompeu-o Oliver, questionando.

— Pois foi exatamente o que perguntei. E ele me respondeu: "À existência de outro mundo, além do nosso, que vem sendo desvendado paulatinamente pelos estudiosos do assunto". Diante dessas palavras, não pude deixar de sorrir e considerei com ironia: "Ah! Já sei a que se refere! Aos charlatães que apregoam a sobrevivência da alma e um mundo para onde todas elas irão após o túmulo. É nisso que espera que eu acredite?". Ao que ele respondeu: "Não, George. Acreditar ou não depende de cada um. Sugiro apenas que pesquise. Pode ser-lhe muito útil. Quanto a mim, por não ser minha área, que é a medicina, nada mais posso dizer".

George parou de falar, respirou fundo e, trocando um olhar terno com sua esposa, concluiu:

— Daí em diante, quem pode contar é Jane, que não se dando por satisfeita e sabendo que eu jamais iria procurar outros caminhos, buscou informações, não é querida?

— É verdade. Como o dr. Stanford não poderia falar-nos mais nada em virtude do compromisso profissional, busquei em jornais velhos por notícias publicadas a esse respeito e as encontrei. Depois, visitei o dr. Stanford em seu consultório, e ele me indicou Peter Cushing como um estudioso de assuntos transcendentais. Assim, ficamos amigos e Peter instruiu-me, orientando-me sobre a Doutrina Espírita, cujos conhecimentos podem mudar nossa vida. E mudaram realmente. A princípio, nada contei a George, por saber que ele não aceitaria. Mais tarde, ele acabou reconhecendo a importância dessa doutrina e, atualmente, temos convicção sobre seus preceitos e fundamentos. Gostaria que Peter Cushing lhe explicasse melhor o processo de cura de nossa filha Helen, Oliver.

O rapaz — que ouvia atento, mas que ainda não entendia o que tudo aquilo tinha a ver com ele — questionou sobre a razão de sua presença ali, lançando um olhar para George, Jane e Cushing, que o cercavam, e este último prontificou-se a esclarecer:

— Oliver, é preciso que saiba que o seu problema tem muita semelhança com o de Helen.

— Como assim, mr. Cushing?

— Por gentileza, chame-me de Peter, simplesmente, prefiro. Respondendo à sua pergunta, é preciso que, antes de tudo, saiba que somos todos imortais; viemos todos de um mesmo lugar e a ele voltaremos após a morte: o Mundo Espiritual, que é nossa verdadeira vida. Não "somos" este corpo físico, que vestimos por um tempo e que teremos de deixar um dia. Ao contrário, somos "Espíritos eternos" que, com o objetivo de aprendizado e melhoria, vestimos temporariamente um corpo material, o qual posteriormente desaparece, sujeito às transformações da matéria. Entende?

— Sim, isso eu já sabia. A Igreja fala que após a morte cada um vai para um lugar correspondente à sua condição: para o Céu, o Inferno ou o Purgatório.

— Exato. No entanto, as diferenças começam exatamente nesse ponto. A Doutrina Espírita nos esclarece que cada espírito vai para o lugar que merece, que podemos até chamar de Céu, Inferno ou Purgatório, de acordo com a condição do espírito, isto é, se foi bom, mais ou menos ou se tem só maldade dentro de si. A diferença é que esse lugar não é definitivo.

— Como assim, não é definitivo?!...

— Raciocine comigo, Oliver. Deus, Criador do Universo e nosso Pai, como dizia Jesus, iria criar seus filhos para viver uma única existência, depois passarem o resto da eternidade sem possibilidade de melhorar, de crescer, de evoluir? Você, Oliver, se fosse pai, faria isso com seus filhos? Não? Então, como Deus, que é a sabedoria suprema, faria tal coisa? Como pode Ele nos culpar se agimos errado por ignorância, por não termos aprendido o que é o certo e o errado?

— Prossiga — murmurou Oliver interessado.

— Então, sabemos hoje que aqueles que deixaram a vida na Terra povoam o espaço, estão ao nosso lado e, conforme sua condição, eles nos ajudam ou nos prejudicam, de acordo com seus sentimentos.

Assim, Cushing foi revelando ao rapaz, que ouvia surpreso as verdades espirituais, dando destaque às existências sucessivas; mostrou a necessidade de os espíritos se aprimorarem ao longo do tempo, lembrando o mandamento "Amar a Deus sobre todas as coisas e ao próximo como a si mesmo". Como poderíamos aprender a amar o próximo, nos corrigir dos defeitos, reparar um erro que tenhamos cometido contra alguém, e muito mais, se não nos encontrarmos?, perguntou Cushing.

Oliver, que sempre tivera medo de "almas do outro mundo", ouvia atento e interessado, compreendendo a lógica de tudo o que era dito. Ocorrendo uma pausa, ele indagou:

— Peter, e o sonho que tive? Foi tão real! Tem relação com o que está dizendo?

— Sem dúvida, Oliver — e Cushing aproveitou para explicar a Oliver que, quando o corpo dorme, o espírito fica mais livre e vai para o espaço, podendo se encontrar com amigos ou com aqueles com os quais tenha algum tipo de problema.

— Agora posso entender melhor o que aconteceu. Então, Karl realmente me agrediu em espírito. De alguma forma, meu corpo sentiu, porque doeu...

— Exatamente. Agora, você já pode entender melhor o caso da nossa querida Helen. Não raro, aqueles que prejudicamos no passado, nesta ou em outras existências, que não nos perdoam, voltam para vingar-se. Ela tem facilidade para perceber os desencarnados — faculdade que Allan Kardec chamou de mediunidade —, por isso Helen transmitia o que eles queriam dizer, ou agia como se fosse um deles.

Oliver ouvia interessado, embora um tanto assustado, e balançava a cabeça como se estivesse refletindo sobre o assunto. Depois perguntou:

— Peter, será isso o que está acontecendo comigo? Quero dizer, o mal-estar, o cansaço e tudo o mais?

— Perfeitamente. Conte-nos. Você disse que conversou com aquele espírito que estava no seu quarto e que saiu sem abrir a porta, o mesmo que lhe disse depois que era empregado da companhia, não é?

— Sim! Ele mesmo. E deu até o nome.

— Como disse chamar-se?

— Herbert Willemont.

Os demais tomaram um grande susto e trocaram um olhar de entendimento, que não passou despercebido do rapaz.

— Herbert Willemont é alguém conhecido?

— Sem dúvida. É a entidade que acompanhava Helen.

35

A agressão

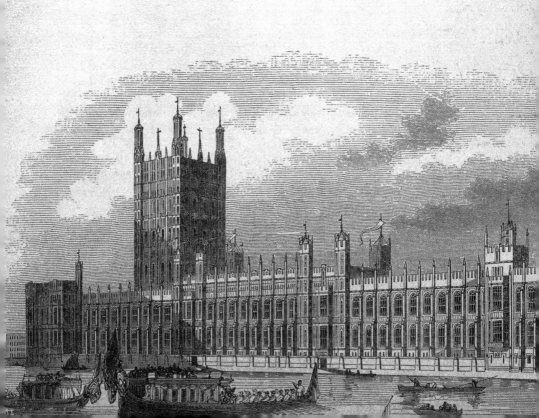

Após aquela noite, Oliver sentiu que sua mente se abria para as novas informações. Peter Cushing presenteou-o com um exemplar da obra *The Spirits' Book*, que ele começou a ler naquela mesma noite.

Sentou-se à cabeceira do catre, apoiado na parede com o travesseiro, e leu até altas horas. Tudo se aclarava em seu íntimo. Não sentia mais medo, uma vez que, se os "fantasmas" eram pessoas que haviam habitado o mundo terreno, qual a razão do temor? Não eram criaturas estranhas e maléficas, criadas para o mal, a que chamavam "demônios" ou "diabos", mas pessoas como todas as demais, com os mesmos sentimentos, as mesmas dificuldades, os mesmos sofrimentos, as mesmas dúvidas. Oliver sentia agora uma imensa piedade por todos e, imaginando-se no lugar deles, pensava: "Como me sentiria se quisesse falar com alguém? Helen, por exemplo? Como seria difícil não poder fazer-me entender, me comunicar com as pessoas, explicar o que estaria sentindo, as dores e os sofrimentos que experimentaria. E, mais, como seria difícil não ter uma casa para voltar, alguém com quem pudesse falar, um amigo para desabafar".

Oliver enxugou uma lágrima e prosseguiu refletindo: "Pelo que aprendera, mesmo aqueles que tinham desejo de prejudicar os encarnados, o faziam apenas porque haviam sido feridos no passado, magoados nas afeições mais profundas, espoliados dos seus bens, traídos no que tinham de mais caro ao coração. Então, dessa forma, os perseguidos de hoje eram os algozes de ontem, que acreditavam ter todo o direito de ressarcimento dos prejuízos que sofreram".

Para Oliver, o interessante é que lhe parecia estar apenas recordando o conhecimento de tudo o que ouvira e lera naquela noite. No íntimo, nada daquilo lhe era estranho.

De repente, ele notou que uma réstia de luz entrava pelo vão da janela. Era madrugada. Precisava dormir um pouco para ter condição de trabalhar pela manhã. Apagou a vela que lhe servia de lume e escorregou pelo colchão, deitando o corpo cansado. Apesar da fadiga, sentia-se muito bem. Tentou fazer ligeira oração, mas dormiu antes de terminá-la.

A seu lado, luminosa entidade feminina o envolvia com amor, feliz por vê-lo tomar um rumo novo na existência.

Chegando ao escritório no dia seguinte, sentia-se outra pessoa. Trabalhou durante toda a manhã e, quase à hora da refeição, George Baker entrou no escritório. Vendo-o, perguntou:

— Como passou depois da nossa conversa, Oliver?

— Muito bem, milorde. Inclusive, comecei a ler a obra do Prof. Allan Kardec e, confesso-lhe, estou muito interessado. Gostaria de pedir algumas explicações a mr. Cushing.

— Nosso amigo está sempre pronto a atender a quem necessite dele. Dar-lhe-ei o endereço da casa de Cushing e ele terá prazer em recebê-lo e esclarecer suas dúvidas. A propósito, hoje teremos uma reunião em minha residência. Gostaria de participar?

— Se puder, apreciaria bastante. Além disso, poderia aproveitar o ensejo e conversar com Peter.

— Sem dúvida. Então, fica combinado. Após o trabalho, iremos juntos para casa; minha filha apreciará muito vê-lo — decidiu George.

Cheio de expectativa para rever Helen, Oliver aguardou ansiosamente o término do expediente. Na hora aprazada, ao vê-lo se aboletar na carruagem junto com o patrão, os demais empregados ficaram incomodados com aquela clara preferência de milorde por Oliver, olhando para ele cheios de despeito e inveja.

No entanto, interessante é que não apenas os empregados tiveram essa reação. Herbert Willemont, que chegara naquele instante, sentiu-se invadir pelo ódio, rugindo de revolta, inconformado com a situação do rapaz que ele tentara prejudicar e que lhe parecia recuperado e melhor do que nunca. Gritando palavras ofensivas, de olhos injetados e carantonha horripilante, viu que precisava tomar uma providência. Decidido, puxou o capuz do manto escuro, escondendo a cabeça, e saiu atrás de Karl, dócil às suas ordens e sugestões. Com aquele, ele podia contar!

Enquanto isso, George e Oliver chegaram ao palacete, sendo recebidos com carinho por Jane. Sentaram-se para conversar um pouco, enquanto se aprestava a ceia. Avisada da presença do amado, radiante de felicidade, Helen apareceu na sala. Com graça e elegância, pegou o namorado pela mão e puxou-o para um terraço, onde poderiam conversar mais tranquilamente, sob as arcadas floridas, que lhes conferiam mais privacidade, o que permitia fugir dos olhares paternos.

Passado algum tempo, o mordomo veio avisar-lhes que a ceia iria ser servida, e os jovens se dirigiram para a sala de jantar. Na cabeceira, acomodou-se George, tendo de um lado Oliver e Helen, que se mostrava ótima; do outro lado, Jane, perto do esposo, e Wendy. As jovens estavam lindas, em especial Helen, que escolhera um vestido rosa pálido com pequenas flores, cujo corte lhe favorecia a elegância do talhe; mostrava-se risonha, bem-humorada, falante, contando casos engraçados e encantando a todos.

Oliver fitava-a em muda adoração, agradecendo a Deus por sua amada estar tão bem. Depois de tudo o que soubera na noite anterior, parecia-lhe um verdadeiro milagre.

A ceia transcorreu em clima agradável e descontraído. Estavam terminando a refeição quando chegaram os amigos James Stanford e Peter Cushing que, em virtude de compromissos, não puderam participar da ceia, mas que aproveitavam o ensejo para saborear a sobremesa, uma torta de maçãs com nozes, acompanhada de um creme de sabor indescritível.

Terminado o repasto, Helen despediu-se com pesar do namorado, após ser informada de que queriam conversar a sós com Oliver; aceitou a situação com a promessa do namorado de que ela seria avisada tão logo ele estivesse livre. Assim, Helen resignou-se ao que não poderia evitar, caminhando para seus aposentos junto com Wendy e preparando-se para jogarem uma partida de gamão, enquanto esperava.

Os demais se dirigiram ao gabinete de George, onde se acomodaram em torno de uma mesa. Em seguida a porta se abriu e entraram Violet e Martin, avisados antecipadamente da atividade mediúnica. Antes de iniciar, Peter Cushing explicou a Oliver como funcionava a reunião, cujo objetivo era conversar com os espíritos desencarnados que, porventura, estivessem no local. E, para tranquilizar o rapaz, concluiu:

— Não se preocupe com nada, Oliver. Verá que, se alguma entidade se comunicar conosco, o diálogo transcorrerá como se ela fosse um espírito encarnado, visto que o desencarnado é apenas alguém que não tem mais o corpo material. Alguma dúvida?

— Não, mr. Cushing. Confesso que, para mim, trata-se de algo inusitado, mas com certeza muito interessante.

— Muito bem. Então, para começar, fazemos uma oração pedindo o amparo divino e, se houver espíritos que estejam no ambiente e queiram conversar conosco, serão bem-vindos.

A oração foi proferida pelo próprio Cushing, após o que permaneceram todos em silêncio, aguardando alguma manifestação.

No entanto, o tempo passava e nada acontecia, frustrando os presentes, em especial Oliver, curioso para ver o fenômeno pela primeira vez.

Herbert Willemont saíra da companhia naquela tarde bufando de ódio e revolta. Caminhando apressado, foi em busca de Karl, joguete fácil em suas mãos. Chegando ao casebre que tão bem conhecia, encontrou-o sentado no chão, com uma garrafa de bebida já pela metade; falava sozinho, gritava ofensas contra seus inimigos e, em especial, contra Oliver, que julgava tê-lo prejudicado perante o patrão. Aproveitando o momento, Herbert Willemont aproximou-se dele e passou a envolvê-lo com suas vibrações pesadas e nefastas, ao mesmo tempo em que lhe dizia:

— Karl! *Não pode permitir que o miserável Oliver o desacredite perante milorde, lançando infâmias sobre seu nome honrado! O que pensa que ele está fazendo agora? Está falando mal de você para o seu patrão! Vai permitir isso? Tome uma atitude, homem! Aquele desgraçado não merece ficar bem, ter o respeito do patrão e conseguir um cargo melhor e ganhar mais dinheiro, pois é o que ele quer! Por isso, é imprescindível que você faça alguma coisa — e rápido!... Oliver e a filha do patrão estão namorando e vão se casar. Você sabia? E vai permitir? Se isso acontecer, o miserável Oliver será o dono da companhia e você perderá o emprego e será enxotado de lá, como um cão sarnento.*

O infeliz recebia as sugestões maléficas do companheiro desencarnado sem ouvir uma só palavra, porém assimilava claramente a intenção, isto é, que Oliver queria prejudicá-lo, e então murmurava, com voz pastosa e quase inaudível:

— Ele quer me prejudicar... não permitirei. Ninguém vai me tirar do serviço. Eu mato aquele infeliz. Traiçoeiro... irei encontrá-lo onde estiver, e ele vai ver do que sou capaz!...

Karl tentava levantar-se, porém não conseguia, caindo vezes seguidas no chão e quase dormindo sob o efeito da bebida. Willemont, determinado, usando da sua energia, aproximou-se dele tentando erguê-lo com sua força descomunal que o ódio potencializava. Assim, pela proximidade com o infeliz bêbado, usando-o como instrumento dócil em suas mãos, conseguiu colocá-lo de pé e levá-lo, agora sob seu império, para o palacete de George Baker. Lá chegando, acobertado sob uma ramagem de onde podia ver quem saía do palacete, sem que ninguém pudesse vê-lo, esperaram que o inimigo saísse.

Algum tempo depois, Willemont viu a porta se abrindo e o miserável Oliver sair e tomar a carruagem, sob a condução de Martin. Quando o veículo atravessou o portão e ganhou a rua, Karl, sob as ordens de Willemont, jogou-se à frente da carruagem. Na escuridão da noite, clareada fracamente pelos postes de iluminação pública, Martin assustou-se ao ver um homem que surgiu das sombras, de braços abertos erguidos para o alto tendo uma garrafa na mão. Aquela visão parecia-lhe saída do inferno, se existisse. A criatura vestia um velho sobretudo escuro e sujo, tinha os cabelos compridos e despenteados, mas a expressão do rosto, que lhe pareceu de um malfeitor foi o que mais o impressionou; os olhos vermelhos, cheios de ódio, com brilho estranho e a boca que gritava com voz rouquenha:

— *Pare! Pare!...*

Na verdade, Martin via a figura do inimigo desencarnado, visto que Karl estava completamente bêbado. O cocheiro deu um grito e puxou as rédeas com força, fazendo os cavalos empinarem, relinchando assustados. Felizmente, o infeliz não fora atingido pelos cavalos. Respirando aliviado, Martin gritou:

— O que está fazendo no meio da rua, homem? Quer se matar?!...

No entanto, Willemont estava tranquilo, pois nada tinha a perder, uma vez que o corpo que usava era o de Karl, que nem sabia o que estava acontecendo. Então, aproximou-se da carruagem, exatamente quando Oliver colocou os pés para fora, apavorado ao ver o veículo inclinar-se assustadoramente sob a força dos cavalos que empinaram, enquanto Martin gritava. Nesse momento, Willemont correu até o rapaz e agrediu-o na cabeça com toda a força, usando a garrafa de bebida, que se estilhaçou. Depois, saiu correndo e escondeu-se na vegetação próxima; auxiliado pela escuridão da noite, ele chegou até uma ruela das imediações.

Martin, porém, não estava preocupado com o bêbado, mas com Oliver, que, após o golpe recebido, permanecia estatelado no chão. Começou a gritar, chamando a atenção de Arthur que, do palacete, ouviu o berro do cocheiro, o relinchar dos animais seguido de gritos de alguém, tudo muito rápido. Abriu a porta e, sob a fraca luz do poste, reconheceu Martin e correu para ver o que estava acontecendo. Ao deparar com Oliver caído nas pedras da rua, inconsciente, enquanto Martin gritava pedindo socorro, Arthur tocou-o no ombro:

— Martin! O que aconteceu?

O cocheiro virou-se ao ouvir a voz conhecida e explicou:

— Alguém agrediu Oliver! Rápido, peça socorro, Arthur!

Com a presteza que a situação exigia, o mordomo correu de volta para o palacete e entrou na sala onde os demais ainda conversavam tranquilamente, com exceção de Violet que já se recolhera. Ao vê-lo entrar com expressão apavorada, que não era usual, George ia perguntar o que tinha acontecido, mas o mordomo se antecipou:

— Milorde, agrediram o jovem Oliver na cabeça. Ele precisa de ajuda, está sangrando muito.

Todos se ergueram assustados, mas dr. Stanford, por força da profissão, saiu rápido à frente dos demais com sua maleta preta. O médico ajoelhou-se ao lado do rapaz, examinando-lhe o ferimento da cabeça. Depois, pediu que o levassem para o palacete, onde, com claridade, poderia ver melhor a situação do rapaz. Alguns minutos depois, Oliver estava estendido em uma cama, sob os cuidados médicos. Dr. Stanford pediu uma vasilha com água e panos limpos para higienizar o ferimento. Depois, enquanto ele atendia o ferido, George levou Martin para o corredor, interrogando-o sobre a ocorrência. O cocheiro, pálido e trêmulo, relatou ao senhor como tudo acontecera. Após ouvi-lo, George e Cushing trocaram um olhar de perplexidade.

— Martin, conhece o agressor?

— Mr. Cushing, na realidade, não sei. Ele tinha um rosto horrível! Olhos grandes e vermelhos, cabeleira esvoaçante... parecia um monstro! Depois, aconteceu algo muito estranho. Tive a sensação de já ter visto aquele homem em algum lugar, talvez na companhia... não sei. Não posso afirmar. Mas ele estava diferente! Pareceu-me enlouquecido, maior... Muito estranho.

— Martin, procure lembrar-se. Se ele for da companhia, é fácil. Farei com que você possa ver a todos, um por um. Não admitirei um empregado com esse tipo de atitude — disse George, com expressão severa.

Como o cocheiro não conseguisse dar outras informações, o dono da casa procurou tomar todas as providências necessárias para esclarecer o caso, inclusive chamando a polícia metropolitana de Londres que, informada do acontecido, se encarregou de vistoriar os arredores, procurando saber se alguém vira um homem com aquela descrição por volta daquele horário, na região.

Após atender o ferido, o médico pediu a Jane que deixasse uma das criadas tomando conta dele durante a noite, a quem explicou como ministrar os remédios a cada duas horas. Se o rapaz acordasse ou algo diferente ocorresse, deveria ser avisado imediatamente. Assim acertado, dirigiu-se à sala onde estavam os demais.

— E então, James, como está Oliver? — indagou aflito o dono da casa.

Colocando a pasta numa cadeira, ele acomodou-se e respirando fundo explicou:

— George, a situação do rapaz é grave, não negarei. Só ficaremos sabendo algo mais quando ele voltar à consciência... se isso acontecer.

— Como assim, James? — questionou Cushing.

— Esta é a realidade, meu amigo. Pode não ser nada sério e o paciente acordar amanhã como se nada tivesse acontecido; mas também pode ser um quadro bastante grave pela localização e violência da pancada e do ferimento que o rapaz recebeu. Infelizmente, a medicina ainda sabe pouco sobre essa região da cabeça. De qualquer forma, vamos aguardar. Tive um dia cheio e estou cansado. Se me desculparem, vou para casa. Deixei todas as recomendações necessárias, inclusive que mandem Martin me buscar... se o paciente acordar. Boa noite a todos!

— Já exigimos demais de você, James, por hoje. Vá, meu amigo. Se precisar, chamaremos — disse George.

Os presentes despediram-se do médico e continuaram conversando. Certo momento, ao ver uma expressão de dúvida em Peter Cushing, George perguntou o que lhe passava pela cabeça, ao que o outro respondeu:

— George, não lhe parece estranho que alguém agrida uma pessoa que não conhece? Bem defronte da sua casa? Justamente atingindo um rapaz que tem sofrido assédio espiritual, como nos relatou o próprio Oliver?

— Bem estranho, sem dúvida. Lembra-se do que ele disse sobre a presença de uma entidade, inclusive confirmando seu próprio nome, Herbert Willemont? Com que intenção dar-se a conhecer a alguém? Há um propósito claro, como se mandasse uma mensagem! Mas essa mensagem seria para quem? Para nós, que já tivemos contato com ele? — questionou Cushing.

— Para nós, sem dúvida, por intermédio de Oliver, mas com direção certa: atingir nossa filha Helen! — considerou George.

— Acredita mesmo, George? — murmurou Jane, ainda mais apavorada.

— Sim, querida. Ao atingir Helen, atinge a nós dois!

— Concordo plenamente, George. É como se ele quisesse dar uma cartada decisiva — disse Peter, que completou baixando a voz. — Se algo mais grave ocorrer com Oliver, Helen não resistirá.

Em lágrimas, Jane suplicava: — Socorrei-nos, Senhor, por piedade!

George aproximou-se de Jane, sentou-se ao lado dela e abraçou-a com carinho:

— Calma, querida. Tudo isso é só uma suposição. Felizmente Helen já está dormindo e ainda não sabe sobre o atentado ao namorado. Frágil como é, não sei como ficaria. Mas Deus não permitirá que algo mais grave aconteça. Tenhamos fé!

Nesse momento, a porta se abriu e uma violenta lufada de vento atingiu a todos, que, ao mesmo tempo se viraram para a porta. Com profundo assombro, viram Helen, vestida para dormir, que entrava no gabinete com expressão completamente alterada, enquanto uma voz cavernosa fez-se ouvir:

— *Estão abusando da minha paciência! Sabem que não estou para brincadeiras! Querem guerra? Pois terão guerra! Acabarei com todos desta casa, um por um!*

E jogando a cabeça para trás, soltou satânica gargalhada. Apavorados, os presentes ficaram em choque. Cushing, mais acostumado a ataques do gênero e que se acostumara a dialogar com a entidade, perguntou sereno:

— Seja bem-vindo, caro Willemont. Por gentileza, como veio aqui para dialogar conosco, acomode-se aqui junto de nós — disse Peter, ao mesmo tempo em que fazia um sinal para George, que imediatamente puxou uma cadeira para que a filha sentasse.

— Muito bem, Willemont. Agora que está bem acomodado, diga-nos: por que está tão bravo? Fizemos algo que lhe desagradou?

Achamos que nosso relacionamento com você tivesse melhorado... O que houve? E quem é o homem que agrediu Oliver?

— *Não admito que aproximem "esta aqui" dele!* — e batia no peito de Helen com força. — *Quanto ao outro, não é ninguém. Uso-o quando desejo fazer algo no plano da matéria. É só.*

— Ah! Então, você quer proteger Helen? — indagou Cushing, conhecendo-lhe a verdadeira intenção.

— *Ao contrário. Não quero ver vocês felizes. Não ousem desafiar-me! Ignoram do que sou capaz!...*

Após essas palavras, ele jogou a médium para trás, depois a arremessou sobre a mesa. Com um baque surdo, Helen bateu a cabeça no tampo de madeira maciça, assustando os presentes.

Prendendo a respiração, ficaram imaginando o que iria acontecer em seguida. Todavia, após alguns segundos, Helen levantou a cabeça com expressão distante e vaga. Ao notar que estava sentada no gabinete do pai, com a mãe e os amigos, sorriu timidamente.

— O que vim fazer aqui, papai?

— Não se lembra, querida? Veio conversar conosco.

— Ah! Sobre o quê? Não me recordo de nada!

— Não tem importância, filhinha — murmurou a mãe. — Outra hora você irá lembrar e nos falar.

Helen concordou e, levando a mão à testa, reclamou de dor de cabeça. Ao abaixar a cabeça e tocar no peito, onde também sentia dor, viu que estava de roupa de dormir e estranhou, levando os braços ao peito com as mãos espalmadas para cobrir-se. Com o rosto corado de vergonha, desculpou-se:

— Perdoem-me. Lamento ter vindo aqui deste jeito; não é meu costume. Mas creio que sei por que vim aqui. Acho que é por causa desta dor na cabeça e de outra aqui, bem no meio do tórax, que apareceram de repente, mamãe.

— Não se preocupe querida. Logo suas dores passarão. Dr. Stanford saiu há pouco, mas amanhã ele ficou de voltar e você falará com ele, está bem?

Nesse momento, ouviram vozes no corredor e, em seguida, alguém bateu à porta. Era Wendy e a criada, preocupadas com Helen, que havia deixado o leito sem que elas notassem. Com um robe na mão, a criada desculpou-se e disse:

— Não sabíamos que Helen estava aqui. Vamos, Helen?

A jovem ergueu-se e docilmente deixou-se conduzir de volta ao leito, explicando o motivo por estar no gabinete do pai. Os demais se entreolharam, incapazes de acreditar em tudo o que acontecera. Helen de nada se lembrava.

36

Encontro com a verdade

Oliver viu-se caído no meio da rua, sentindo terrível dor na cabeça. Tentou levantar-se, mas não conseguiu. Sem saber o que fazer, pediu o amparo divino e, de repente, começou a notar que fraca luminosidade se formava a seu lado, transmitindo-lhe imenso bem-estar. Relaxou um pouco e, de olhos fechados, viu que a luz se tornara radiante e aos poucos foi tomando os contornos de bela dama.

Melanie tinha a cabeleira loira que descia em cachos sobre os ombros, emoldurando um semblante de beleza peregrina; os olhos azuis pareciam sorrir, e a gentil dama murmurou com voz cariciosa, estendendo-lhe a mão:

— *Estou aqui para ajudar-te, meu filho. Mantém o pensamento em Deus e vem comigo.*

Assim, de mãos dadas, entregue a uma sensação de plenitude que jamais sentira, ele elevou-se ao espaço conduzido pela celeste mensageira. Em dado momento, Oliver viu que estavam descendo sobre uma região onde pôde ver as ruínas de grande construção que outrora deveria ter sido um castelo, agora tomado pelo mato. Descendo suavemente, a dama perguntou-lhe:

— *Lembras-te deste lugar, Oliver?*

O rapaz olhou para todos os lados, especialmente para o que restava do castelo, e meneou a cabeça:

— Sinto que não me é totalmente desconhecido, mas nenhuma recordação me ocorre.

Melanie fechou os olhos e estendeu a destra luminosa sobre a cabeça do filho. A partir daquele momento, a paisagem se modificou completamente em sua visão. A propriedade surge como nos mais belos tempos, quando os jardins se engalanavam de flores, com espécies trepadeiras que subiam pelos balcões das janelas enfeitando-os de cores e perfumes; tudo bem cuidado e bonito, como se mãos habilidosas tivessem reconstruído o cenário por um passe de mágica. Até as gotas de orvalho caídas pela madrugada ali estavam, claras e límpidas. Sorridente, a dama o convidou a sentar-se em um banco de mármore próximo.

Oliver olhava para todos os lados, encantado com a mudança que se operara na paisagem, a experimentar grande emoção. Tudo ali lhe parecia extremamente familiar, como se ele pudesse dizer o local de cada coisa, como se soubesse onde iria dar aquele estreito caminho coberto pela ramagem florida. Depois, com o coração aos saltos, contemplando a senhora em muda indagação, desejando saber o motivo de estar ali, Oliver se pôs a chorar. Irreprimível comoção invadia-lhe o íntimo, em que se misturavam amor, ódio, desilusão, tristeza e uma gama de outros sentimentos que ele não conseguia avaliar devidamente. Fitando a gentil dama, ele murmurou com amor:

— Minha mãe!... Reconheço-a agora. Mas o que se passa comigo? Não entendo...

Compreendendo sua legítima curiosidade e a necessidade de esclarecimento do rapaz, ela suspirou melancólica:

— *Sim, meu querido filho. Sou Melanie, a mãe que muito te ama e que te espera há longo tempo. Aqui, nesta propriedade, vivemos os dias mais felizes e os mais infelizes da nossa existência, meu querido Conrad. Aqui, neste castelo, nasceste para uma vida de amor e riquezas. Tínhamos tudo, nada nos faltava. Teu pai Wilfred e eu te amávamos com toda pureza e devoção e te prodigalizávamos tudo o que desejavas. Crescias feliz e despreocupado, sob nosso afeto e atenções. No entanto, teu irmão, Herbert, desenvolveu terrível ciúme de ti e passou a hostilizar-te em todas as situações, sem que soubéssemos o quanto ele te odiava.*

A dama parou de falar por instantes espraiando o olhar pelo infinito, como se visualizando o passado. Nesse instante, com os olhos vermelhos de pranto, como se contemplasse a distância, Oliver interrompeu-a com um grito abafado:

— Oh!... Lembro-me, minha mãe! Lembro-me agora! Herbert convidou-me para participar de uma caçada no parque que contornava o castelo. Fiquei muito feliz e honrado. Era a primeira vez que recebia um convite para caçar, sinal de que já tinha idade suficiente! Conosco estavam também alguns amigos dele, e meu peito se inflava de orgulho por ser considerado não mais uma criança, mas um rapaz, com direito a participar de atividades dos jovens. Depois... distraído, observando os pássaros que gorjeavam no topo de uma árvore, de repente senti uma dor no peito. Olhei para baixo e vi que alguém tinha atirado em mim. O caçador ainda trazia a arma em punho, apontada para onde eu estava. Não pude compreender de pronto a razão por que ele me atingira, mas a camisa se tingiu de sangue e uma dor muito forte me invadiu. Nesse momento, olhei em torno e pude notar-lhe a expressão satisfeita em me ver no chão. Depois, ainda com vida, escutei-o desculpar-se em lágrimas, afirmando que fora um trágico engano; que pretendia atingir uma raposa. Pedia perdão, gritando que fora uma fatalidade!...

— *Não culpes teu irmão por tudo o que aconteceu depois, meu filho. Na verdade nós, teus pais, fomos os culpados. Nós te amávamos com loucura e não demos a devida atenção a teu irmão que, recalcado e rancoroso, resolveu vingar-se em ti. Assim, ele e o amigo planejaram matar-te de modo que parecesse um acidente.*

A mãe parou de falar por instantes como se contemplasse o passado e prosseguiu:

— *Quando voltaste ao castelo, já sem vida, vinhas nos braços de Herbert, que fingia grande consternação. A partir daí, nossa vida perdeu todo o alento. Eu e teu pai nunca nos recuperamos desse golpe, e Herbert foi piorando cada vez mais, diante de nosso sofrimento pela tua perda. Na verdade, ele julgava que, distantes de ti, nosso amor seria exclusivamente dele, nosso primogênito. Pobre filho! Tudo isso por culpa nossa.*

Melanie respirou profundamente, enxugou uma lágrima, e continuou relatando:

— *Herbert renasceu em nosso lar para que pudéssemos refazer laços danificados em passado mais remoto, quando eu e teu pai, que, nessa existência éramos tios de Herbert, o havíamos prejudicado por causa de uma herança que ambicionávamos. Teu irmão nos amava muito nessa época, confiava em nós, e sentindo-se traído em seus sentimentos, jamais nos perdoou. No transcurso do tempo, Wilfred e eu nos recuperamos moralmente e, compreendendo o mal que causamos ao nosso filho, em vão tentamos conseguir que Herbert nos perdoasse, mas ele se manteve sempre irredutível no seu ódio.*

Ouvindo aquelas palavras, Oliver sentiu imensa piedade de Herbert que, por ciúme havia se projetado em um caminho de erros.

— Pobre irmão! Como ajudá-lo? — balbuciou, como se falasse consigo mesmo.

A dama sorriu suavemente, acariciando-lhe os cabelos:

— *Meu filho, não esperaria outra coisa do teu nobre coração. Com tua ajuda, poderemos reverter essa situação. Teu irmão, em virtude do que fez no passado, vive em terrível pesadelo íntimo, e precisamos ajudá-lo. Que o Senhor te ampare e ilumine para que nos ajudes na recuperação de Herbert. Confio em ti.*

Após essas palavras, a dama conduziu Oliver até seu corpo, que permanecia no mesmo estado de inconsciência e ajudou-o a acomodar-se no leito; depois se afastou com um aceno.

Enquanto isso, Herbert saiu do palacete cheio de revolta e de ódio. Não entendia o que se passava consigo. Conseguira derrubar o rapaz que tanto odiava com um golpe certeiro, mas não se sentia satisfeito. Algo o incomodava, como se acossado por terrível flagelo íntimo.

Caminhando pelas ruas de Londres, agora quase vazias pelo avanço da noite e apenas iluminadas pelas fracas lâmpadas dos postes em meio à bruma que se formava, ele enterrava as mãos nos cabelos despenteados, sem poder atinar com o que estaria acontecendo em seu íntimo. Nunca gostara do rapaz, Oliver, com um sentimento de rejeição sem motivo; sua presença o incomodava, aguçando-lhe o desejo de prejudicá-lo. Isso era fato!

— Mas por quê? Por quê? Ele nunca me fez nada! Usei Karl para atingi-lo e agora como ele estará? Caiu estatelado no chão e não mais se levantou. O que terá acontecido com ele?

Qual alma penada, Herbert percorria as ruas desertas, sem rumo e sem noção do que fazer. Intimamente reconhecia-se culpado e não encontrava paz. Precisava saber como estava Oliver, mas tinha receio; por outro lado, também não teria paz se não soubesse. De repente ele decidiu-se. Retornou sobre seus passos, tomando novamente o rumo do palacete que ele tão bem conhecia. Entrou sem encontrar barreiras. Encaminhou-se até o quarto onde o ferido estava ainda inconsciente, como o criminoso que volta ao local do crime. Apenas Wendy velava à sua cabeceira, tendo às mãos um livro de orações.

Herbert não teve coragem de aproximar-se do leito. Ficou num canto mais escuro do aposento, observando. No entanto, por um processo que não entendia, ele ouvia a leitura mental da jovem e uma frase o impressionou sobremaneira:

— Fazei aos homens tudo o que queirais que eles vos façam, pois é nisto que consistem a lei e os profetas[14]. Tratai todos os homens como quereríeis que eles vos tratassem[15].

Naquele instante, algo mexeu nas fibras mais profundas de Herbert. Olhou para o ferido e sentiu-se abalado. Alguma coisa naquele semblante lhe era estranhamente familiar, mas ele não conseguia entender a razão. Continuando a fitar o rapaz, com a ajuda da mãezinha de outros tempos, a qual ele não podia enxergar em virtude da sua baixa vibração, Herbert voltou no tempo e no espaço, revendo cenas do passado, especialmente aquelas

---

14. Mateus, 7:12. (N.R.)
15. Lucas, 6:31. (N.R.)

que diziam respeito à sua consciência culpada. Levou as mãos à cabeça, atordoado, a mente em desvario, murmurando para si mesmo:

— *Não pode ser ele! Não pode ser meu irmão Conrad! Ah! Meu Deus! O que eu fiz?...*

À memória voltavam-lhe os dias felizes do passado, ao tempo em que viviam naquele castelo e tudo era felicidade, até o momento em que ele começou a sentir ódio do irmão caçula, ao notar o amor que os pais lhe dedicavam. Em vão tentou vencer aquele sentimento funesto. Tentou inutilmente não pensar no assunto, até culminar naquela caçada fatídica, quando resolvera dar cabo do irmão, fingindo um acidente, para que ninguém desconfiasse do seu crime. No princípio, tudo parecia correr bem; ele se tornou o único herdeiro e detentor absoluto do afeto dos pais. Todavia, seus pais jamais voltariam a ser os mesmos, mantendo no coração a lembrança viva e eterna de Conrad, o filho que morrera.

Herbert escorregou para o piso, chorando desesperadamente. Pela primeira vez, o remorso invadia-lhe a alma. Não bastava ter matado o irmão que sempre o amara, que gostava de brincar com ele, que lhe era fiel e que o fitava sempre com verdadeira adoração. Agora, agredira-o novamente, deixando-o prostrado no leito. Atormentado diante do que fizera, gritou alucinado:

— *Ah! Senhor! Se existis realmente, ajudai-me! Sei que não mereço, mas não posso conviver com a ideia de ser novamente culpado pela morte de meu irmão. Por misericórdia, socorrei-o!*

E o infeliz Herbert saiu correndo do aposento, buscando a rua, dominado pelo sentimento de culpa.

Preocupada com o filho enlouquecido de dor, a mãezinha desencarnada se mantinha no ambiente sem que ele percebesse;

ao vê-lo sair correndo para a rua, segue-o. Cheio de remorsos, Herbert vai para uma região de sofrimento no espaço, condizente com seu estado vibratório, onde ele tinha por hábito refugiar-se.

A região é escura e feia, dominada por gramínea rala e arbustos retorcidos, lama fétida aqui e ali em meio a pequenas poças que matam a sede dos infelizes que ali permanecem. Herbert acomoda-se, recostado a uma rocha escura, e começa a chorar desconsolado com a cabeça entre as mãos. Repleta de ternura, a mãezinha aproxima-se e eleva o pensamento ao Criador, suplicando ajuda para socorrer o filho tão desventurado. Depois murmura com enternecimento:

— *Herbert, filho meu...*

O infortunado levanta a cabeça, espantado diante daquela voz que ele reconhecia dos mais belos dias da sua existência na Terra, e que lhe falava com amor, ao mesmo tempo em que ele interpretava aquela presença como uma repreensão:

— *Mãe! Vieste acusar-me pelo que aconteceu com Oliver?!...*

— *Não, filho do meu coração. Aqui estou para ajudar-te. Não ignoro o quanto sofreste por julgar-te não amado por nós, teus pais. Todavia, meu filho, Wilfred e eu sempre te amamos muito, conquanto não percebesses. O sentimento que nutríamos por Conrad devia-se a que, fruto de uma maternidade em idade mais avançada, imprópria para a procriação, não sabíamos como nasceria o bebê e o que aconteceria comigo. E, em virtude desse fato, da minha falta de condição orgânica, Conrad nasceu muito pequeno, fraquinho, necessitado de cuidados especiais. E talvez tenhamos exagerado nos cuidados e no amor que lhe dedicamos, temerosos de perdê-lo. Quanto a ti, meu filho, tu eras o nosso primogênito, a razão da nossa vida, e sempre foste muito amado por nós. Cresceste alto, forte, belo, e tínhamos imenso amor por ti, razão de ser da nossa vida. Todavia... com o nascimento de teu irmão, passaste a te sentir menos amado pela família, em especial por nós, teus pais, em razão de seres obrigado a dividir as nossas atenções com os cuidados que o bebê exigia de mim. Perdoa-me, meu filho! Sou culpada por não ter notado o que se passava em teu coração e o quanto sofrias em silêncio...*

Enquanto a mãe falava, esclarecendo fatos do passado, dizendo-lhe coisas de que ele jamais soubera e que nunca vira por esse prisma, Herbert chorava desconsolado.

— Não suporto, minha mãe, pensar que posso ter causado novamente a morte de meu irmão!...

— Acalma teu coração, meu filho! Agora é o momento de ajudarmos Oliver, que foi gravemente atingido por ti. Com o amparo de Deus e de Jesus, confio que vamos conseguir reverter tal situação. Vem comigo!

Sob o influxo da vontade materna, ele ergueu-se e retornaram até o aposento em que Oliver estava. Agora com outra expressão fisionômica, tímido, sem coragem de aproximar-se, Herbert manteve-se mais afastado, rente a uma parede. A mãe aproximou-se do leito e, erguendo a nobre fronte para o Alto, rogou de maneira enternecedora:

— Mestre Amantíssimo! Venho suplicar-vos socorro para meu filho, que aqui está ferido gravemente. Jesus, que de Vossas mãos compassivas e misericordiosas venham os recursos necessários para que ele readquira a saúde. Ele é tão jovem, Senhor, tem pela frente toda uma vida que se mostra produtiva e na qual poderá avançar um pouco mais na sua trajetória de ser imortal. Também vos rogo amparo para meu filho Herbert, que já errou muito, mas que se mostra arrependido e inclinado a vencer suas atitudes negativas. Dai-nos a graça de que, unidos, possamos ver Oliver recuperar-se. Abençoai-nos os esforços no sentido do bem e derramai sobre Oliver a Vossa graça, a Vossa luz e o Vosso amor!...

Após esta prece, dita do fundo da alma, a dama continuou de olhos fitos no Alto e com as mãos estendidas sobre o ferido.

Virou-se para Herbert e convidou-o a aproximar-se, estendendo também suas mãos sobre Oliver. Ele titubeou, em dúvida, ao que a mãezinha explicou:

— *Tens desejo de ajudar teu irmão, meu filho, e tuas energias mais materializadas poderão ser de grande auxílio, se o fizeres com amor e desejo de realmente concorreres na recuperação dele.*

Mais animado, Herbert respirou fundo e espalmou as mãos sobre o enfermo, auxiliando na doação de energias recuperadoras. Ao mesmo tempo, ele passou a ver que, das mãos de sua mãe partiam luzes que, em contato com o corpo do rapaz inconsciente, o envolviam como um todo; simultaneamente, raios de luz azulada dirigiam-se mais precisamente para a área lesada, desaparecendo em contato com a pele, assimilados pelo corpo. Herbert viu que, de suas mãos também partiam luzes mais fracas, mas que tinham idêntico efeito ao chegar ao corpo de Oliver, desaparecendo completamente.

Por algum tempo, a mensageira e Herbert permaneceram assim, entregues à aplicação de energias oriundas das esferas superiores. Até que, em certo momento, Oliver mexeu levemente os olhos, depois a cabeça, gemendo baixinho. Wendy, que velava o ferido, ao ver que ele estava acordando, imediatamente chamou Martin, encarregado de buscar o Dr. Stanford. De resto, ninguém dormira ainda naquela casa, todos preocupados com o rapaz, e, ao saberem da notícia, correram para o quarto. Animados, tentaram conversar com Oliver, mas não obtiveram resposta; assim, esperaram o médico chegar.

Dr. Stanford entrou no aposento e aproximou-se do leito, examinando o paciente. Abriu-lhe as pálpebras, auscultou-lhe o coração, mediu a pressão arterial e depois se dirigiu ao dono da casa:

— George, a situação de Oliver parece estar mais estável. Felizmente, ele dá sinais de vida, o que eu temia não acontecesse em virtude da região do cérebro onde recebeu a pancada. Irei prescrever uma medicação calmante e, diante de qualquer mudança, preciso ser informado. Por hora é só. Tudo caminha bem.

Explicou à criada como ministrar o remédio e despediu-se com um sorriso:

— Aconselho-os a irem dormir. Tudo agora está sob controle e não há mais motivo de preocupação. Boa noite. Amanhã cedo passarei por aqui.

Melanie sorriu, certa de que o socorro do Alto fora fundamental para a mudança no quadro de Oliver. Olhou para Herbert, que também auxiliara com suas vibrações na melhoria do irmão e convidou-o a se retirarem, explicando que precisavam ir procurar Karl que, em razão do acontecido, deveria estar se sentindo culpado.

Herbert, conhecendo os hábitos dele, rumou para lá acompanhado da mãe. Karl estava sentado na sarjeta, próximo de seu casebre, com uma garrafa na mão. Ele não entendia a razão de ter atacado Oliver; tinha consciência apenas de que se sentira envolver por uma força poderosa que o impulsionara a agredir o rapaz na cabeça. Depois, apavorado, sentindo-se culpado, escondera-se temendo ser encontrado. E se Oliver viesse a morrer, o que seria dele? O patrão estimava o rapaz e não teria contemplação para com ele. Seria encarcerado e perderia o emprego. O que fazer?

Na verdade, Karl era dotado de condições especiais para sentir os espíritos, o que a Doutrina Espírita, por intermédio do notável trabalho de Allan Kardec, mostrara ao mundo, designando de médium ou intermediário os que têm facilidade para provocar esses sintomas. Entretanto, Karl ignorava esse fato — que é coisa natural —, nada entendendo de vida após a morte.

Agora, com mais confiança e outra disposição de espírito, Herbert, aproximando-se do infeliz Karl, pediu-lhe desculpas por tê-lo envolvido daquela maneira. Mesmo sem perceber-lhe a presença, Karl sentiu-se mais calmo, mais sereno. Depois, a doce Melanie, envolvendo-o com amor, murmurou-lhe aos ouvidos:

— *Karl, tu sabes que agiste errado hoje. No entanto, amanhã procura teu patrão e conta-lhe tudo o que aconteceu. Não te preocupes; teu patrão vai entender. Tudo acabará bem. Confia em Deus!*

O pobre homem ouviu aquelas palavras na acústica da alma, e havia tal imposição nelas, que acatou a sugestão, julgando que fossem pensamentos seus e achando que era o melhor a fazer. Se milorde não quisesse mais saber dele, compreenderia perfeitamente, pois agira realmente muito mal.

Assim, ele entrou em sua casinha e deitou-se, agora mais tranquilo e resolvido a tomar uma atitude na manhã seguinte. A senhora sorriu; vendo seus esforços atendidos, explicou ao filho:

— *Herbert, temos uma dívida para com Karl por envolvê-lo em ações negativas. Tu não o reconheces? Observa-o bem, meu filho.*

Ao fitar Karl adormecido e roncando, Herbert finalmente recordou-se:

— Mãe! É meu amigo Matthew, aquele que sugeriu a decisão de matar Conrad e executou a ação!

— *Sim, meu filho. Não percebeste a facilidade que sentias para manipulá-lo? É que ele sempre foi dócil às tuas sugestões desde aquela época. Entendes que nos cabe o dever de ajudá-lo agora na sua recuperação, pois o que ele fez foi por ti, que estimava muito? Como tu podes ver, meu filho, nossas vidas estão bem mais entrelaçadas pelo destino do que podemos imaginar.*

Herbert, o obsessor implacável, balançou a cabeça reconhecendo como todos os fatos na existência estão interligados uns com os outros, e que amor e ódio são duas faces de uma mesma moeda. Com os olhos úmidos de pranto, ele reconheceu:

— Graças a Deus a senhora veio me ajudar, mãe. Tenho errado muito e não pretendo errar mais. Agora quero ajudar todos aqueles a quem prejudiquei. E meu pai, onde está?

— Muito mais perto do que imaginas, meu filho. Vamos descansar um pouco, pois nossa noite foi bastante proveitosa.

Herbert entendeu que a mãezinha aguardava o momento adequado para seu reencontro com Wilfred, seu pai.

37

O Sol volta a brilhar

Tudo prenunciava uma manhã radiosa e tranquila. Oliver abriu os olhos e estranhou estar deitado em ambiente desconhecido. Lucy, que naquele momento cuidava do enfermo, sorriu ao vê-lo desperto:

— Oliver, como se sente?

Ele olhou para a criada, passou os olhos pelo aposento com estranheza e perguntou:

— Onde estou? O que aconteceu?

— Não se recorda? Recebeu uma pancada na cabeça quando saía do palacete e foi socorrido. Ficou inconsciente a noite toda e está sob os cuidados do dr. Stanford, meus e de Wendy.

A princípio o rapaz ficou surpreso ao ouvir a notícia, porém logo a lembrança foi-lhe voltando à memória.

"Sim!... Estava na carruagem e ouvi barulho de gente falando alto; os cavalos se assustaram e eu abri a portinhola para ver o que estava acontecendo. Nesse momento, vi um homem que avançou sobre mim, agressivo, senti uma dor profunda na cabeça e depois não vi mais nada."

— É verdade, lembro-me agora. Ainda sinto muita dor — murmurou, levando a mão à cabeça, no local onde estava o curativo.

— É natural. Com licença, Oliver. Preciso avisar meus senhores que você despertou.

Alguns minutos depois, todos estavam no quarto, satisfeitos por constatarem que o rapaz estava consciente e, ao que tudo indicava, parecia bem. Os donos da casa, denotando grande preocupação, o fitaram com carinho. Peter Cushing, que pernoitara no palacete para o caso de algum imprevisto, também presente, desejava saber o quanto Oliver se lembrava do acontecido. O rapaz, apurando a memória, fez o relato daquilo de que se recordava. Cushing voltou a perguntar:

— Porventura reconheceu o agressor? Sabe quem é?

Após pensar por alguns instantes, Oliver respondeu:

— Não posso afirmar com certeza, Peter, mas ele pareceu-me conhecido, conquanto um tanto mudado. Houve um momento em que o vi com os cabelos curtos, depois me pareceu envolto em cabeleira grande e revolta, com outra fisionomia... Tudo muito estranho. Realmente, estou confuso. Não sei explicar.

— Não se preocupe, Oliver. Apenas curiosidade. Pensei que pudesse ter reconhecido quem o atacou.

— Quando disse que me pareceu conhecido é que me lembrei de Karl, que também trabalha na companhia.

— Interessante — comentou George, que acompanhava interessado — E o outro?

— Não sei como explicar isso, milorde, mas a cabeleira revolta lembrou-me Herbert Willemont, embora não possa afirmar com certeza.

Peter Cushing trocou um olhar de entendimento com George. Com certeza fora um ataque premeditado dos inimigos espirituais, utilizando-se de um médium descontrolado.

Nesse momento, o médico entrou sorridente e, após saudar a todos, dirigiu-se ao paciente:

— Vejo que está muito bem, Oliver. Recebendo visitas, conversando... Agora, deixe-me examiná-lo. Como passou a noite?

— Acho que bem, dr. Stanford. Só acordei de manhã, muito surpreso por estar aqui.

— Ótimo! É natural. Você estava inconsciente. Trocarei o curativo e depois poderá alimentar-se de maneira frugal. Está com fome? — perguntou, após concluir o exame.

— Um pouco.

— Muito bom. Este é um excelente sintoma de que a natureza está voltando ao normal. Mas não devemos exagerar nestes primeiros dias de recuperação.

E virando-se para Jane orientou:

— Sirva-lhe alguma coisa leve, como chá com biscoitos, por enquanto. Depois, veremos.

Vendo que o perigo havia passado, os demais saíram e foram conversar numa sala ali perto. O médico mostrou-se satisfeito com a recuperação do rapaz, para ele, verdadeiramente milagrosa. Com os olhos arregalados, considerou:

— Não sei a que atribuir tão grande mudança no estado de Oliver, pois tive a impressão, ontem à noite, de que ele não voltaria a abrir os olhos. Só posso acreditar que ele tenha sido ajudado pelos amigos espirituais. Graças a Deus!

Melanie e Herbert, ali presentes, trocaram um olhar de entendimento, satisfeitos pelo resultado da noite. Tudo caminhava bem.

Enquanto os encarnados conversavam, os desencarnados mantinham-se um pouco a distância atentos à conversação. George, em conversa reservada com Cushing, acentuou:

— Peter, notou como tudo se encaixa? Interessante a percepção de Oliver, que não soube distinguir entre duas fisionomias diferentes, mas que identificou a quem poderiam pertencer. Bastante sintomático.

— É verdade, George. Com os conhecimentos que temos, dá para entender perfeitamente a situação. Com certeza Herbert Willemont utilizou-se de Karl, indivíduo de comportamento desequilibrado e beberrão, para atingir Oliver. Tanto é que ele tinha uma garrafa de bebida nas mãos.

— E é um sensitivo, é preciso que se diga, pois, se não o fosse, nunca teria sido instrumento dócil nas mãos de Willemont.

Cushing concordou, mantendo-se pensativo por alguns instantes, depois afirmou:

— Ambos merecem nossa misericórdia e nossas orações. Certamente não é por acaso que estão envolvidos com nosso grupo. Tudo acontece quando deve acontecer, é a lei da vida. O Senhor nos aproxima na medida da necessidade de entendimento, de recuperação no que tange ao nosso passado de erros. Não concorda, George?

O dono da casa respirou fundo, lembrando-se de tudo o que lhe fora desvendado sobre o relacionamento dele com Willemont, que causara o ataque dos inimigos espirituais à sua filha Helen.

— Sim, Cushing. Tem toda razão. Hoje, meu sentimento por Herbert Willemont é bem diferente daquele cheio de ódio, que eu tinha quando me via agredido por ele. Agora, sei que, na verdade, fui eu quem o prejudicou.

Peter Cushing trocou um olhar intrigado com seu amigo George.

— É mesmo? Nunca me contou essa história, George!

E o dono da casa, servindo-se de mais um pouco de chá, balançou a cabeça:

— É verdade, Peter. Sabe que sou muito orgulhoso e que não costumo falar de mim mesmo. No entanto, depois de algum tempo, comecei a visualizar Willemont. Ele me ofendia, me insultava, acusando-me verbalmente. Até que, uma noite, levou-me a um castelo onde tudo aconteceu, exatamente como ele nos narrou em uma reunião.

E George relatou os fatos como os conservava na memória, confessando ter-se tornado bem mais flexível desse dia em diante, pois passara a entender o ódio do outro. Peter Cushing, ouvindo o relato, também se sentia bastante ligado ao problema. De repente, Melanie aproximou-se dele e, espalmando a destra sobre sua fronte, permaneceu por alguns segundos enviando-lhe energias luminosas.

Envolto por intensa emoção, Peter, ao sentir-lhe a presença, lembrou-se do passado e começou a relatar, como que visualizando, as cenas:

— George, o mais incrível, meu amigo, é que também vivi nesse castelo! Alguém está me dizendo que eu era o dono dessa propriedade! Chamava-me Wilfred Willemont e era casado com Melanie. Depois de uma tragédia acontecida no castelo, quando morreu nosso filho caçula, Conrad, minha esposa e eu perdemos a vontade de viver, e nosso primogênito, Herbert, assenhoreou-se de tudo, tornando-se o verdadeiro dono do castelo e agindo de maneira orgulhosa e irresponsável. Então Herbert é meu filho!...

Peter Cushing fez uma pausa e George aproveitou para considerar:

— Agora estou entendendo melhor a situação. Quando eu, Samuel Steng, cheguei pedindo trabalho no castelo, os pais de Herbert Willemont já eram falecidos. Interessante a informação que lhe passaram. Então, acabei ficando com a fortuna que deixou para seu filho. Ah! Como lamento hoje os males que causei no passado!...

Ouvindo o diálogo entre os dois amigos, diante dessa lembrança, emocionado, Herbert finalmente entendeu que Peter Cushing era seu pai, Wilfred, agora reencarnado. E Cushing prosseguiu, com a ajuda de Melanie:

— Após minha morte, logo renasci de novo e, como Jerome, interessei-me pelas coisas transcendentais por ter um amigo que fazia pesquisas na área, Rosehnval. Naquele tempo, a Doutrina Espírita ainda não existia, porém, mesmo que de forma rudimentar, Rosehnval conseguia experimentos extraordinários para a época, dos quais também participei durante vários anos. Em razão disso, quando voltei a habitar um corpo físico nesta última encarnação, já trazia a propensão para estudos sobre a vida após a morte. Interessante! Nada disso era do meu conhecimento na existência atual. Fui informado neste momento, certamente pelo mesmo espírito amigo — disse, tirando o lenço da algibeira e enxugando os olhos.

Herbert Willemont, que um pouco afastado ouvia a conversa entre os encarnados, ao tomar ciência de que seu pai, Wilfred, agora era Peter Cushing, correu ao seu encontro, jogando-se aos seus pés e rogando-lhe perdão por tudo o que fizera contra ele.

— *Perdoe-me, meu pai. O orgulho me cegou. Eu ignorava estar semeando os sofrimentos que mais tarde fatalmente iria colher. Quero refazer-me! Ser digno do senhor, que sempre foi um pai bom e amoroso, justo e misericordioso.*

Peter Cushing sentiu a presença do filho de antigamente e de novo uma imensa emoção tomou conta do seu íntimo. Em voz alta, ele prometeu a si mesmo:

— Nesta existência não tive a bênção de ser pai, mas, quando Deus me permitir, quero ser o melhor pai do mundo para que meu filho sinta-se orgulhoso de mim e me ame de verdade, esquecendo o que aconteceu de ruim e pensando apenas nas bênçãos que vamos colher, com a graça de Deus.

Naquele momento, do alto desciam bênçãos de luz sobre todos, encarnados e desencarnados. Melanie, com as mãos espalmadas em direção às alturas, orava enternecida ao Pai Celeste, grata pelas dádivas daquela hora bendita.

Longo período de sofrimento se encerrava naquele momento em que os participantes do antigo drama se reuniam depondo as armas, abrindo o coração ao amor e candidatando-se a novas experiências; agora, sem ódio no coração, entendendo que deveriam unir-se para que, no futuro, o amor passasse a direcioná-las as ações, gerando novos relacionamentos e vivências mais fraternas e amigas.

Amigos espirituais ligados ao grupo confraternizavam-se agradecidos pela bênção de poderem participar dessa hora sublime.

Emily, esposa desencarnada de Peter Cushing, ali também presente, e Melanie, amigas de outrora, se irmanavam felizes e tranquilas. Emily casara-se com Cushing em virtude da decisão de ambos de trabalharem com assuntos transcendentais, com vistas à renovação do pensamento da sociedade londrina. Por intermédio dos conhecimentos adquiridos anteriormente viriam auxiliar na tarefa da divulgação da Doutrina Espírita codificada por Allan Kardec, naquele mesmo século. Emily optou por uma existência curta para que, com a sua morte, o sofrimento causado por sua ausência despertasse no esposo Peter o interesse pela vida Além-túmulo, elevando-lhe o espírito e abrindo-lhe as comportas da alma para a Verdadeira Vida e trazendo de volta a recordação de experiências passadas.

A satisfação pela recuperação de Oliver e o ambiente agradável que se estabelecera prolongaram com o convite de George e Jane para que almoçassem juntos.

No início da tarde bateram à porta. O mordomo foi abrir e deparou com um homem estranho, parecendo um mendigo, que solicitava falar com milorde Baker. Arthur teve vontade de mandá-lo embora, no entanto o olhar aflito fez com que mudasse de ideia; mandou que esperasse e foi comunicar ao patrão a presença do desconhecido que pedia uma audiência. George, satisfeito e bem-humorado, dispôs-se a ir ver o que o desconhecido desejava. Ao vê-lo, porém, reconheceu-o, surpreso. Em outras épocas, teria escorraçado o funcionário.

— Karl! O que faz aqui?

Com expressão contrita, o pobre homem jogou-se de joelhos a seus pés, suplicando:

— Milorde, preciso que o senhor me ouça! Tenho coisas importantes a dizer-lhe.

— Pois entre. Venha até meu escritório — disse, convidando-o a segui-lo.

Peter Cushing, que passava pela sala e vira o dono da casa junto com um estranho homem, seguiu-os temendo que algo pudesse acontecer. Ao vê-lo, George pediu que os acompanhasse até o escritório. Acomodaram-se e George mandou que o empregado falasse a que viera. Karl, esfregando as mãos, nervoso, começou:

— Milorde, venho confessar-lhe que fui eu que atingi aquele rapaz ontem, aqui defronte a sua casa. Não sei o que aconteceu comigo. Uma força estranha obrigou-me a vir até aqui e, diante da carruagem, comecei a gritar como um louco. Confesso que eu havia bebido. Isso pode ter ajudado a complicar a situação, não sei. Mas a verdade é que eu não desejava fazer nenhum mal ao rapaz, porém fui compelido a agir daquela maneira. Sei que não mereço a sua compreensão e que milorde pode até me despedir da companhia, mas esta é a verdade. Depois que o atingi, não tive mais sossego nem paz. Não consegui dormir esta noite pensando sobre o que teria acontecido com ele. Bem, era isso o que eu queria lhe falar, milorde.

Karl abaixou a cabeça e murmurou:

— Sei que não mereço perdão. Adeus, milorde.

George e Cushing, que o ouviam perplexos e emocionados, trocaram um olhar de entendimento. George com um gesto pediu-lhe que esperasse.

— Ouça, Karl. O que fez foi terrível e poderia ter custado a vida a Oliver. Não obstante, entendo perfeitamente o que aconteceu com você. Existem fatos que desconhece e que provocaram sua atitude. Mr. Cushing e eu vamos explicar-lhe tudo. Quanto à vaga na companhia, continua sendo sua desde que me prometa que não beberá mais e que não tomará atitudes como aquela de ontem. Amanhã conversaremos lá no escritório. Vá em paz!

Karl começou a chorar e, ajoelhando-se novamente, beijou a mão do patrão, agradecido.

— Obrigado, milorde, obrigado! Deus lhe pague!

Karl virou-se para sair, deu alguns passos e voltou-se:

— Milorde, o senhor pode não acreditar, mas o que vou lhe dizer é verdade. Por incrível que pareça, ouvi uma voz de mulher ontem à noite que me dizia que o senhor iria compreender o que acontecera comigo.

Após a saída de Karl, George e Peter Cushing sorriram, agora mais certos ainda de que a decisão fora acertada e que o pobre Karl era apenas um médium sem controle, do qual se serviu um desencarnado com desejo de vingança, provavelmente o mesmo Herbert Willemont.

Um novo campo de trabalho se abria à frente deles. Quantas pessoas em desequilíbrio existiriam necessitando de ajuda e compreensão para com seus problemas!

— Teremos muito serviço pela frente, Cushing.

— Sem dúvida, amigo George. Precisamos estar preparados e prontos para as novas experiências que o Senhor, sempre magnânimo, nos enviará! Mas o importante é que o Sol voltou a brilhar em nossas vidas.

38
Conclusão

A noite desceu sobre a grande cidade. Nossos amigos se recolheram para o repouso noturno. Conforme decidido pelo Alto, algumas horas depois estariam todos novamente juntos em uma região bastante agradável no plano maior. Aos poucos foram chegando os participantes desse drama, ciceroneados por amigos do Além com os quais tinham mais afinidade.

O prédio lembrava a Acrópole, em Atenas, a bela cidade da Grécia Antiga[16]. Todo branco, na base

---

16. Acrópole, cidadela da antiga Atenas, localizada sobre um rochedo (aprox. 100m). Consagrada a Athena desde a era micênica, foi devastada pelos persas nas guerras médicas. No século V a.C., Péricles encarregou Fídias de sua renovação; foram construídos magníficos monumentos (Pártenon, Erictêion), com acesso pelo propileu. Rico museu de obras arcaicas. (*Dicionário Enciclopédico Ilustrado Larousse*, Ed. Brasileira, 2007.) (N.R.)

das colunatas de sustentação do grande salão, viam-se vasos cujas floridas ramificações buscavam o alto, enrodilhando-se e esparzindo delicado perfume. Doce melodia soava, como se entoada por seres angélicos, propiciando-lhes a elevação do pensamento e a reflexão, tão necessárias naquele momento. À frente, dois degraus contornavam o local reservado às palestras.

Perplexo, por estar em ambiente que lhe era desconhecido, George Baker logo notou, com agradável surpresa — uma vez que eles já eram falecidos —, a presença de Andrew Baker e Helen, seus pais, e foi ao encontro deles para abraçá-los. De surpresa em surpresa, viu sua esposa Jane conversando com os pais dela, Charles Wilkinson e Grace, mais sua filha Helen e Oliver Patterson; igualmente notou alguns servidores da sua companhia, vários criados do palacete, inclusive Arthur, Martin e Violet, curiosos por estarem naquele local. Também se encontravam Peter Cushing, dando o braço a Emily, sua esposa desencarnada, o médico James Stanford e Mildred e muitas outras pessoas que lhe eram desconhecidas, mas que George, intuitivamente, sabia estarem ligadas ao seu passado. Além deles, percebeu grande massa de espíritos portando armaduras, porém mantendo o elmo na mão e as espadas ensarilhadas; certamente seriam guerreiros de um exército, e que, envoltos em pesadas vibrações, se achavam um tanto afastados dos demais, embora se mantivessem ajoelhados e em respeitoso silêncio. Dentre esses, Karl e Herbert Willemont, o comandante daquela legião.

Também se notavam seres de grande beleza e elevação, como Melanie, e outros de idades variadas, alguns até em idade infantil, pelos quais os encarnados presentes sentiam grande carinho, como se estivessem revendo seres muito queridos, mas dos quais não se recordavam. Os encarnados deixavam entrever um cordão fluídico que os identificava como seres ainda ligados ao corpo material. Cheios de curiosidade, os presentes conversavam em voz baixa, ansiosos por saber quem os convocara e, o mais importante, qual a razão de estarem ali reunidos.

Em determinado momento, deu entrada no local uma figura imponente, conquanto denotasse grande humildade. De estatura elevada, magro, fisionomia clara e serena, não era possível detectar-lhe a idade, uma vez que, por estranhos efeitos cambiantes, o rosto ora parecia mais idoso, ora bem mais jovem; a cabeleira branca e curta se aureolava de luz; o sorriso resplandecia em eflúvios de serenidade e simpatia, enquanto os olhos atraíam pela luminosidade, irradiando o mais fraterno amor. Melanie adiantou-se para recebê-lo, envolvendo-o em abraço carinhoso.

— Sejas bem-vindo, nobre Justus! Nós te aguardávamos.

O recém-chegado perpassou o olhar por aquela assembleia, onde se congregavam seres que através do tempo haviam gerado vínculos de amor e de ódio. Via-se em seu olhar o mais profundo afeto por todos que ali se encontravam, trocando ideias entre si, e que agora o fitavam interessados.

Justus ergueu a mão direita e todos se calaram para ouvi-lo. Alguns se ajoelharam, julgando estar diante de um ser santificado pela Igreja, mas todos sentiam doce comoção por alguém que, intuitivamente, lhes era caro ao coração. Ainda que não se recordassem de tal personagem, experimentavam, mais ou menos intensamente, profunda ligação com o Celeste Mensageiro. Abrindo suave sorriso, como se compreendesse a emoção que lhes invadia o fundo da alma, o venerável visitante espraiou doce olhar pela assistência e começou a falar:

— Caros irmãos de caminhada evolutiva! Abençoe-nos o Senhor da Vida e da Seara pelo ensejo de nos reunirmos hoje sob o amparo de Jesus, o Celeste Amigo! Após milhares de anos de aprendizado e longas lutas fratricidas, aqui estamos, agradecidos pelo progresso realizado e pelas conquistas, já alcançadas e que nos enchem de entusiasmo para o labor do bem. Todavia, ainda estamos longe da aplicação dos divinos ensinamentos do Evangelho, conquanto mantenhamos acesa a chama da iluminação interior, na busca de novos rumos.

O mensageiro fez uma pausa e prosseguiu:

— Cada um de vós sabe exatamente como tendes utilizado as condições de aprendizado e melhoria íntima que vos foi conferida, portanto não é preciso que vos diga. Alguns de vós permanecem vinculados às hordas guerreiras que tantos malefícios geraram para a sociedade humana, não obstante estejais conscientes do poderio que possuís e desejosos agora de caminhar no sentido da paz, ajudando vossos irmãos. Outros de vós têm utilizado a abençoada possibilidade de intercâmbio entre as duas esferas, material e espiritual, como se tivésseis poder exclusivo para direcioná-lo a vosso bel-prazer, como se fosse algo que pudésseis dominar e, dessa forma, ajudar familiares e amigos em detrimento de adversários ferrenhos.

Após novo silêncio, ele continuou sob as lágrimas de muitos que ali estavam:

— Basta, meus irmãos! Não podeis mais prosseguir gerando sofrimento aos vossos semelhantes. Debalde a voz amorosa do Cordeiro de Deus, por intermédio do seu Evangelho de Redenção, tem tentado alertar-vos para essa realidade, porém ignorais Sua divina presença.

Novamente lançou o olhar pela plateia e tornou:

— Basta de guerras! Basta de disputas e de ódios ferrenhos! O tempo não comporta mais dissensões, traições, calúnias! No altar de nossas almas, deponhamos as armas diante do Cordeiro Divino. Deixemos o orgulho, o egoísmo, a vaidade para trás, como veículos de atraso moral e espiritual. Chegou o momento de trabalharmos todos pelo bem-estar do planeta, que já nos concedeu tanto de suas entranhas e cujas bênçãos temos malbaratado sistematicamente. Auxiliemos nossos irmãos que se debatem na ignorância, embora nunca lhes tenha faltado o divino amor do Eterno Amigo.

Muitos ouviam enternecidos, olhos úmidos de emoção. Com ternura, a generosa entidade continuou:

— Foi-vos concedido pelo Soberano Senhor a bênção de utilizar vossas condições a benefício da sociedade terrena, e, ao mesmo tempo, a de progredirdes em cultura e moral. A Humanidade está próxima do desabrochar para uma Nova Era, todos sereis convocados a trabalhar, dando o melhor de vós mesmos e esquecendo as ofensas mútuas. Devereis unir esforços em prol da nova Doutrina Espírita, codificada na França pelo eminente professor Hippolyte Léon Denizard Rivail, mais conhecido por Allan Kardec. Seguindo orientação de espíritos de escol que haviam cumprido importantes missões no mundo corpóreo, Kardec ensejou a revivescência dos ensinamentos de Jesus, baseados no AMOR. Aliando a Filosofia e a Ciência aos fundamentos éticos da nova religião, esses conhecimentos trazidos pela plêiade do Espírito da Verdade farão com que o planeta ganhe excepcional impulso de todas as áreas, pois as comportas do mundo espiritual se abriram e as Vozes do Além soam em todos os lugares, em todos os lares, em todas as mentes.

O benfeitor espiritual fez uma pausa, analisando o efeito de suas palavras, e prosseguiu:

— Percebeis a importância do momento, e o que o Senhor da Vida, todo misericórdia, vos concede? É a oportunidade de resgatardes vossos erros por meio do amor aos semelhantes, visto que é grande a seara e poucos são os trabalhadores de boa vontade. Se vos prontificardes a colaborar na seara do Senhor, recebereis as condições necessárias para bem cumprirdes vossas tarefas. O convite está feito. Se quiserdes atender ao chamamento e laborar a serviço do Senhor Jesus como lídimos trabalhadores da última hora, aproveitando a Era Vitoriana[17], em que a Inglaterra dá exemplos de progresso pacífico, aprestai-vos! Irmãos nossos estarão anotando-vos os nomes para posterior entendimento com vossos benfeitores espirituais. Que Deus vos abençoe!

Terminando suas considerações, sem qualquer delonga, o nobre orientador desceu os degraus e misturou-se aos demais, pronto para responder às perguntas que lhe fossem endereçadas. Na mesma hora, várias pessoas se acercaram dele, desejando conversar. Melanie, que se aproximara e permanecia ao seu lado, envolveu-o com carinho, declarando:

— O nosso amoroso Justus há longo tempo nos tem auxiliado a todos, pelas ligações mantidas conosco em vivências anteriores. Por seus esforços, o querido amigo alcançou notável elevação, sem jamais esquecer-se de nós. Através dos séculos, tem sido o melhor irmão, companheiro e orientador que poderíamos desejar.

Herbert Willemont, de armadura e responsável pelos guerreiros, aproximou-se com passo cadenciado:

---

17. A Era Vitoriana é o período da história da Inglaterra sob o governo da rainha Vitória I (entre 1837 e 1901). Esta época ganhou importância na história inglesa, pois foi marcada por grande desenvolvimento econômico e industrial do país, além das conquistas coloniais. Na Era Vitoriana, a Inglaterra tornou-se o país mais rico e poderoso do mundo. (N.R.)

— Irmão Justus, eu e meus comandados queremos colaborar nessa empreitada. Como podemos auxiliar?

— Todos têm condições de servir, caro Willemont, basta querer. Cada um trabalhará dentro da sua capacidade e da melhor maneira que puder; não há qualquer impedimento, a não ser o da própria vontade.

Willemont agradeceu e, com uma saudação, afastou-se mais confiante e destemido. Em seguida, foi a vez de George Baker, com seus familiares e amigos; ele quis saber o que lhes estaria reservado, ao que Justus explicou:

— Podereis prosseguir auxiliando como o tendes feito, com a divulgação da nova Doutrina e o esclarecimento a encarnados e desencarnados. — E dirigindo-se a George completou: — Muitos dos teus comandados estão na tua empresa e, por isso, tens um amplo campo de ação. Continua firme, meu filho!

Interessante é que a venerável entidade falara pouco, porém o suficiente para que George Baker soubesse exatamente o que lhe competia realizar, como se, em sua mente, estivesse tudo detalhado. Os pais de George, Andrew e Helen Baker, se apresentaram, indagando como poderiam colaborar na condição de desencarnados, ao que Justus considerou que teriam oportunidade auxiliando o filho, George Baker, e seu grupo com os necessitados do mundo espiritual, conduzindo-os às reuniões e socorrendo-os em suas dificuldades.

Assim, cada qual foi se aproximando e apresentando suas dúvidas, às quais o enviado do Alto respondia, esclarecendo com carinho e boa vontade. Aos poucos, cheios de paz e com o coração em festa pela noite tão bem aproveitada, todos foram se despedindo. Os encarnados, conduzidos de retorno ao lar e ao retomarem o corpo físico, continuavam entregues ao sono; alguns despertavam sob intensa emoção, sentindo que algo de muito extraordinário acontecera naquela noite; outros acordavam sem nada lembrar, mas com a mesma sensação de que suas vidas iriam melhorar.

Enquanto Londres dormia, as primeiras claridades da manhã tingiam o céu de cores diversas. Uma brisa fresca soprava como prelúdio de bênçãos para todos quantos vivenciariam o novo dia. Apesar de ser noite ainda, carroças já se faziam ouvir, com o ruído característico do atrito das rodas no calçamento, levando produtos ao mercado para abastecer os negociantes; os cascos dos cavalos, em contato com as pedras, soavam brilhantes, como toques de despertar. O movimento de veículos e de pessoas aumentava aos poucos, ganhando as ruas e proporcionando vida, ação e entusiasmo.

No palacete dos Baker, Jane abriu os olhos respirando fundo. Trazia a alma alegre, cheia de paz e harmonia. De repente, lembrou-se de tudo o que acontecera, e seus olhos encheram-se de lágrimas abençoadas.

George despertou e virou-se para a esposa, verificando se ela estava acordada. Ao vê-la com os olhos úmidos, indagou o que acontecera.

— Querido, que sonho lindo eu tive! Que noite abençoada!

— Conte-me. O que você sonhou, Jane?

— Não se lembra de nada, George?

Ele pensou um pouco e respondeu intrigado:

— Não exatamente, porém sinto que algo de muito importante aconteceu essa noite. Acordei com muitas ideias na cabeça e pretendo desenvolvê-las. Ah, sim! Lembro-me de ter conversado com Peter Cushing e com James Stanford. No entanto, parece-me que vi muita gente. Onde estávamos havia um verdadeiro exército, imagine! O que mais me impressionou foi um cavalheiro que se irradiava de luz! Você acredita, querida?

— Como não? — ela sorriu. — Esse cavalheiro falou conosco, nos orientou, explicando tudo o que precisaríamos saber. Mas lembro de outra coisa: seus pais estavam conosco e os meus pais também. Não é estranho?

— Querida, nesse tempo que passamos repousando, o espírito se liberta e vai para o espaço aprender. Deve ter sido exatamente isso o que aconteceu conosco.

— Também penso assim, George. Com relação aos meus sogros, julgo normal que estivessem nos visitando, pois são desencarnados. Mas e meus pais?

— Talvez eles tenham vindo para aprender para depois realizar uma tarefa lá na província onde moram, não acha?

Jane balançou a cabeça, concordando.

— Sim, querido, pois parece que todos os presentes estavam envolvidos em algo importante. Vamos nos levantar?

Ambos se arrumaram e desceram para tomar o desjejum. Logo notaram que os criados estavam diferentes, mais alegres. Jane perguntou e eles responderam que haviam tido lindos sonhos à noite, o mesmo acontecendo com Helen e Wendy.

Mais tarde, Peter Cushing e James Stanford apareceram contando maravilhas da noite. George e Jane trocaram um olhar de entendimento.

O interessante é que todos sentiam idêntica necessidade de ajudar, trabalhar, realizar algo de bom para o próximo necessitado.

Exatamente duas semanas depois, as ideias eram mais concretas, com a decisão de trabalharem ativamente pela nova Doutrina. Arrumaram um local e ali começaram a fazer reuniões mediúnicas e experiências transcendentais. Além disso, pela necessidade dos que chegavam, e a pedido deles, começaram a dar um curso de Doutrina Espírita, cujo orientador era Peter Cushing, pelos conhecimentos que desenvolvera ao longo do tempo. Assim, tudo corria muito bem, e o grupo crescia sempre.

Logo aconteceria o casamento de Helen e Oliver, muito felizes pela era de paz de que desfrutavam.

No grande dia, todos os amigos estavam presentes, inclusive os pais de Jane, que vieram para a cerimônia. George convidou também mr. Thomas Bylfort, seu sócio na companhia de navegação, sem esperar que ele comparecesse em virtude da distância. No entanto, para sua surpresa, Bylfort e a esposa estavam presentes; ele, em especial, mostrava expressão radiante, bem diferente daquela quando viera conversar com George no escritório. Apertaram-se as mãos e Bylfort disse, entusiasmado:

— Milorde Baker, como pode ver, hoje sou outro homem graças ao senhor. Tudo está em paz e os problemas foram solucionados. Sua complacência para com minha situação rendeu-nos grandes lucros, como sabe. Por isso, não poderia deixar de vir cumprimentá-lo em ocasião tão importante, apresentando-lhe minha gratidão e reconhecimento. Obrigado! Quero que conheça minha esposa, Samantha.

A dama, que aguardava um pouco atrás, adiantou-se, recebendo os cumprimentos do anfitrião. Depois, fitando-o com respeito, considerou:

— Milorde Baker, o senhor transformou meu esposo em outra pessoa. Jamais poderemos pagar-lhe a ajuda que nos deu. Aceite o nosso reconhecimento sincero.

George inclinou-se emocionado:

— Milady, seu esposo fez por merecer. Não fiz mais do que reconhecer-lhe o tino comercial, asseguro-lhe. — Em seguida chamou Jane, que estava ali perto, apresentando a esposa.

Ambas se cumprimentaram, trocando gentilezas. Em seguida, Mr. Bylfort, que tinha um pacote nas mãos, murmurou para seu anfitrião:

— Milorde Baker, além do presente para os noivos, faço questão de entregar-lhe uma lembrança que julgo de extrema importância na minha vida. Quando eu estava sem saída, não vendo solução para meus problemas, um amigo deu-me de presente esta obra. Assim, lendo-a, encontrei coragem para procurá-lo. Como me foi muito útil, julgo que poderia ser também para o amigo. Aceite-a, com meus respeitos.

George agradeceu as palavras gentis do amigo e sócio, enquanto retirava o papel de embrulho. Ao terminar, teve uma grande surpresa:

— Amigo Bylfort! Não poderia ter-me dado algo melhor — disse com voz embargada pela emoção. — Este livro também tem sido o meu alento e o meu socorro nas horas de maior dificuldade: *The Gospel According to Spiritism!* Eu e minha esposa lemos um trecho dele todas as noites antes de dormir, e faz-nos muito bem. Inclusive, foi nesta obra que aprendi a ser mais benigno para com o próximo.

Com surpresa, o convidado considerou:

— É extraordinário! Quer dizer que sua atitude naquela tarde, em que tivemos uma conversa bastante difícil, foi ditada pelas novas ideias constantes deste livro! Bem que notei que sua reação não foi a usual, amigo Baker.

Balançando a cabeça, George confirmou que, após começar a ler a obra, modificou-se bastante, vendo no Evangelho de Jesus muito mais do que simples palavras, mas direcionamento moral para a vida.

Continuaram conversando, trocando ideias sobre a nova doutrina que causava furor nos meios sociais da França, pois as pessoas não viam mais do que fenômenos estranhos e extraordinários acontecerem, sem saberem a razão.

Enquanto isso, Jane e a esposa de Bylfort também conversavam acomodadas confortavelmente em poltronas na sala íntima. Pelo diálogo foram encontrando pontos de ligação entre elas e sentindo mútua simpatia. Logo, porém, precisaram interromper a conversa para se preparar para a cerimônia.

Quando a noiva — belíssima em seu vestido branco de renda — surgiu à entrada da igreja, conduzida pelo orgulhoso pai, radiante de felicidade, todos se levantaram. Ao som do órgão, o ambiente irradiava bênçãos sem-fim, por intermédio dos amigos espirituais que ali se faziam presentes, e luzes que pareciam verter do Alto, saudando a bela noiva. Oliver, elegantemente trajado, a aguardava com ansiedade, desejando entregar-lhe todo o seu amor.

A cerimônia foi linda, realizada na Igreja Anglicana mais próxima, aquela mesma onde Jane tinha o hábito de ir quando sentia a necessidade de orar. Ao final, os sinos repicaram, saudando os noivos.

À festa no palacete, organizada com esmero, deram atenção especial os criados, trajados com roupas de gala. Tudo foi magnífico. Os anfitriões receberam os convidados de pé à entrada do salão. Por horas ficaram ali recebendo e conversando com os amigos que chegavam até que, exaustos, sentaram-se.

Os pratos, finíssimos, foram preparados amorosamente pelas cozinheiras da casa, auxiliadas por outras criadas. Após o banquete, deram início às danças, e os pares se formaram cheios de alegria, encaminhando-se para o centro do salão. Helen e Oliver foram os primeiros a dançar, contagiando a todos pela animação.

Algum tempo depois, os noivos saíram discretamente, tomando a carruagem que os aguardava para levá-los a uma propriedade rural da família, distante algumas milhas[18] de Londres, onde permaneceriam por alguns dias. Aos poucos os convidados foram se retirando, cansados, mas felizes. Ao final, os anfitriões também se recolheram aos seus aposentos, exaustos.

Deitados lado a lado, George olhou para Jane, tomou sua mão na dele e sorriu.

— Querida, hoje estou feliz! Nossa filha, que tanto trabalho nos deu, agora está completamente recuperada e bem. Não é ótimo?

Jane também olhou para o marido, analisando as marcas que o tempo deixara em seu rosto, e murmurou:

— Tenho de reconhecer que não poderia ser melhor! Agora estamos livres para fazer o que quisermos da nossa vida.

— É mesmo? Você pensa assim, querida?

— Sim! Pois não temos de cuidar da nossa sala espírita?!...

— É verdade, Jane. Cada vez estou mais impressionado com as pessoas que batem à nossa porta procurando socorro e informação. E o quanto sinto que podemos ajudá-las! E Wendy? Nossa nova filha dedica-se de corpo e alma à Sala de Espiritismo. Acho formidável ver como ela atende aos pobres que nos procuram, sem demonstrar cansaço ou irritação. Tudo o que faz é com profundo amor.

Jane fitou George com carinho e sugeriu:

---

18. Unidade de distância terrestre equivalente a 1 609 metros. (N.R.)

— Que tal se ela fosse realmente nossa filha? Eu ficaria muito feliz, querido!

George apertou a esposa de encontro ao seu peito e concordou:

— Você lê meus pensamentos, Jane. Tenho uma surpresa para você.

E diante do olhar ansioso da esposa, abriu uma gavetinha da mesa de cabeceira e retirou de lá um papel dobrado.

— O que é isso, George? Não me mate de curiosidade!

— Vou mostrar-lhe um documento que pedi ao notário redigir. Você vai gostar, querida — murmurou ele, entregando-lhe o documento.

Abrindo a folha, Jane viu que era um testamento em que constavam as últimas determinações de George com relação à sua herança. Nele, reconhecia como sua filha a jovem Wendy e, portanto, com direito a uma parte de seus bens.

— Mas... quando tomou essa decisão, querido?

— Gostou, querida?

— Adorei. Mas e a família dela? Quem sabe...

— Jane, mandei fazer uma investigação e ela não tem parentes. Pelo menos, ao que se saiba. Assim, nada mais justo que ela, que já ocupa em nosso coração o lugar de filha, seja legalmente reconhecida como tal.

Jane colocou as mãos no rosto, enquanto lágrimas de emoção brotavam de seus olhos. Fitando o marido com profundo amor, declarou:

— Querido! Jamais o Senhor poderia dar-me alguém melhor do que você. Adivinha meus pensamentos e faz com que se tornem realidade. Obrigada! Obrigada!...

Assim dizendo, abraçou-o com ternura infinita.

— Agora, temos mais uma filha para encaminhar. Precisamos arranjar-lhe um pretendente.

— Mas tão rápido? Temos de aproveitar a presença dela em nossa casa, querido.

Jane calou-se por alguns instantes, depois comentou:

— Há algum tempo, eu não acreditava que seria feliz novamente...

— Não me lembre, querida, do mal que lhe causei. A vida inteira será pequena para fazê-la feliz o quanto desejo.

Eles se abraçaram com imenso amor, trocando um beijo apaixonado. Agora, mais felizes do que foram durante aqueles anos de união, sentiam-se em paz perante a própria consciência, perante o próximo e perante Deus.

Suas atividades, intensamente produtivas, faziam com que se enchessem de amor ao próximo. As horas de trabalho despendidas na propagação da Doutrina Espírita produziam neles sentimentos de piedade diante dos problemas de tanta gente que os procurava; satisfação por poderem ajudar, fraternalmente, os mais necessitados; paciência e tolerância para com aqueles que não entendiam a finalidade do labor e os difamavam; e, sobretudo, amor para com todos, indistintamente. Na própria empresa, muitos servidores se dispuseram a aprender a Nova Doutrina e criaram um grupo de estudos lá para os interessados, cujo número aumentava a cada dia.

Helen e Oliver participavam ativamente do trabalho espírita, sendo que ela se tornou médium equilibrada e disposta a servir, auxiliada por Herbert Willemont, que tanto a prejudicara. Arthur, Violet e Martin igualmente fortaleceram o grupo.

Dessa forma, o trabalho crescia cada vez mais, e o auxílio que recebiam do alto era fonte de energia, ânimo e disposição para prosseguirem na luta.

Das altas esferas, as bênçãos do Altíssimo se derramavam sobre todos, conclamando-os a perseverarem até o fim.

E as palavras de Jesus ecoavam em seus espíritos:

Vinde a mim todos vós que estais aflitos e sobrecarregados, que Eu vos aliviarei. Tomai sobre vós o meu jugo e aprendei comigo, que sou brando e humilde de coração e achareis repouso para vossas almas, pois é suave o meu jugo e leve o meu fardo.[19]

Graças a esse grupo aqui citado e a muitos outros que se criaram na Inglaterra, na França e em vários países é que a Doutrina Espírita se desenvolveu, partindo da França para irradiar-se por todo o planeta.

As nossas homenagens a Allan Kardec, o insigne Codificador do Espiritismo, que, ao trazer ao nosso mundo as claridades da Nova Revelação, por meio dos espíritos do Senhor, iniciou uma Nova Era para a Humanidade.

ERICK
Rolândia (PR), 5 de setembro de 2013.

---

19. Mateus, 11:28 a 30. (N.R.)

O sétimo selo já foi quebrado!

Você está preparado para o Apocalipse?

O sétimo selo foi rompido, "os tempos são chegados", alertam os espíritos de luz. Os acontecimentos previstos no Apocalipse de João se desencadeiam. A corrupção, a violência, a perversidade envolvem as nações. Cataclismos se delineiam no horizonte das almas: estamos às portas de grandes transformações. Mundo de sofrimento, a Terra se prepara para se transformar em planeta de regeneração, do qual as trevas serão banidas – a Nova Jerusalém, anunciada por Jesus.

Mais um sucesso da Petit Editora

Os mistérios que rondam os dois lados da vida...

Vultos sombrios, uma casa assombrada e um segredo...

Distante da cidade, a casa do bosque esconde um estranho segredo. Seus vizinhos estão certos de que a residência é assombrada. Desafiando o perigo, Leandro invade o lugar. Protegido pelo entardecer, ele penetra na casa e cai nas garras do desconhecido. O primeiro a recebê-lo é um vulto sombrio...

Mais um sucesso da Petit Editora!

E se você reencontrasse seu amor de juventude?

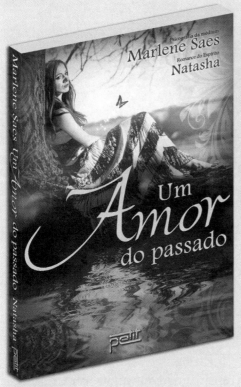

Nossos atos desencadeiam ações que sequer imaginamos...

Na adolescência, Mariana engravida de seu primeiro amor, Renato, que some após receber a notícia. Joana, a mãe de Mariana, procura uma "fazedora de anjos" para interromper a gravidez da jovem. Anos depois, Renato reaparece e traz à tona o passado que tanto perturba Mariana.

Sucesso da Petit Editora!

Às vezes, a vida só nos dá uma opção: recomeçar!

Um romance envolvente...

Laura apaixonou-se por Afonso, um jovem atleta. Ela é fiel, não divide seu coração. Ele a ama, mas é volúvel: às escondidas, entrega-se aos vícios, até que uma gravidez os conduz ao casamento. Tempos depois, a obsessão, o perigo invisível, ronda o lar da família. Da forma mais difícil, Laura aprende que sempre é possível amar... e recomeçar!

Best-seller da Petit Editora!